www.ingramcontent.com/pod-product-compliance
Lightning Source LLC
LaVergne TN
LVHW010933051026
849532LV00003B/965
* 9 7 8 8 1 1 9 0 2 2 2 6 7 *

علم و ادب کے
روشن چراغ

(مضامین)

مصنف:

رفعت سروش

Ilm-o-Adab ke roshan Charagh
by: Rifat Sarosh
Edition: January '2023
Publisher & Printer:
Taemeer Publications, Hyderabad.

ISBN 978-81-19-02226-7

کتاب	:	**علم و ادب کے روشن چراغ**
مصنف	:	**رفعت سروش**
صنف	:	نثری مضامین
ناشر	:	تعمیر پبلی کیشنز (حیدرآباد، انڈیا)
زیر اہتمام	:	تعمیر ویب ڈیولپمنٹ، حیدرآباد
سالِ اشاعت	:	۲۰۲۳ء
تعداد	:	(پرنٹ آن ڈیمانڈ)
طابع	:	تعمیر پبلی کیشنز، حیدرآباد -۲۴
صفحات	:	۱۹۲
سرورق ڈیزائن	:	تعمیر ویب ڈیزائن

انتساب

مالک رام

کے نام

جنہوں نے مجھے نثر نگاری کی طرف راغب کیا

علم وادب کے روشن چراغ

(مضامین)

رفعت سروش

فہرست

علم وادب کے روشن چراغ

(مضامین)

رفعت سروش

پیش لفظ

میں بنیادی طور پر شاعر ہوں۔ مگر "کچھ اور چاہیے وسعت مرے بیاں کے لیے" کے بہ مصداق نثر کی مختلف اصناف میں بھی اب تک بارہ تیرہ کتابیں شائع ہو چکی ہیں۔ زیر نظر مضامین مختلف اوقات میں لکھے گئے ہیں اور ۱۸۵۷ء سے ۲۰۰۳ء تک کے طویل عرصے پر محیط ہیں۔ ان مضامین میں جن شخصیات کی علمی و ادبی خدمات کا اعتراف کیا گیا ہے اور ان کو خراجِ عقیدت پیش کیا گیا ہے وہ بلاشبہ تاریخ ساز ہستیاں ہیں، لیکن اس دور میں ان کی ہمسر اور ان کی طرح محترم اور بھی قابلِ قدر ہستیاں ہیں جن کا تصور یہ مضامین پڑھتے وقت آ سکتا ہے۔ اُن میں سے کچھ قلم کاروں پر میرے مضامین میری مختلف کتابوں میں شامل ہیں۔ فہرست پیش کرنا مقصود نہیں لیکن کچھ اہلِ قلم کے اسمائے گرامی ہیں: مولانا الطاف حسین حالی، سید سلیمان ندوی، پروفیسر احتشام حسین، سید ذوالفقار علی بخاری، سبطِ حسن، خواجہ احمد عباس، ظ۔ انصاری، مالک رام، آنند نرائن ملاّ، فراقؔ گورکھپوری، فیض احمد فیضؔ، ساغرؔ نظامی، شکیلؔ بدایونی، نیاز حیدر، خواجہ احمد فاروقی، راجندر سنگھ بیدی، اوپندر ناتھ اشک، رام لال، رضیہ سجاد ظہیر، خواجہ محمد شفیع، کنور مہندر سنگھ بیدی سحرؔ اور مہیشور دیال وغیرہ۔ زندگی نے فرصت دی تو کم از کم بیسویں صدی کی کہکشاں کے روشن ستاروں کو ترتیب سے بساطِ قرطاس پر مزین کر کے پیش کرنے کی سعی کروں گا۔ مگر اس کام کے لیے وقت کے علاوہ وسائل بھی درکار ہیں جن کا فقدان ہے۔

فی الحال یہ بارہ مضامین نذرِ قارئین ہیں۔

رفعت سروش

۲۰ر فروری ۲۰۰۶ء

فغانِ دہلی

(۱۸۵۷ء کی حسیاتی دستاویز)

کوئی اہم واقعہ یا عظیم سانحہ جب وقوع پذیر ہوتا ہے تو ایک عالم متاثر ہوتا ہے۔ ایک ہلچل مچ جاتی ہے۔ ایک طوفان اُٹھ کھڑا ہوتا ہے۔ زبان زدِ خاص و عام ہو جاتا ہے، لیکن اپنی اہمیت کی مناسبت سے ایک خاص مدت کے بعد اس پر وقت کی گرد جمنے لگتی ہے اور وہ رفتہ رفتہ تاریخ کا ایک حصہ بن جاتا ہے۔ ماضی کے ہزار ہا واقعات آج تاریخ کے ملبے میں دبے پڑے ہیں۔ اور جب کوئی تاریخ کے اس ورق کو پلٹتا ہے تو وہ عام طور پر اس واقعہ کو اپنی معلومات میں ایک اضافہ سمجھتا ہے اور بس ـــ لیکن وہی واقعہ جب کسی حساس فنکار یا شاعر کے ذہن کو جھنجھوڑتا ہے تو اپنے تمام حسن و قبح کے ساتھ رنگوں یا الفاظ کا حسیاتی پیکر بن جاتا ہے اور تخلیقیت کا آبِ حیات پی کر امر ہو جاتا ہے۔

تاتاریوں نے بغداد کو تاراج کیا، اس کی اینٹ سے اینٹ بجادی اور اپنے دور کا فخرِ بلاد جہاں شہر کھنڈر بن گیا عہدِ حکومت تھا عباسی خلیفہ مستعصم باللہ کا۔ اور آج وہ تاریخ اور اس کی تفصیلات عام آدمی کے حافظے میں نہیں ہیں۔ لیکن بلبلِ شیراز شیخ سعدی کا یہ شعر اس سانحہ کی حسیاتی دستاویز ہے:

آسماں راحق بود گر خوں ببارد بر زمیں
بر زوالِ ملکِ مستعصم امیر المومنین

ابنِ بدروںؔ غرناطہ کی تباہی پر رویا۔ اور صدیوں کے بعد اقبالؔ نے ان حوالوں کو یاد کیا:

نالہ کش شیراز کا بلبل ہوا بغداد پر
داغؔ رویا خون کے آنسو جہاں آباد پر
آسماں نے دولتِ غرناطہ جب برباد کی
ابنِ بدروں کے دلِ ناشاد نے فریاد کی

جہاں آباد (یعنی دہلی) کی تباہی پر داغؔ کا دل رویا، دماغ رویا، قلم رویا اور داغؔ کے بہت سے ہم عصروں نے دہلی کی تباہی پر اپنے اپنے انداز سے خون کے آنسو بہائے —— دہلی کے زخم تو مندمل ہو گئے کیونکہ تخریب نئی تعمیر کا پیش خیمہ ہوتی ہے۔ دلّی آج بھی شہروں میں انتخاب ہے۔ مگر اس کی جدید رونقیں اور آرائشیں ان خونی آنسوؤں کو ادب و شعر کے دامن سے نہیں دھو سکتیں جو اس کے چاہنے والوں نے ۱۸۵۷ء میں دہلی کی تباہی پر بہائے تھے۔ آج وہ اشعار دُرہائے نایاب ہیں۔ داغؔ بھی ان ماتم گساروں میں شامل تھے جنھوں نے کشتِ ادب میں ماتمی اشعار کی آبیاری کی —— ان منظومات اور غزلوں کا مجموعہ ''فغانِ دہلی'' ۱۸۵۷ء کے خونی انقلاب کی حسیاتی دستاویز ہے۔ ۲۷ صفحات پر مشتمل یہ کتاب مرزا غالبؔ کے ایک شاگرد تفضّل حسین کوکبؔ دہلوی نے مرتب کی، اور خواجہ قمر الدین خاں نے مطبع بدر الدجیٰ دہلی سے چھپوائی۔ مرزا قربان علی بیگ سالکؔ نے اشاعت کی تاریخ کہی:

ہوئی تالیف یہ عجیب کتاب	جس سے راضی ہوں عاقل و جاہل
اس کی تاریخ گر کوئی پوچھے	کہہ دے سالکؔ ''سفینۂ غمِ دل''
	(۹ ۷ ۲ ۱ ہجری)

مرزا باقر علی خاں کاملؔ نے بھی تاریخ کہی:

جب یہ کی تالیف کوکبؔ نے کتاب	جس سے ظاہر ہوئے حالِ اہلِ ہند
یوں کہیں تاریخ کاملؔ نے بہ سعی	''دفترِ رنج و ملالِ اہلِ ہند''
	(۹ ۷ ۲ ۱ ہجری)

اور تیسرا قطعۂ تاریخ تجمّل رسول خاں تجمّلؔ نے کہا:

کی جمع جبکہ حضرتِ کوکبؔ نے یہ کتاب — یاں فکرِ سالِ طبع نے دل پر کیا ہجوم
اس میں بیانِ غم ہے مجمل ہر ایک کا — میں نے بھی سالِ طبع لکھا "منبع الغموم"

(۹ ۷ ۲ ۱ ہجری)

"سفینۂ غمِ دل"، "سعی دفترِ رنج و ملالِ ہند" اور "منبع الغموم" — "فغانِ دہلی" کے سالِ اشاعت سے متعلق یہ تینوں تاریخی قطعات "فغانِ دہلی" کے آخر میں شائع شدہ ہیں — یہ کتاب جب پہلی بار شائع ہوئی تو اس میں حسامیؔ کی وہ غزل نہیں تھی جس کا مشہور شعر ہے:

گئی یک بیک جو ہوا پلٹ نہیں دل کو میرے قرار ہے
کروں غم ستم کا میں کیا بیاں مرا غم سے سفینہ فگار ہے

لیکن کسی دوسرے نسخے میں جو یقیناً طبعِ ثانی ہوگا، صلاح الدین احمد (معتمدِ اعزازی، اکادمی پنجاب) نے "فغانِ دہلی" میں اس غزل کا بھی ذکر کیا ہے۔ بہر حال غزل طبعِ اوّل میں موجود نہیں ہے جو میرے پیشِ نظر ہے۔ دوسرا نسخہ، جس میں صلاح الدین احمد صاحب کا پیش لفظ ہے، جون ۱۹۵۴ء میں اکادمی پنجاب "ادبی دُنیا منزل" لاہور سے شائع ہوا ہے اور اکادمی نے یہ کام اصغر حسین خاں نظیرؔ لدھیانوی کے سپرد کیا جن کا طویل مقدمہ اس ایڈیشن میں شامل ہے۔ بہر حال حسامیؔ کی مذکورہ بالا غزل کا اضافہ کیا گیا ہے۔

کتاب کا پہلا حصہ ان چند اہم نظموں پر مشتمل ہے جو دراصل ۱۸۵۷ء کے ہنگامے سے پہلے کی ہیں۔ مرتب نے کہا ہے کہ: "یہ منظومات احتراماً شامل کی گئی ہیں۔ اور میں سمجھتا ہوں کہ ان نظموں کی شمولیت سے ایک پس منظر مہیا ہو گیا ہے اور ذہن اس طرف منتقل ہو جاتا ہے کہ نادر شاہ کے حملے اور اس کے بعد مرہٹوں اور ابدالی کی جنگ کے بعد دلّی کی تباہی کے نقش سوداؔ کے "شہر آشوب" میں موجود ہیں اور بہادر شاہ ظفرؔ تو اس خونیں انقلاب کے سب سے زیادہ قتیل ہیں ہی۔ اس پہلے حصے میں شامل منظومات ہیں: (۱) حسامیؔ کی غزل (۲) شہر آشوب: بہادر شاہ ظفر (۳) قصیدہ شہر آشوب: مرزا محمد رفیع سوداؔ (۴) مخمس شہر آشوب: سوداؔ (۵) قطعہ: سوداؔ۔

دوسرا حصہ صنف مسدس پر مشتمل ہے اور تیسرے حصے میں زیادہ تر ہم طرح غزلیں ہیں۔

بہر حال "فغانِ دہلی" ایک ایسا گلدستۂ سخن ہے جس میں ۱۸۵۷ء کی جنگِ آزادی کے باعث دہلی کی تباہی اور تہذیبی، ثقافتی، اخلاقی اور اقتصادی بربادی کی مکمل داستان ہے۔ مگر داستان

گوئی کے انداز میں نہیں، بلکہ ایسے اشعار کے رُوپ میں جن میں حزن وملال کی کیفیات رچی ہوئی ہیں اور بالخصوص غزلوں کے اشعار ایسے حسیاتی پیکر ہیں جن کے ایک ایک لفظ میں وہ پرآشوب دَور جھلکتا ہے۔

لاہور ایڈیشن (پاکستان) میں ہمارے دَور کے اہم قلم کار اور ''ادبی دُنیا'' کے ایڈیٹر صلاح الدین احمد نے ''پیش لفظ'' میں لکھا ہے:

''اُنیسویں صدی کے وسط میں اگرچہ ہمارے ہاں مرثیہ گوئی کا رواج عام ہو گیا تھا، لیکن اس صنفِ سخن نے نوحۂ امامؑ عالی مقام کی حدود سے آگے قدم نہیں بڑھایا تھا۔ 'فغانِ دہلی' کی نظمیں اُردو میں پہلی مرتبہ المیہ نظم نگاری کی ایک اجتماعی مثال پیش کرتی ہیں جو اپنے دَور میں بھی نمایاں تھی اور اپنے دور کے بعد بھی نمایاں رہی۔ ان نظموں کی یہ امتیازی حیثیت جو بہ یک وقت ادبی بھی ہے اور تاریخی بھی، اس مجموعے کی اشاعتِ تازہ کا باعث ہوئی۔'' (ص ۹)

اچھا ادب قیودِ زمان و مکاں سے آزاد ہوتا ہے۔ اُنیسویں صدی کی ان تخلیقات کی اہمیت اس اکیسویں صدی میں اور بڑھ گئی ہے، اور ان کا مطالعہ معانی کی نئی گرہیں کھولتا ہے، تاریخی حوالوں کے ساتھ یہ ادبی کاوشیں اپنے دَور کے سماج اور اس زمانے کے عوام کے جذبات کا عکس تو ہیں ہی، ان پیکروں میں ہم یہ بھی دیکھ سکتے ہیں کہ ہمارا سماج ان لعنتوں سے ہنوز آزاد نہیں ہوا ہے جو ۱۸۵۷ء میں اہلِ ہند اور بالخصوص دہلی والوں کا مقدر بن گئی تھیں۔ ہاں نام اور انداز ضرور بدل گئے ہیں ——
حسامیؔ کی غزل مرتب کتاب کے نزدیک ساقط المعیار ہے کیونکہ اس میں کچھ لفظوں کو غلط باندھا ہے۔ مثلاً اَمن کو اَمَن اور دَفن کو دَفَن —— لیکن لفظوں کو نگینوں کی طرح جڑنا ہی شاعری نہیں ہے۔ شعر کا اصل جوہر ہوتا ہے احساس اور تاثر اور اس غزل کا ایک ایک شعر دلِ غمزدہ کی پکار ہے —— کیا ڈیڑھ سو برس گزر جانے کے بعد بھی یہ اشعار ہماری زندگی کے ترجمان نہیں ہیں۔ کس قدر درد ہے اس شعر میں:

نہ دبایا زیرِ چمن انھیں، نہ دیا ہے گور و کفن انھیں
نہ کیا کسی نے دفن انھیں، نہ ٹھکانا ان کا مزار ہے

کیا ایسی بے گور و کفن لاشیں فرقہ وارانہ فسادات اور دہشت گردی کی عنایت سے اس ملک کے

لیے ''وقت کا تحفہ'' نہیں ہیں ــــــ اور جہاں یہ مظلومیت ہے وہاں غم سہنے اور آج نہیں تو کل بہتر مستقبل کا یقین بھی ہے:

ہمیں جس نے غم دیا برملا، خوشی بھی تو دے گا وہی خدا
وہ لے ہر بشر ہے یہ جانتا کہ خزاں کے پیچھے بہار ہے

یہ یقین کامل ہی قوموں کو زندہ اور افراد کو فعال رکھتا ہے۔

آخری مغل تاجدار بہادر شاہ ظفر کی ''مسدس شہر آشوب'' سات بندوں پر مشتمل ہے ــــــ مغلیہ تاریخ میں ظفر مظلومیت کا بلیغ استعارہ ہیں۔ مجبوری کی تصویر بے حد عبرتناک انداز میں پیش کرتے ہیں ــــــ اور شاعری کے تمام دروبست کے ساتھ:

بادِ صبا اُڑاتی چمن میں ہے سر پہ خاک
ملتے ہیں سر بہ سر کفِ افسوس برگِ تاک
غنچے ہیں دل گرفتہ، گلوں کے جگر ہیں چاک
کرتی ہیں بلبلیں بھی فریادِ دردناک
شاداب حیف خار ہوں، گُل پائمال ہوں
گلشن ہوں خار، نخلِ مغیلاں نہال ہوں

کیا کیا جہان میں ہوئے شاہانِ ذی کرم
کس کس طرح سے رکھتے تھے ساتھ اپنے دہ حشم
آخر گئے جہان سے تنہا سوئے عدم
دارا کہاں، کہاں ہے سکندر، کہاں ہے جم
کوئی یہاں رہا ہے نہ کوئی یہاں رہے
کچھ اے ظفر رہے تو نکوئی یہاں رہے

مرزا محمد رفیع سودا کا ''قصیدۂ شہر آشوب'' ۹۴ اشعار پر مشتمل ہے اور ''مخمس شہر آشوب'' میں ۳۶ بند ہیں۔ یہ دونوں نظمیں اُردو کی معرکۃ الآرا نظمیں ہیں ــــــ دراصل اُنیسویں صدی میں جو کچھ ہوا اس کا خام مواد اٹھارہویں صدی میں ہی تیار ہو گیا تھا ــــــ مغل سلطنت کا شیرازہ بکھرنا شروع ہو گیا تھا اور آہستہ آہستہ یہ نوبت آئی تھی کہ لال قلعہ کے تخت پر کٹھ پتلی بادشاہ بٹھائے جاتے تھے۔

آلِ تیمور کی شمشیر وسناں پر طاؤس ورباب غالب آ چکے تھے۔ ۱۷۵۷ء میں پلاسی کی جنگ میں سراج الدولہ کی شکست دراصل ہندوستان کے جاہ وشکوہ کی شکست تھی۔ ادھر ۱۷۳۹ء میں نادر شاہی لوٹ کھسوٹ اور بے گناہوں کے قتلِ عام نے عوام سے اعتبار چھین لیا تھا اور وہ دَور آ گیا تھا کہ کسی کی جان ومال صحیح معنوں میں محفوظ نہ تھی ـــــ روہیلوں کی چپقلش اور مرہٹہ گردی نے پایۂ تختِ شاہی کی چولیں ہلا دی تھیں۔ مغل بادشاہ شاہ عالم المتخلص بہ آفتاب نے اس پراگندگی کو اپنے ایک فارسی قصیدے میں بیان کیا ہے:

صرصرِ حادثہ برخاست پئے خواریٔ ما
داد برباد سر و برگ جہانداریٔ ما

''دہلی جو ایک شہر تھا عالم میں انتخاب'' اب اپنے باشندوں کو نہ روزگار فراہم کر سکتا تھا نہ خورد ونوش کا سامان، بیکاری اور بے یقینی کے باعث اخلاقی پستی عروج پر تھی۔ معزز پیشے بے آبرو ہو چکے تھے۔ سپاہیوں کی تلواریں کند ہوئیں تو لوگوں کے ذہن بھی کند ہو گئے۔ دانشور اور اہلِ علم دہلی سے ہجرت کرنے پر مجبور ہو گئے۔ ۱۷۷۳ء میں مرزا محمد رفیع سوداؔ نے دلّی کو خیر باد کہا اور لکھنؤ کی راہ لی۔ پھر میرؔ، مصحفیؔ، سوزؔ، انشاؔ اور جرأتؔ وغیرہ نے بھی یکے بعد دیگرے دہلی سے کوچ کیا۔ شاہ عالم بادشاہ کے بھائی شہزادہ سلیمان شکوہ تو پہلے ہی دہلی چھوڑ کر لکھنؤ جا بسے تھے ـــــ گویا سیاسی، سماجی، اخلاقی، اقتصادی اور معاشی ابتری نے سوداؔ کے دل ودماغ کو جھنجھوڑ دیا اور اس نے اپنے اشعار میں اس ابتری اور بدحالی کو مصوّر کر دیا جو 'شہر آشوب' کہلائے ـــــ سوداؔ کا قصیدہ اور مخمس دونوں ہی ایسے ادب پارے ہیں جن کے لفظ لفظ میں اپنا دَور جھلکتا ہے۔ سوداؔ کا کمال یہ ہے کہ اس نے حالات کا رونا نہیں رویا، آنسو نہیں بہائے ہیں، بلکہ درد وغم کو جذب کر کے زہر خند کیا ہے۔ کہیں کہیں طنز کے نشتروں کی دھار زیادہ تیز ہو گئی ہے۔ سوداؔ کے ''شہر آشوب'' کے مطالعہ کے بعد ہی ہم ''فغانِ دہلی'' کے واویلا اور ماتم کی حقیقت کو سمجھ سکتے ہیں۔ ''شہر آشوب'' اور ''فغانِ دہلی'' میں بظاہر ایک صدی کا فاصلہ نظر آتا ہے ـــــ مگر یہ ایک تسلسل ہے۔ اور درمیان میں کہیں بھی لمحۂ عافیت نہیں ملتا ـــــ یہ ادب پارے دلوں کو جھنجھوڑتے ہیں۔ آج اس دَور کی تاریخ کا سرسری مطالعہ کر کے آدمی سلامتی سے گزر جاتا ہے، مگر ''شہر آشوب'' اور ''فغانِ دہلی'' سن کر دل تڑپ اُٹھتا ہے اور آنکھ خون کے آنسو بہاتی ہے۔

"قصیدہ شہر آشوب" کے اشعار جہاں سے پڑھیے، ابتری اور بدحالی کے مرقعے نظر آتے ہیں:

اب سامنے میرے جو کوئی پیر و جواں ہے
دعویٰ نہ کرے یہ کہ مرے منہ میں زباں ہے
میں حضرتِ سودا کو سنا بولتے یارو
اللہ ہی اللہ ہے، کیا نظم بیاں ہے
اتنا بھی کیا عرض کہ فرمایئے حضرت
آرام سے کٹنے کی طرح کوئی بھی یاں ہے
سن کر یہ لگے کہنے کہ خاموش ہی رہ جا
اس امر میں قاصر تو فرشتہ کی زباں ہے
کیا کیا میں بتاؤں کہ زمانے میں کئی شکل
ہے وجہِ معاش اپنی سو جن کا یہ بیاں ہے
گھوڑا لے اگر نوکری کرتے ہیں کسو کی
تنخواہ کا پھر عالمِ بالا میں نشاں ہے
گذرے ہے سدا یوں علف و دانہ کی خاطر
شمشیر جو گھر میں، تو سپر بنئے کے ہاں ہے
کہتا ہے نفر غرہ کو صراف سے جا کر
بی بی نے تو کچھ کھایا ہے، فاقے سے میاں ہے

مذہبی ابتری کا حال کس انداز سے بیان کیا ہے:

ریکنے ہے گدھا آٹھ پہر گھر میں خدا کے
نے ذکرِ صلوٰۃ اور نہ سجدہ، نہ اذاں ہے

باعزت پیشوں کی رسوائی کا سامان موجود ہے۔ مثلاً طبیب کی درگت یوں بنتی ہے:

صیغہ میں طبابت کے بھلا آدمی نوکر
سو دو سو روپے کا جو کسی عمدہ کے ہاں ہے
صحبت ہے یہاں سے کہ گر آقا کے تئیں چھینک
آوے تو وہ اس کو بہ خشونت نگراں ہے

دیتے ہیں منگا تیر و کماں ہاتھ میں اس کے
ٹھنڈی ہوا آنے کا گر اس وقت گماں ہے
رکھتے ہیں غرض مرگ سے لڑنے کو سپاہی
گر نوکری سمجھو تو طبابت کی کہاں ہے

اور کسانوں کی حالت اس طرح بیان کی ہے:

دو بیل کی جا کر جو کہیں کیجئے کھیتی
اور مینہ بھی موافق جو پڑے، پھر تو سماں ہے
ہیں خشکی و غرقی کے تفکر میں شب و روز
نے امن ہے دل کے تئیں، نے جی کو اماں ہے

سودا نے وکالت، امامت، کتابت وغیرہ پیشوں کی بدحالی کا تذکرہ اپنے خاص شگفتہ انداز میں کیا ہے۔ حد یہ ہے کہ پیری مریدی بھی راست نہیں آتی۔ اب بے چارے کمانے والے مرد کی شامت اعمال:

سب پیشوں کو تج کر جو کوئی ہو متوکل
جورو تو یہ سمجھے ہے نکھٹو یہ میاں ہے

آخر میں بدحالی اور پریشانی کو اس دور کے انسان کا مقدر قرار دیتے ہوئے کہتے ہیں:

دُنیا میں تو آسودگی رکھتی ہے فقط نام
عقبیٰ میں یہ کہتا ہے کوئی اس کا نشاں ہے
یاں فکرِ معیشت ہے، وہاں دغدغۂ حشر
آسودگی حرفیست نہ یاں ہے نہ وہاں ہے

سودا کے اس ''قصیدۂ شہر آشوب'' کا کینوس وسیع ہے اور زندگی کے بہت سے شعبوں کا احاطہ کیا گیا ہے، مگر وہ شکوہ نہیں جس کے لیے سودا کے قصیدے مشہور ہیں۔ وہ لفظیات نہیں کہ جن پر نگینوں کا گمان ہو۔ صرف ہیئت کے اعتبار سے یہ قصیدہ ہے۔ (آج ہم اسے ایک طویل نظم کہہ سکتے ہیں) کہیں کہیں 'ہجو' کا رنگ جھلک رہا ہے، مگر دونوں کی کمی کے باوجود موضوعاتی طور پر یہ ایک مکمل تصویر ہے اس وقت کے معاشرے کی۔

''مخمس شہر آشوب'' کا موضوع بھی یہی ہے، مگر اس میں شگفتگی اور روانی زیادہ ہے، تاثیر زیادہ ہے، طنز کی چاشنی کہیں کہیں اس میں بھی ہے — پہلا ہی بند ایک خوبصورت مکالماتی انداز

لیے ہوئے ہے۔اس مخمس کو اُردو کے عام طالب علم بھی ذوق وشوق سے پڑھتے ہیں:

کہا میں آج یہ سودا سے، کیوں ہے ڈانواڈول
پھرے ہے جا کہیں نوکر ہو لے کے گھوڑا مول
لگا وہ کہنے یہ اس کا جواب ہیں دو بول
اگر کہوں میں تو سمجھے گا تو کہ ہے یہ ٹھٹھول
بتا کہ نوکری ملتی ہے ڈھیریوں یا تول

سپاہی رکھتے ہیں نوکر امیر دولت مند
سو آمد ان کی تو جاگیر سے ہوئی ہے بند
کیا ہے ملک کو مدّت سے سرکشوں نے پسند
جو ایک شخص تھا بائیس صوبوں کا خاوند
رہی نہ اس کے تصرف میں نوجواریٔ کول

اس کے بعد کئی بندوں میں امیروں کی بدحالی کا دلچسپ تذکرہ ہے۔وہ جو نوکر رکھ سکتے تھے،اب ان میں اتنی استطاعت نہیں رہی۔بدحال امرا کی ناکارہ فوج کا دلچسپ نقشہ کھینچا ہے:

پڑے جو کام انھیں تب نکل کے بھائی سے
رکھیں وہ فوج جو روٹی پھرے لڑائی سے
پیادے وہ جو ڈریں سر منڈاتے نائی سے
سوار گر پڑیں سوتے میں چارپائی سے
کرے جو خواب میں گھوڑا انھوں کے نیچے الول

جاگیرداروں کی حالتِ زار کا بیان کرتے ہوئے ان کے اصطبل اور فیل خانے کی تصویر سوداؔ نے اپنے خاص ''ہجویہ'' انداز میں کھینچی ہے:

جو اصطبل میں کئی گھوڑے ہیں تو کیسا مکان
کہ ہووے گھاس کی تھیبی کا ان کے آگے نشان
کسو کی ٹوٹی ہے لنگڑی، کسو کا جھڑ گیا کان
طویلہ اس کو کہوں یا کہ پنج پیر کا تھان
اسی خیال میں رہتی ہے عقل ڈانواڈول

محل کے ملازموں کا نقشہ بھی کتنا عبرت انگیز ہے:

یہ خادمانِ محل کی ہے ان دنوں صورت
نہ خوان دھونے کا کشمیرنی میں باقی ست
نہ اُٹھ کے چلنے کی ہرگز روانی میں طاقت
بنی ہے بھوک سے دربانوں کے یہ منہ کی گت
کہ بڑھی ہتھنی کے جس طرح بیٹھ جائیں کپول

روزی کمانے کے لیے ہجرت کرنا مقدر ہے۔ اس حقیقت کو سودا نے یوں بیان کیا ہے:

غرض مآل ہے اس گفتگو سے یہ میرا
کہ بے زری نے گھر ایسا جب آن کر گھیرا
تو کوئی قصد کرے نوکری کا بھیرا
نہیں ہے فائدہ کچھ، تا وہ چھوڑ کر ڈیرا
کرے نہ عزم سوئے اصفہان و استنبول

بیکاری، گھروں کی ضبطی، نیلامی، مسجدوں میں نمازیوں کی کمی، بے چراغ مکان، ویران محل اور عمارتیں، باغوں کی اُجڑی بہار، دیہات کے پنگھٹوں پر روایتی رونق کا فقدان ——— کس کس بات پر زہرخندہ کیا ہے سودا نے:

جہان آباد تو کب اس ستم کے قابل تھا
مگر کبھو کسی عاشق کا یہ نگر دل تھا
کہ یوں اُٹھا دیا گویا کہ نقشِ باطل تھا
عجب طرح کا یہ بحرِ جہاں میں ساحل تھا
کہ جس کی خاک سے لیتی تھی خلق موتی رول

مرزا محمد رفیع سودا نے اپنے دَور کی دلّی کی تباہی کا نقشہ کھینچا ہے، وہ تو ایک پس منظر ہے اس دہلی کا جسے ۱۸۵۷ء میں لوٹا گیا، مسمار کیا گیا، پردہ نشینوں کو بے حرمت کیا گیا، گل اندام شہزادوں کو تہہِ تیغ کیا گیا اور ان کے سروں کو طشت میں سجا کر ضعیف اور مجبور باپ کے حضور میں پیش کیا گیا۔ سودا کا ایک قطعہ تباہ حال دلّی کا مرثیہ ہے:

باغِ دلّی میں جو اِک روز ہوا میرا گزر
نہ وہ گل ہی نظر آیا نہ وہ گلشن نہ بہار
گل پت جھڑ ہوئے اور سوکھی پڑی ہیں شاخیں
خاک اُڑتی ہے ہر اک سمت پڑے ہیں خس و خار
دیکھتا کیا ہوں مگر سوکھی سی اِک شاخ اُوپر
عندلیب ایک ہے بے بال و پر و دل افگار
بہ دمِ سرد و بہ صد حسرت و صد سوزِ جگر
دیکھ کر سوئے چمن کہتی ہے بانالۂ زار
حیف در چشم زدن صحبتِ یار آخر شد
روئے گل سیر ندیدیم و بہار آخر شد

کیا اس تباہ حال دلّی کو اور تباہ ہونا تھا! کیا اس قیامت میں ایک اور قیامت آنی تھی! کیا نازک اندامانِ دلّی کو اور بے حرمت اور رسوا ہونا تھا! — ہاں، یہ سب کچھ وقت کی کشکول میں تھا اور ظہور پذیر ہوا — بساطِ سیاست پر ایک ایک کر کے عزوشانِ دلّی کے سب مہرے پٹ گئے۔ اُلٹ گئی تین سو سال کی یہ بساط جس کے شاہوں میں بابر سے لے کر عالمگیر تک کسی کو بھی وقت شہ نہیں دے سکا۔ آخر طوائف الملوکی شروع ہوئی اور آخری بادشاہ بہادر شاہ ظفر کو شاطرانِ مغرب نے ایسی شہ دی کہ بساط ہی اُلٹ گئی۔ اور ایک شاہ ہی کیا، وزیر، بیگم، رُخ، گھوڑے، پیادے — سب کے خیمے اُکھڑ گئے۔ سب نقشِ عبرت بن کر رہ گئے۔ ایک تسلسل ہے جو رہ رہ کر دلّی اور دلّی والوں کو تباہ کرتا رہا اور ۱۸۵۷ء کو اس ظلم و ستم کی انتہا ہو گئی اور آزادیٔ ہندوستان کے تابوت میں آخری کیل ٹھونک دی گئی۔ دلّی کا ذرّہ ذرّہ رویا، بچہ بچہ ماتم کناں اور صرف آہ و فغاں ہوا۔ دلّی کے شاعروں نے خون کے آنسوؤں سے دلّی اور اس کی تہذیب کی تباہی کے مرثیے لکھے — ''فغانِ دہلی'' انھیں مرثیوں کا مجموعہ ہے۔ ان مرثیوں کی لے سوداؔ کے شہر آشوب سے ملتی ہے:

۱۸۵۷ء کے خونیں واقعات کی تاریخ دہرانا مقصود نہیں ہے کہ اس کے لیے تو الگ دفتر درکار ہے۔ مدِ نظر ہے ان نظموں اور غزلوں کا اجمالی جائزہ جو بہادر شاہ ظفر کے معزول اور قید ہونے، شہزادوں، امیروں، رئیسوں اور عوام الناس کے قتل یا تباہ ہونے، بے گھر، بے زر اور بے

حرمت ہونے اور دہلی پر گوروں کی فوج کے غلبہ ہونے کے ردِ عمل کے طور پر شعرائے دہلی نے کہیں، جن کا مجموعی تاثر یہ ہے کہ دتی معروف آہ وفغاں ہے۔

مرثیہ گوئی کے لیے مسدس سب سے بہتر صنفِ سخن ہے۔ اس صنف میں انیسؔ اور دبیرؔ نے مرثیہ گوئی کے جوہر دکھائے ہیں اور اس زمینِ سخن کو وہ عروج دیا ہے کہ اسے آسمان بنا دیا ہے۔ انیسؔ و دبیرؔ کے مرثیے شہدائے کربلا کی شان میں ہیں۔ شعرائے دہلی نے اپنے شہر اور تہذیب و تمدن کی بربادی اور تباہی پر آنسو بہانے کے لیے مسدس کے پیکر کا ہی سہارا لیا۔

کتاب کے دوسرے باب میں چودہ مسدس ہیں ـــــ موضوع ایک ہے لیکن اندازِ بیان مختلف ـــــ پہلی مسدس مولوی محمد صدرالدین خاں بہادر آزردہؔ کی ہے جس میں گیارہ بند ہیں:

آفت اس شہر پہ قلعے کی بدولت آئی
واں کے اعمال سے دہلی کی بھی شامت آئی
روزِ موعود سے پہلے ہی قیامت آئی
کالے میرٹھ سے یہ کیا آئے کہ آفت آئی
گوش زد تھا جو فسانوں سے وہ آنکھوں دیکھا
جو سنا کرتے تھے کانوں سے وہ آنکھوں دیکھا

مسدس کا یہ پہلا بند زبانِ حال سے کہہ رہا ہے کہ میں ایک ''خان بہادر'' کی تخلیق ہوں، اس میں سیاسی شعور کا فقدان ہے۔ شاعر نے اہلِ قلعہ کو دتی کی بربادی کا ذمہ دار ٹھہرایا ہے۔ حالانکہ بہادر شاہ ظفر کو مجاہدینِ آزادی نے اپنا سپہ سالار بنایا تھا ـــــ اور اہالیانِ قلعہ پر تو سب سے زیادہ مصائب کے پہاڑ ٹوٹے۔ بہرحال آزردہؔ نے دتی کی حسیناؤں کی تباہی اور بدحالی کی اچھی تصویریں پیش کی ہیں:

عطر و صندل میں جو دامن کو بسایا کرتے
کنٹھے موتی کے گریباں میں لگایا کرتے
بیٹھ خلوت میں وہ زلفوں کو بنایا کرتے
یہ سنگار آئینہ کو بھی نہ دکھایا کرتے
اب نہیں کچھ بھی انھیں زلفِ پریشاں کی خبر
نہ گریباں کی خبر اور نہ داماں کی خبر

اور آخر میں ہم نفسوں کو یاد کیا ہے جو ۱۸۵۷ء کے ہنگامے کی نذر ہو گئے:

روز، وحشت مجھے صحرا کی طرف لاتی ہے
سر ہے اور جوشِ جنوں، سنگ ہے اور چھاتی ہے
ٹکڑے ہوتا ہے جگر، جی ہی پہ بن آتی ہے
مصطفیٰ خاںؔ[1] کی ملاقات جو یاد آتی ہے
کیونکہ آزردہ نکل جائے ، نہ سودائی ہو
قتل اس طرح سے بے جرم جو صہبائیؔ[2] ہو

قاضی فضل خاں افسر کی مسدس کے ۱۶ بند ہیں۔ شعری محاسن کے اعتبار سے قابلِ ذکر نہیں ہے، مگر قاضی افسر نے یہ اہتمام کیا ہے کہ ہر بند کے پانچویں اور چھٹے مصرعے فارسی میں ہیں۔ افسر نے دہلی پر انگریزوں کے تسلط کو — "حکامِ عادل کا نزول" کہا ہے۔ ایسا محسوس ہوتا ہے کہ جس جذبۂ آزادی کے ساتھ مجاہدینِ آزادی کا قافلہ میرٹھ سے چلا تھا، اور ظفر کو اپنا رہنما قبول کیا تھا، اس کا احساس عام دلّی والوں کو نہیں تھا۔ حتیٰ کہ اکثر شعرائے کرام کا تخیل بھی پھڑ پھڑا رہا تھا اور پرواز محدود تھی۔ بس دلّی کی بربادی کا رونا تھا — جو اس وقت سامنے کی بات تھی۔ وہ اس تباہی کے اسباب سے بھی تقریباً بیگانہ نظر آتے ہیں۔

شیخ محمد ابراہیم ذوقؔ کے شاگرد محمد علی تشنہؔ کی مسدس ۱۸ بندوں پر مشتمل ہے۔ دلّی اور دلّی والوں کی تباہی کی کیفیت بیان کرتے وقت تشنہؔ نے سماجی حقیقت نگاری کا حق ادا کیا ہے — دہلی کی شان و شوکت، مغل شہنشاہوں کا کرّ و فر اور پھر ان کے زوال کی داستان اجمالی طور پر بیان کرنے کے بعد اس افراتفری اور بھگدڑ کو پیش کیا ہے جو اس وقت اہلِ دہلی کا مقدر بن گئی تھی:

ملا یہ حکم کہ سب لوگ یاں سے ٹل جائیں
اسی میں خیر ہے جو شہر سے نکل جائیں
دبی ہے بچی تو دکھلا کے یاں بغل جائیں
جو کچھ ہے، چھوڑ یہاں صاحبِ دُوَل جائیں
نہ سر پہ ٹوپی ہے ان کے نہ پاؤں میں جوتی
بغل میں طوطے کا پنجرہ ، بی جی بھیجو جی

[1] نواب مصطفیٰ خاں شیفتہ [2] مولوی امام بخش صہبائی

میانِ راہ کھڑے تھے وہ راہزن بے پیر
کہ جن کے ہاتھ میں لاٹھی تھی مثلِ گرزِ نکیر
یہ کہہ رہے تھے کہ آگے بڑھو صغیر و کبیر
کہاں سے کھینچ کے لائی تمھیں کہاں تقدیر
سب ان کے خوف سے کرتے ہیں آہ و نالے لوگ
مثالِ غولِ بیاباں تھے گاؤں والے لوگ
گرہ ٹٹولی کسی کی، کمر میں ڈالا ہاتھ
ہر ایک مضطر و خستہ جگر پہ ڈالا ہاتھ
پدر کو چھوڑ دیا تو پسر پہ ڈالا ہاتھ
جو سر برہنہ تھا اس کے بھی سر پہ ڈالا ہاتھ
الٰہی ہاتھ نہ ٹوٹے ستم شعاروں کے
کہ ہاتھ دھو کے پڑے پیچھے خاکساروں کے

نواب مرزا داغ دہلوی تلمیذ شیخ محمد ابراہیم ذوق کی معرکۃ الآرا مسدس بھی اس کتاب کی زینت ہے، جس میں بائیس بند ہیں۔ داغ کی نوجوانی تھی مگر ان کی یہ مسدس استادانہ رنگِ سخن لیے ہوئے ہے — ان کا شعور محدود نہیں ہے۔ انھوں نے عروج و زوالِ دہلی بیان کرنے کے ساتھ ساتھ یہ بھی واضح کیا ہے کہ ستم ایجاد نے کس کس طرح ستم ڈھائے، شہر کے مکینوں کو گھربار چھوڑنے پر مجبور کیا۔ اہلِ دانش اور قلم کاروں پر مظالم کے پہاڑ توڑے۔ داغ کی اس مسدس میں جگہ جگہ غزل کا رنگ جھلکتا ہے اور رعایت لفظی کی بہت ہی خوبصورت مثالیں ہیں۔ اس مسدس کے محاسن کے بیان کے لیے ان صفحات میں گنجائش نہیں۔ منتخب بند پیش کرنے پر اکتفا کرتا ہوں:

فلک زمین و ملائک جناب تھی دہلی — بہشت و خلد میں بھی انتخاب تھی دہلی
جواب کا ہے کو تھا، لاجواب تھی دہلی — مگر خیال سے دیکھا تو خواب تھی دہلی
پڑی ہیں آنکھیں وہاں، جو جگہ تھی نرگس کی
خبر نہیں کہ اسے کھا گئی نظر کس کی

یہاں کی شام تھی مانندِ صبح نورانی یہاں کے ذرّوں میں تھی مہر کی درخشانی
یہاں کے سنگ سے تیرہ تھا لعل رمانی یہاں کی خاک سے ہوتا تھا آئینہ پانی
یہ شہر وہ ہے کہ سایہ بھی نور تھا اس کا
چراغ رشکِ تجلائے طور تھا اس کا

کس طرح کمالِ سخن کی تعریف کی جائے۔ ''شام مانندِ صبح نورانی''، ''خاک سے ہوتا تھا آئینہ پانی'' پانی کے استعمال میں کیا کیا لطافتیں ہیں — ''سایہ بھی نور تھا'' — سبحان اللہ!

خدا پرستی کے بدلے جفا پرستی ہے جو مال مست تھے اب ان کو فاقہ مستی ہے
بجائے ابرِ کرم مفلسی برستی ہے یہ تنگ جینے سے ہیں، ایسی تنگ دستی ہے
غضب میں آئی رعیت، بلا میں شہر آیا
یہ پوربی نہیں آئے، خدا کا قہر آیا

لہو کے چشمے ہیں چشم پُر آب کی صورت شکستہ کاسۂ سر ہیں حباب کی صورت
لٹے ہیں گھر میں دلِ خانہ خراب کی صورت کہاں یہ حشر میں توبہ عذاب کی صورت
زبانِ تیغ سے پرسش ہے داد خواہوں کی
رسن ہے، طوق ہے گردن میں بے گناہوں کی

برنگ بوئے گل اہلِ چمن، چمن سے چلے غریب چھوڑ کے اپنا وطن، وطن سے چلے
نہ پوچھ زندوں کو بے چارے کس چلن سے چلے قیامت آئی کہ مردے نکل کفن سے چلے
مقامِ امن جو ڈھونڈا تو راہ بھی نہ ملی
یہ قہر تھا کہ خدا کی پناہ بھی نہ ملی

مرزا داغ نے اس المیہ کی شدّت جس انداز سے بیان کی وہ انھیں کا حصہ ہے۔ پوری مسدس نادر تشبیہوں سے بھری پڑی ہے — ''شکستہ کاسۂ سر ہیں حباب کی صورت۔'' ایک اور بند میں حسن کی مظلومیت کس درد کے ساتھ بیان کیا ہے:

جلیں ہیں دھوپ میں شکلیں جو ماہتاب کی تھیں
کھنچی ہیں کانٹوں پہ جو پتیاں گلاب کی تھیں

ایک جگہ کہا ہے:

بنا ہے خالِ سیہ رنگ مہ جمالوں کا
دوتا ہوا ہے قدِ راست نونہالوں کا

یہ شعر بھی کس قدر معنویت لیے ہوئے ہے:

پئے محاسبہ پرسش ہے نکتہ دانوں کی
تلاش بہرِ سیاست ہے خوش زبانوں کی

کیا کیا رعایتیں ہیں، اور الفاظ کے در وبست نے اشعار کو وجد آفریں بنا دیا ہے۔

مرزا قربان علی بیگ سالک تلمیذ نواب اسد اللہ خاں غالبؔ کی مسدس کا اپنا رنگ ہے۔ یہ ۱۹ بندوں پر مشتمل ہے۔ ان کی فکر کی پرواز نے آسمان کی بلندیوں کو چھو لیا ہے:

جہاں میں شہر ہیں جتنے جہاں جہاں آباد   بس ان بلاد میں تھا منتخب جہاں آباد
اُجڑ کے یاں سے نہ پوچھو، ہوا کہاں آباد   گیا عدم کو، دوبارہ ہوا وہاں آباد
فلک نے کس سے کہوں، کیوں مٹا دیا اس کو
ارم کا جوڑ سمجھ کر اُٹھا لیا اس کو

مکاں شکستہ ہیں مانندِ خاطرِ مایوس   اُجاڑ کوچے بسانِ دلِ الم مانوس
وہ شکل ہی نہ رہی، شہر ہو گیا معکوس   ستم کیا فلکِ بدشعار نے افسوس
یہ وہ جگہ ہے جسے دیکھنے کو خلقت آئے
اور اب جو دُور سے دیکھے کوئی تو عبرت آئے

حکیم محمد تقی خاں سوز آں کی ''مسدس شہر آشوب'' میں ۴۸ بند ہیں۔ مگر یہ مسدس طویل ہونے کے باوجود سپاٹ ہے۔ ابتدا میں حسبِ معمول دِلّی کی عظمت و رونق کو نظم کیا گیا ہے۔ پھر پوربیوں کی میرٹھ سے آمد، قتل و غارت کا بازار گرم ہونا، مقامی اوباشوں کو اپنے ساتھ ملانا:

جو اُونچا گھر کوئی تکتے تو اس پہ چڑھ جاتے
فرنگی اس میں ہے، یہ کہہ کے گھر وہ لٹواتے

اور اُن ظالموں کے ہاتھوں دِلّی والوں کا بے گھر ہونا اور پھر تباہی کے مناظر کا بیان اور حکیم صاحب نے آخر میں اطمینان کی سانس لی ہے۔ جب ''باغیوں'' پر انگریز فوجوں نے غلبہ پایا اور وہ حاکم

دوراں ہو کرسیٔ عدل پر بیٹھے:

ہزار شکر وہی آئے حاکمِ دوراں — کہ جن کے عدل پہ نوشیرواں بھی ہو نازاں
غریب آن بسے پھر وطن میں ہو شاداں — خزاں میں از سرِ نو ہے بہار کا ساماں

فلک یہ عدل سدا ان کا پائیدار رکھے
قرار ایسا اُنھیں دے نہ بے قرار رکھے

حیرت ہے کہ اُن دنوں سیاسی شعور کا اتنا فقدان تھا کہ اچھے خاصے دانشور اور سخنور بھی آزادی کے متوالوں کو اوباش اور لٹیرے سمجھتے تھے اور دُنیا کی سب سے ظالم قوم انگریز کو حاکم عادل تصوّر کرتے تھے۔ ایسے ہی ''دانشوروں'' کی دعاؤں کی بدولت ۱۸۵۷ء کے نوّے سال بعد تک یہ ''عادل قوم'' ہمارے ساتھ انصاف کرتی رہی اور جاتے جاتے بھی جگہ جگہ نفرت و منافقت اور باہمی عداوت کے بم دبا گئی جو ٹھہر ٹھہر کے پھٹتے رہتے ہیں اور برِ صغیر ان کے دائرۂ عدل سے آج تک نہیں نکل سکا۔

سیّد ظہیر الدین عرف نواب مرزا ظہیر تلمیذِ ذوقؔ نے بتیس بندوں پر مشتمل مسدس شہر آشوب لکھا ہے اور خوب لکھا ہے۔ ہر شاعر نے دلّی کی تعریف اپنے اپنے منفرد انداز سے کی ہے۔ ظہیر کہتے ہیں:

فرشتہ مسکن و جنت نشان تھی دلّی — زمیں کے پردے میں اِک آسمان تھی دلّی
جہاں میں ایک عجائب کی کان تھی دلّی — غرض کہ اہلِ بصیرت کی جان تھی دلّی

یہ وہ زمیں تھی، زمیں جس کی زر اگلتی تھی
یہ خاک وہ تھی کہ اکسیر ہاتھ ملتی تھی

یہ شہر وہ تھا کہ غنچہ تھا نونہالوں کا — یہ شہر وہ تھا کہ تختہ تھا نونہالوں کا
یہ شہر وہ تھا کہ مجمع تھا خوش جمالوں کا — یہ شہر وہ تھا کہ مرجع تھا باکمالوں کا

یہ وہ کہاں تھا مکیں جس کے قیصر و جم تھے
یہ خطہ وہ تھا گدا جس کے فخرِ حاتم تھے

دہلی کی تعریف میں بلند پایہ اشعار کہہ کر پھر اس کی تباہی اور قتل و غارت گری کو بھی شعری محاسن کے ساتھ پیش کیا ہے:

ہر ایک رونقِ بزمِ جہان قتل ہوا ہر ایک قبلۂ ہر خاندان قتل ہوا
ہر ایک طوطیٔ شیریں بیان قتل ہوا ہر ایک بلبلِ نوشیں بیان قتل ہوا
گھروں سے کھینچ کے کشتوں پہ پشتے ڈالے ہیں
نہ گور ہے نہ کفن ہے، نہ رونے والے ہیں

کتنا پرتاثیر ہے یہ بند۔ بہادر شاہ ظفر اور شہزادوں کی بدحالی پر آنسو بہاتے ہیں۔ مگر ظہیر دہلوی کے مسدس کی تان بھی وہیں ٹوٹتی ہے (جو شاید وقت کی مجبوری ہو):

ہزار شکر کہ دورانِ 'دور کو پڑ' ہے زمانہ عہد میں اس کے ترقیوں پر ہے
وہ آسمانِ کرم کا مہہِ منوّر ہے سخی و سرور و ذی جاہ و داد گستر ہے
اگر نہیں تو نہ ہو بندگی و خاوندی
اسے درست تو ہے نسبتِ خداوندی

اور آخر میں "شہر آشوب میں" قصیدے کا رنگ آ گیا ہے۔

حکیم آغا جان عیش نے جو پشتینی رئیس تھے، دو مسدس کہی ہیں، پہلی مسدس میں ۲۳ بند ہیں اور دوسری میں ۱۳۔ مسدس اوّل میں دہلی کی رونق، اس شہر کے بازار، عمارتیں، سامانِ تعیش، یہاں کے اہلِ کمال، اہلِ ہنر، اہلِ قلم، فصاحتِ زبان، شرافت و نجابت، محفلوں کی رونق سب کچھ بہ حسن و خوبی ۱۵ بندوں میں نظم کیا ہے۔ پھر گریز کیا ہے اور دلّی کی تباہی کی نبض پر حکیم آغا جان عیش نے ہاتھ رکھا ہے:

فلک نے ان کے وہ آپس میں تفرقے ڈالے
دل و جگر پہ پڑے فرطِ غم کے ہیں بھالے
پھنسے ہیں ان کے سب آفت میں بوڑھے اور بالے
اور ان کو اس پہ بھی جینے کے ہیں پڑے لالے
خبر نہ جان کی دل کو، نہ دل کو جان کی ہے
اور ان سے ایسی ہی چھیڑ اب تک آسمان کی ہے

حکیم آغا جان عیش شاعر سے زیادہ نباضِ قوم نظر آئے، اور بجا طور پر دہلی کی تباہی اور مغلیہ حکومت کے زوال کو باہمی نفاق کا نتیجہ قرار دیا۔ انھوں نے شہر اور دلّی والوں کی بدحالی کا نقشہ کھینچ کر دستِ

دعا بلند کیے:

الٰہی کر دے پھر آباد باغ دہلی کو کر اپنے فضل سے روشن چراغ دہلی کو
مئے نشاط سے بھر دے ایاغ دہلی کو دلوں سے خلق کے تو دھو دے داغ دہلی کو

دعا ہے تجھ سے یہی اے مسبب الاسباب
کہ تیرے ابرِ کرم سے ہو باغ پھر شاداب

حکیم آغا جان عیش کی دوسری مسدس میں ۱۴ بند ہیں اور یہ سب بند دلّی کی تباہی اور بربادی کی منہ بولتی تصویریں ہیں۔ خاص و عام پریشاں حال، باغوں میں خزاں چھائی ہوئی، مخلیس معدوم، لوگ مغموم، زنانِ دہلی بے حرمت، ہر طرف ادبار و نکبت:

جن کو موجود تھی جمعیتِ خاطر ہر دَم خوابِ راحت سے نہ تھی جن کو کہ فرصت ہر دَم
اور آرام سے شیرازۂ خاطر تھا بہم کیا کروں عیش میں ان لوگوں کا احوال رقم

لیتی اب زلف ہے دام ان سے پریشانی کو
آئینہ لیتا ہے مول ان سے ہی حیرانی کو

''فغانِ دہلی'' میں آغا جان عیش کی مسدس کے بعد مرزا باقر علی خاں کاملؔ کی مسدس ''شہر آشوب'' ہے۔ کاملؔ مرزا زین العابدین خاں عارفؔ کے بیٹے اور مرزا قربان علی بیگ خاں سالکؔ کے شاگرد تھے۔ اُن کی مسدس ۱۳ بندوں پر مشتمل ہے ـــــ وہی پیٹرن کہ ابتدا میں دلّی کی رونق اور عظمت کا بیان اور بعد میں اس کے لٹنے اور ویران ہونے کا غم۔ کاملؔ نے بادشاہ اور شہزادوں کے عیش و عشرت کا ذکر کیا ہے۔ لال قلعہ کی تعریف میں رقم طراز ہیں:

یہ قلعہ رشکِ گہِ گلستانِ رضواں تھا یہ قلعہ خلد تھا اس میں ہر ایک غلماں تھا
یہ قلعہ تھا کہ خدایا کوئی پرستاں تھا یہ قلعہ پیکرِ دنیا کے واسطے جاں تھا

نہ رہنے والے رہے اور نہ وہ مکان رہا
فقط دکھانے کے ہی واسطے نشان رہا

اور اسی طرح چوک کی رونق ختم ہو جانے کا غم، اور جامع مسجد کی خستہ حالی کا دردانگیز تذکرہ ہے۔ بازاروں میں خاک اُڑتی نظر آتی ہے۔ کوئی جائے اماں نہیں ہے اور بے کسی کا یہ عالم ہے کہ:

دکھائی دیتا ہے ہر اِک عدوئے جاں اپنا
بنا ہے دشمنِ جانی یہ آسماں اپنا

حافظ غلام دستگیر مبتلؔ کے یکے بعد دیگرے تین مسدس ہیں۔ پہلے مسدس میں ۳۰ بند ہیں، دوسرے میں ۸ اور تیسرے میں ۱۰۔ پہلی مسدس میں دتی کی خوبصورتیوں کے ساتھ ان کی تباہی کا بیان ہے۔ مثلاً:

عمارتوں سے بنا تھا طلسم خانہ مگر نہ چشم خانہ میں آتی تھی واں سے پھر کے نظر
ہر ایک خشت تھی آئینہ اور گلِ عنبر بہشت خانہ تھا ہر خانۂ صفا پرور
فلک نے ڈھایا ستم شہر یہ خراب ہوا
عذاب کا بھی فرشتہ یہاں پُر آب ہوا

اور خوش پوش مردوزن کی عبرت ناک تصویر پیش کرنے میں زورِ بیان صرف کیا ہے:

دوشالہ پوش تھے جو، بےکفن زمیں میں گئے جو قصر رکھتے تھے، بےگور خاک میں وہ ملے
بجا ہے ایسوں پہ چشم فلک بھی گر روئے یہ وہ ہے غم کہ گریبانِ خامہ ہے ٹکڑے
نشانِ گور میسر، نہ خاک پر ہے چراغ
چراغ گور کے بدلے ہے دل کا روشن داغ

دوسرے مسدس میں ہر بند کا بیت ایک ہی ہے:

ظلم گوروں نے کیا اور اور نہ ستم کالوں نے
ہم کو برباد کیا اپنے ہی اعمالوں نے

یہ شعر بار بار دہرایا جاتا ہے اور اسی کے گرد مسدس کے اشعار گردش کرتے ہیں اور نظم سرانجام ہوتی ہے۔ تیسرے مسدس کا نفسِ مضمون یہ شعر ہے:

پا برہنہ گھر سے نکلے مرد و زن
لوگ دہلی کے ہیں سارے نعرہ زن

یہ شعر بار بار دہرایا جاتا ہے۔ گویا ہر بند کے باقی چار مصرعے اس کی تضمین کے طور پر ہیں۔ بہر حال مبتلؔ نے ایک نئی راہ نکالنے کی کوشش کی ہے۔

اس سلسلے کی آخری مسدس حکیم محسن خاں محسنؔ کے فکرِ سخن کا نتیجہ ہے۔ اس میں ۳۲ بند ہیں۔ انھوں نے دتی اور خاص طور پر قلعہ کا نقشہ کھینچا ہے اور ایک ایک چیز کی بربادی کا ماتم کیا ہے:

''وہ لال قلعہ جسے کوہِ طور کہتے تھے''
''وہ لال پردہ کہ بس پردہ پوش عالم تھا''

''وہ تو محلّہ کہ تھا رشکِ کوچہ و بازار''
''وہ جنگی ڈیوڑھی کہ تھی رشکِ وادیٔ ایمن''

پھر اہلِ قلعہ کی بدحالی کا دلدوز نقشہ کھینچا ہے، اور کفِ افسوس ملتے ہوئے کہا ہے:

سحر نے اپنا گریباں کیا ہے غم سے چاک ۔۔۔ اُڑاتی پھرتی ہے سر پر صبا چمن میں خاک
رہے ہے نرگسِ بیمار بھی سدا غم ناک ۔۔۔ پہن کے بیٹھی ہے سوسن بھی ماتمی پوشاک
بہارِ گلشنِ دہلی پہ آگئی ہے خزاں
رہا نہ صفحۂ ہستی پہ اُن کا نام و نشاں

علم و ثقافت اور شہر کی رونق اور تجارت کی پامالی —— ہر ہر چیز پر آنسو بہاتے ہیں:

ہر اِک حکیم یہاں تھا ارسطوئے ثانی ۔۔۔ ہر اِک امیر کو تھا دعویٰ سلیمانی
ہر اِک حسین یہاں اشکِ ماہِ کنعانی ۔۔۔ ہر اِک فقیر کو حاصل تھا علم عرفانی
نشانِ نقشِ قدم ہوگیا ہر اِک پامال
دیارِ ہند سے سب اُٹھ گئے ہیں اہلِ کمال

خوشنما بازار، بازار میں نہر کی لہریں، چارسو جھومتے ہوئے اشجار، سقّوں کے کٹوروں کی جھنکار، جامع مسجد کی رونق، اس کی سیڑھیوں کی بہار:

فلک نے کردیا ہر سمت اس کے ویرانہ
بنا ہے ایک طرف اس کے اب شفاخانہ

غرض حکیم محسن نے دہلی کی ایک ایک چیز کا ماتم کیا ہے اور دعائیہ کلمات کے ساتھ اختتام کیا ہے:

خدا کرے کہ یہ ہوجائے پھر چمن آباد
مثالِ گل کے ہوں باشندے یاں کے خرم و شاد

شہرِ دہلی کے ان مرثیوں میں موضوع کی یکسانیت ہے، مگر ہر شاعر نے اپنی فکرِ رسا کے جوہر دکھائے ہیں۔ محاسنِ شاعری کسی میں کم ہیں کسی میں زیادہ۔ مگر ایک چیز سب میں مشترک ہے۔ جذبات کی شدّت اور ایک عظیم وراثت اور تہذیب و ثقافت کے زیاں کا احساس، اور یہی وہ خوبی ہے جس کے باعث آج ہم ڈیڑھ سو سال بعد بھی ان کا مطالعہ کر رہے ہیں۔

''فغانِ دہلی'' کا تیسرا حصہ غزلوں پر مشتمل ہے ــــ بیشتر غزلیں ہم طرح ہیں۔ ایسا محسوس ہوتا ہے کہ کوئی طرحی مشاعرہ ہوا ہوگا مگر کتاب کے مؤلف نے ایسے کسی مشاعرہ کے انعقاد کا ذکر نہیں کیا ہے، بلکہ یہ اعتراف کیا ہے کہ مختلف شعرائے کرام نے مختلف موقعوں پر یہ منظومات اور غزلیں کہیں جنھیں مؤلف نے بڑی کاوش کے بعد اکٹھا کیا اور یہ کتاب ''فغانِ دہلی'' کے نام سے ترتیب دی ــــ چند غزلیں دوسری زمینوں میں ہیں۔ موضوع نیا نہیں ہے۔ دہلی اور اس کی تہذیب کی پامالی ہی موضوعِ سخن ہے، اور اس محدود دائرے میں رہ کر ہی شعرائے کرام نے اپنے فکر وفن کا مظاہرہ کیا ہے۔ پہلے ہم طرح غزلوں کا انتخاب پیش ہے:

ہائے وہ لوگ جو تھے روح و روانِ دہلی — تا درِ خلد گئے کر کے گمانِ دہلی
غم بربادیٔ دہلی میں بجائے مئے ناب — خونِ دل پیتے ہیں اب بادہ کشانِ دہلی
کیا تعجب ہے کہ یہی خلد میں بولی جائے — اہلِ جنت کو پسند آئے زبانِ دہلی

(حکیم محمد احسن خاں احسن)

اسی زمین میں احسن صاحب کی ایک غزل بہ زبانِ فارسی ہے:

احسنِ خستہ جگر رفت بہ سوئے جنت — حوریاں را مگر آموخت زبانِ دہلی

ہائے افسوس کہ آفت زدگانِ دہلی — جان لیتے ہیں جو کرتے ہیں بیانِ دہلی
فیضِ خواجہ سے ہے وہ نزدِ خدا عزت سے — گرچہ ظاہر میں گئی عزت و شانِ دہلی

(مولوی ممتاز حسین اختر بجنوری)

کیا مہم تجھ پہ پڑی سچ تو بتا پیرِ فلک — تو نے چن چن کے بلائے جو جوانِ دہلی
حشر میں حضرتِ باری کو بھی ہوگا افسوس — جب کہ پہنچیں گے وہاں مرثیہ خوانِ دہلی
اہلِ یورپ کو غزل تم نہ سنانا احمد — سیکھ جائیں نہ کہیں طرزِ بیانِ دہلی

(میر شاہجہاں احمد)

مقطع میں اہلِ یورپ سے نفرت کا اظہار کس شاعرانہ انداز میں کیا ہے۔

حکیم تجمل رسول خاں تجمل نے اس زبان میں دو غزلیں کہی ہیں اور بلیغ اشعار نکالے ہیں:

صرف اِک نام کو باقی ہے نشانِ دہلی — نہ وہ رفعت ہے نہ شوکت ہے نہ نشانِ دہلی

احمدؐ پاک کی خاطر تھی خدا کو منظور ورنہ قرآن اُترتا بہ زبانِ دہلی

شعر جاں سوز بھی دوچار تجلّی کہتے
جی یہ چاہے ہے سنے جاؤں بیانِ دہلی

مل گئے خاک میں سب غنچہ لبانِ دہلی آگ لگ جائے تجھے بادِ خزانِ دہلی
اور مت آگ لگا شمعِ خیالِ جاناں خود جلے بیٹھے ہیں ہم سوختگانِ دہلی
سرنگوں ہوتے تھے یاں دیکھ کے جن کو زاہد اب خدا جانے کہاں ہیں وہ بتانِ دہلی

(تجلّی)

اے کہن سال فلک، دشمنِ جانِ دہلی کیا ترے ہاتھ لگا کر کے نشانِ دہلی
اس کی ویرانی سے آباد ہوئے اور بلاد ہے بہار چمنِ دہر خزانِ دہلی

(نواب شہاب الدین احمد خاں بہادر ثاقبؔ)

(ثاقبؔ صاحب نے خان بہادر ہونے کا حق ادا کیا ہے اور اسی غزل میں حزنیہ اشعار کے ساتھ انگریز حاکم کوپر کا قصیدہ بھی لکھ دیا ہے:

حاکم عادلِ دانا کہ خدا نے بھیجا تب یہ آباد ہوئے چند مکانِ دہلی
کون وہ داورِ جم مرتبہ، کوپر صاحب کہ جسے خلق کہے شاہِ جہانِ دہلی

یوں مٹا دہلی سے جیسے کہ گمانِ دہلی تھا مرا نام و نشاں، نام و نشانِ دہلی
لے گئے لوٹ کے اب شوکت و شانِ دہلی پوربی پہلے اُڑاتے تھے زبانِ دہلی
دلّی والوں کے لیے تازہ بنے گی جنّت لے گئے سر پہ ملک تحفہ مکانِ دہلی

نیّر و غالبؔ و آزردہ سے پھر لوگ کہاں
داغؔ اب یہ ہیں غنیمت ہمہ دانِ دہلی

لیکن نواب مرزا داغؔ دہلوی نے مندرجہ بالا فصیح اشعار کے ساتھ اسی غزل کی زمین کو پامال بھی کر دیا ہے۔ صاحب لوگوں کی شان میں ایسے اشعار کہہ کر:

مژدہ اے بخت کہ پھر آئے یہاں صاحب لوگ زیبِ دہلی ہے کوئی اور کوئی شانِ دہلی
دے دیئے فوج کو حکام نے انعام میں سب گنج قاروں سے فزوں گنجِ نہانِ دہلی

روکشِ سدِّ سکندر اسے کہیے تو بجا — فتح گڑھ ہے جو پہاڑی پہ قرانِ دہلی

(داغ دہلوی)

(نواب مرزا داغؔ کی مسدس اس خوشامدانہ عیب سے پاک ہے)

میری فریاد سے ظاہر ہے بیانِ دہلی — دلِ خوں گشتہ پہ ہے داغ زبانِ دہلی
کیا ہیں درکار مکاناتِ ارم میں یارب — کہ اُٹھے جاتے ہیں دلّی سے مکانِ دہلی
انتہا گم شدگی کی ہے عدم ہوجانا — ہم نے پایا نہ عدم میں بھی نشانِ دہلی

(نواب مرزا شمشاد علی بیگ خاں رضوانؔ)

مٹ گیا، خواب ہوا، نام و نشانِ دہلی — کس کی پاپوش بنے مرثیہ خوانِ دہلی

(مرزا حسین علی خاں راقمؔ کا بس یہی ایک مطلع ہے)

روئے جنت میں بھی ہم کر کے بیانِ دہلی — اس سے ظاہر ہے نہیں خلد بسانِ دہلی
میں نے دیکھا ہے ملائک کو خریدار اس کا — میں نے چلتے ہوئے دیکھی ہے دوکانِ دہلی
غالبؔ و تیرؔ و ثاقبؔ سے بنا ہے گویا — بلیماروں کا محلّہ صفہانِ دہلی

(مرزا قربان علی بیگ سالکؔ)

مٹ گیا صفحۂ عالم سے نشانِ دہلی — مثلِ عنقا ہے زبانوں پہ بیانِ دہلی
اس کے طبقے کو جو اُلٹا ہے فلک کج بتلا — کوئی یونان کا طبقہ تھا میانِ دہلی
ہوسکا اس کا فصیحانِ جہاں سے نہ جواب — گویا قرآں کی زباں ہے یہ زبانِ دہلی

(شتاب خاں فہمؔ)

ہائے دلّی وہ زہے دل شدگانِ دہلی — آپ جنّت میں ہیں اور دل نگرانِ دہلی
نہیں زنہار بہشتی کی حکایت نہریں — وہی نہریں ہوئیں اب اشک روانِ دہلی
شیفتہؔ اور ستائش کے نہیں ہم خواہاں — یہی بس ہے کہ کہیں، یہ ہے زبانِ دہلی

(نواب مصطفیٰ خاں خان بہادر شیفتہؔ)

کوئی عالم میں نہیں شہر بسانِ دہلی — ہے مٹے پر بھی سوا عرش سے شانِ دہلی
پہلے رونا تھا انھیں نو فلکوں کا اور بس — بن گیا اور فلک دود فغانِ دہلی

(میر اکرام الدین شاطرؔ)

آغا مرزا شاغل برادر خورد مرزا داغ نے فارسی میں غزل کہی ہے، جس کا مطلع ہے:

بود از دیر فلک دشمنِ جانِ دہلی   کہ چنیں کرد بایں شوکت وشانِ دہلی

بس کہ بیداد سے ٹوٹے ہیں مکانِ دہلی   ہو رقم خطِ شکستہ سے بیانِ دہلی
لوٹ سے اور بھی بازار ہوا گرم اس کا   صاف ہے صورتِ آئینہ دوکانِ دہلی
اہلِ دہلی کی سیہ بختی کا غم ہے صابر   کہ سیہ پوش ہیں سب حرف بیانِ دہلی

(شہزادہ مرزا قادر بخش صابر)

کس کے آگے میں کروں آہ و بیانِ دہلی   چڑھ گئے دار پہ سب پیر و جوانِ دہلی
منتخب سارے جہاں کی تھی ہر اک جنس یہاں   رشکِ بت خانۂ چینی تھی دوکانِ دہلی

(مرزا مصطفیٰ بیگ ضمیر)

دلّی والوں کی زباں پر ہے بیانِ دہلی   اور فلک پر ہیں ملک مرثیہ خوانِ دہلی
فتنۂ غدر کو ہنگامۂ محشر کہیے   نالۂ صور سے ملتی ہے فغانِ دہلی

(مرزا احمد سعید خاں طالب)

بل بے دہلی وزہے شوکت وشانِ دہلی   لامکاں بن گیا اِک ایک مکانِ دہلی
زمزمہ بھول گئے نغمہ طرازانِ چمن   ہے ہر اِک نوحہ گرو مرثیہ خوانِ دہلی
بولتے ہیں جسے اُردوئے معلی احباب   ایہا الناس ہے وہ خاص زبانِ دہلی

(سید ظہیر الدین ظہیر)

کیوں نہ آوارہ پھریں غم زدگانِ دہلی   کہ ہے عنقا کے نشیمن میں نشانِ دہلی
بارِ منت سے بھلا کس کا نہیں سر نیچا   کس کے سر پر نہیں احسانِ شہانِ دہلی
میرے نزدیک تو جب دادِ فصاحت کی ملے   دہن اللہ کا ہو اور زبانِ دہلی
گہہ اِدھر، گاہ اُدھر پھرتے ہیں دن بھر ظاہر   بن گئے سایۂ دیوار مکانِ دہلی

(لالہ رام پرشاد ظاہر)

کیجیے اے ہم نفسو خاک بیانِ دہلی   کہ فقط نام کو ہے نام و نشانِ دہلی
اس قدر نازشِ بے جا نہ کر اے فصلِ بہار   تجھ سے اس وقت بھی بہتر ہے خزانِ دہلی

للہ الحمد کہ حکام کو ہے خلق پہ رحم ورنہ رہتا نہ کبھی نام و نشانِ دہلی

(راجہ یوسف علی خاں خان بہادر عزیزؔ)

بند ایسے ہیں درِ شہر کہ کھلتے ہی نہیں کہیے کیونکر نہ انھیں گوش گرانِ دہلی
خاص بازار نہیں، چوک نہیں، قلعہ نہیں کیوں ہے اس شہر پہ خلقت کو گمانِ دہلی
چاندنی چوک کا میدان کہ پُر عظمت تھا خاک اس میں نہیں، خالی ہے وہ خوانِ دہلی

(مرزا یوسف علی خاں عزیزؔ شاگرد نواب اسد اللہ خاں غالبؔ)

ہم نے مانا کہ ملی خاک میں شانِ دہلی ڈھونڈیے اب بھی کوئی شہر بسانِ دہلی
فاقہ مستی اسے کہتے ہیں کہ غارت ہوکر پھر اسی رنگ میں ہیں پیر و جوانِ دہلی
غالبؔ و شیفتہؔ و نیّرؔ و سالکؔ، ثاقبؔ جسم دہلی ہے تو یہ لوگ ہیں جانِ دہلی

(سید حسن علی خاں عابدؔ)

کیا کہوں دوستو! میں تم سے بیانِ دہلی عشق میں قلعہ کے جاتی رہی جانِ دہلی
لے گیا ہے فلکِ پیر اُٹھا کر شاید جو فرشتوں کو ہے گردوں پہ گمانِ دہلی

(حکیم رسول خاں قمرؔ)

مٹ گئے ہائے مکیں اور مکانِ دہلی نہ رہا نام کو بھی نام و نشانِ دہلی
جیسے فارس میں خلاصہ ہے زبانِ شہزاد ویسی ہی ہند میں ہے پاک زبانِ دہلی
غالبؔ و ثاقبؔ و سالکؔ ہی نہیں ہیں غم گیں کوکبِؔ خستہ بھی کرتا ہے فغانِ دہلی

(تفضل حسین کوکبؔ شاگرد مرزا اسد اللہ خاں غالبؔ و مؤلف "فغانِ دہلی")

مٹ گئے پر نہ مٹا نام و نشانِ دہلی لب پہ دہلی ہے تو لفظوں میں ہے شانِ دہلی
جی بہارِ چمنِ دہر پہ کیونکر دھریے کہ نظر آتی ہے افسوس خزانِ دہلی

(مرزا باقر علی خاں کاملؔ)

حیف ہے اُٹھ گئے وہ پیر و جوانِ دہلی خاک باقی نہ رہا نام و نشانِ دہلی
اب تو اِک اِک پہ گذر جاتے ہیں گھر میں دو دن جو غریبوں کو دیا کرتے تھے خوانِ دہلی

(میر لطف علی)

وہ پری چہرہ ہوئے قتل میانِ دہلی موت بھی جن کی ہوئی آفتِ جانِ دہلی

نامہ بر ! کوچہ ، نہ بازار ، محلہ باقی — خط پہ کیا خاک لکھوں نام و نشانِ دہلی
اب جو دہلی ہوئی آباد تو کیا خاک ہوئی — جن سے زینت تھی کہاں ہیں وہ جوانِ دہلی
(حکیم محمد محسن خاں محسن)

اور اس زمین میں آخری غزل مرزا بچے صاحب ہنر کی ہے، جو شاہ عالم کے بھائی مرزا فیروز بخت کے پوتے ہیں:

تھے ہنر ہم سببِ عظمت و شانِ دہلی — نہ رہے ہم نہ رہا نام و نشانِ دہلی
واہ کیا گرمی ہے گفتار میں، سبحان اللہ — شعلہ و برق و شرارہ ہے زبانِ دہلی
ٹوٹ جاتا ہے دل انسان کا دتی کی طرح — جب ہنر ہم کبھی کرتے ہیں بیانِ دہلی

ان ہم طرح غزلوں کے علاوہ "فغانِ دہلی" کے صفحات پر اور بھی غزلیں ہیں جو مختلف زمینوں میں کہی گئی ہیں — ہم طرح اور ہم موضوع غزلوں میں تنوع بہت مشکل امر ہے، لیکن شعرائے دہلی نے ان بندشوں میں رہنے کے باوجود نہایت اچھے اشعار نکالے ہیں جس کا شاہد درج بالا انتخاب ہے — کتاب میں شامل دیگر غزلوں پر اگر نظر نہ ڈالی جائے تو ناانصافی ہوگی۔

حکیم محمد مرزا خاں اکرام نے اسی زمین میں غزل کہی ہے، مگر ایک رُکن کم کر کے:

پوچھ مت حالِ زبانِ دہلی — ہائے میں اور بیانِ دہلی
گریۂ سیل ہے، یہ نہر نہیں — روتے ہیں پیر و جوانِ دہلی

رسول خاں تجمل کی دو ہم طرح غزلوں کا ذکر تو آچکا ہے۔ موصوف نے ایک غزل دوسری زمین میں کہی ہے اور ایک قطعہ بھی سپردِ قلم کیا ہے۔ غزل کے چند اشعار:

پھر بندھا دل پہ خیالِ دہلی — پھر ہوا رنج و ملالِ دہلی
ڈھونڈتی پھرتی ہیں آنکھیں ہر جا — کیا ہوئے اہلِ کمالِ دہلی
کانپا بس خوف سے مریخِ فلک — دیکھ کر جنگ و جدالِ دہلی

زمینِ سخن بدلی تو تاثر بھی بدلا۔ جنگ و جدال کی رعایت سے مریخ کا تذکرہ اس بے حد گرم مزاج ستارے کو شعر میں نہایت مناسب انداز سے جڑنے کے مترادف ہے اور ستارہ شناسی کا ثبوت بھی۔

رسول خاں تجمل کا ایک قطعہ بھی شاملِ کتاب ہے جس میں ۲۲ شعر ہیں۔ اس قطعہ میں بھی فتنہ و فساد کے باعث اُجڑی دتی کی اُداس اُداس تصویریں ہیں:

نہ وہ کوٹھوں کی سجاوٹ، نہ وہ کمروں کی نمود — نہ کوئی ماہ لقا اور نہ کوئی زہرہ جبیں

خوں رُلایا اُنھیں جلاّدِ فلک نے کیا کیا وہم سے کرتے نہ جو ہاتھ حنا سے رنگیں

اس شعر میں "خون رُلایا" اور حنا سے ہاتھ نہ رنگنے کی کیفیت میں زبان وبیان کا کیسا لطف ہے:

باغ کی سمت میں آیا تو میں کیا دیکھتا ہوں خاک سی اُڑتی ہے، گل بوٹے کا واں نام نہیں

سو سو اٹکھیلی سے چلتی تھی جہاں بادِ نسیم بادِ صرصر کا بھی دیکھا تو وہاں نام نہیں

آشیانے ہیں وہاں زاغ و زغن کے صدہا تھے جہاں سینکڑوں طاؤس، ہزاروں شاہیں

غرض اس قطعہ میں بہت دھیمی لے میں دلّی کے لٹنے اور اُجڑنے کا بیان نظم کیا گیا ہے۔

مرزا حسین علی خاں راقم کا بھی گیارہ اشعار پر مشتمل ایک قطعہ ہے۔ اس قطعہ میں بھی غضب کی دل سوزی ہے، محسوس ہوتا ہے کہ تباہی کی آگ شاعر کے دامن کو بھی لگی ہے اور اس کے اشعار غم انگیز سسکیاں بن کر دل سے نکلے ہیں:

شہرِ دہلی ہوا ہے کیوں خالی کیوں مٹی یاں سے صورتِ آدم

روز بازار موت دیکھ کے چین ملک الموت کو نہیں اِک دَم

ڈھیر کس جا نہیں ہے مردوں کا کس زباں پر نہیں فغاں پیہم

ایک کی قبر میں گئے سو اور تنگیٔ جا سے لڑتے ہیں باہم

قافلہ قافلہ گئے کیوں لوگ کب ہے اتنا وسیع ملکِ عدم

شاعر لاشوں کے انبار دیکھ رہا ہے اور ہزار بار جی جی کے مر رہا ہے۔ ہائے دلّی، وائے دلی!!

حکیم آغا جان عیشؔ کی مسدس کا ذکر تو گذشتہ صفحات میں آچکا، مگر حصۂ غزل میں ان کی چار غزلیں ہیں، الگ الگ زمینوں میں — پہلی غزل کے کچھ اشعار:

مل گئی خاک میں شانِ دہلی نہ رہا نام و نشانِ دہلی

گردِ کلفت ہوئی افسوس افسوس غازۂ ماہ رُخانِ دہلی

مل گئے خاک میں کیسے کیسے اے فلک سرو قدانِ دہلی

اب کہاں ہے وہ کلامِ شیریں اب کہاں ہے وہ زبانِ دہلی

دل بھرا آتا ہے خاموش ہو عیشؔ تجھ سے سن سن کے بیانِ دہلی

پوری غزل میں ماتمی فضا ہے — اور چھوٹی بحر میں شاعر کی قادر الکلامی کی دلیل ہے۔ عیشؔ کی دوسری غزل کی زمین بالکل نئی ہے:

کیا جانے اہلِ دلّی سے کیا بات ہوگئی جو دہلی ایسی موردِ آفات ہوگئی

جو سرزمیں کہ مسکنِ قدسی صفات تھی اب اس طرح وہ وقفِ بلّیات ہوگئی
نقشِ قدم کی طرح سے سب خاک میں ملے لو اب وہ جائے مدفنِ اموات ہوگئی

یہ غزل کیا، نوحہ ہے — جہاں آبادی کی بربادی کا نوحہ۔

تیسری غزل میں شاعر محوِ حیرت نظر آتا ہے۔ اس میں اشاریت اور رمزیت ہے۔ اُسی بات کو ذرا اور شاعرانہ سلیقے سے کہا ہے:

حالِ عالم آہ کیف وکم میں کیا تھا، کیا ہوا
یا اولوالابصار دیکھو دم میں کیا تھا، کیا ہوا
جس طرح اوراق کو ہو گنجفے کے ابتری
ویسے ہی اس دورۂ عالم میں کیا تھا، کیا ہوا
کیا کہوں میں تفرقہ پردازیاں اس چرخ کی
دوستوں میں اختلاط اور ہم میں کیا تھا، کیا ہوا

عیشؔ کی یہ غزل دلّی کی قیامت کی حدیں توڑ کر ہر اس شہر اور ہر اس خطے کی تباہی پر سوالیہ نشان ہے جسے بے وجہ ظلم ودہشت کے ہاتھوں نے تاراج کردیا، اور محبتوں، رفاقتوں اور دوستوں کا شیرازہ منتشر کردیا۔

عیشؔ کی چوتھی غزل بھی ویرانی اور تباہ حالی کا مرقع ہے۔ وہ دہلی اور لکھنؤ کو ایک ہی صیاد کے تیروں کا شکار تصور کرتے ہیں، اور ایک سانس میں دونوں شہروں کی ویرانی پر آنسو بہاتے ہیں جو علوم وفنون اور تہذیب وتمدن کا مرکز تھے:

ہوگیا ویران دہلی و دیارِ لکھنؤ
اب کہاں وہ لطفِ دہلی و بہارِ لکھنؤ
تھا خس وخاشاکِ دہلی غیرتِ صد لالہ زار
رشکِ صد گلزار تھا اِک ایک خارِ لکھنؤ
سو فلک نے یوں کیا دہلی کو تو پامالِ جور
اور کیا وقفِ جفا ہر برگ و بارِ لکھنؤ
ٹکڑے ہوتا ہے جگر دہلی کے صدمے سن کے عیشؔ
اور دل پھٹتا ہے سن کر حالِ زارِ لکھنؤ

ان غزلوں کے مطالعے سے محسوس ہوتا ہے کہ دراصل دہلی اور لکھنؤ تو استعارے ہیں۔تباہی اور بربادی کے خونیں افسانے جہاں جہاں لکھے گئے، وہاں دہلی اور لکھنؤ گویا وجود میں آ گئے۔ کیونکہ ۱۸۵۷ء کی جنگِ آزادی میں (جسے ہمارے اس وقت کے شعرا اور پی لیڈروں کی فوج کی کارروائی ہی کہتے رہے) پورا ملک بڑے پیانے پر ایک قیامتِ صغریٰ سے گزر رہا تھا۔ کہیں زیادہ تباہی ہوئی کہیں کم۔ لیکن قتل وخونریزی کا بازار ہر جگہ گرم ہوا۔ اور گوروں نے ہر جگہ اپنی ''میزانِ انصاف'' نصب کی اور ہزار ہا بے گناہوں کو موت کے گھاٹ اُتار دیا۔

ابھی ''فغانِ دہلی'' میں ایک غزل اور ہے جو شاعر غلام دستگیر مبینؔ نے اپنے آنسوؤں سے لکھی ہے۔ اور اہلِ ہند کی تباہی اور قتل وغارت کی داستان شعر کی زبان میں سنائی ہے:

ہوئے دفن جو کہ ہیں بے کفن انھیں روتا ابر بہار رہے
کہ فرشتے پڑھتے ہیں فاتحہ، نہ نشان ہے نہ مزار ہے
پھرے دشت دشت تباہ سب، برے دن دکھائے فلک نے اب
نہیں تھمتے اشک میں روز وشب، یہی شغل ہے، یہی کار ہے
کہی وہ غزل ہے یہ اے مبیںؔ جسے سن کے روتے ہیں مہ جبیں
وہ ہے کون جس کو کہ غم نہیں، یہاں سب کا سینہ فگار ہے

فغانِ دہلی کی یہ نظمیں اور غزلیں اگر چہ ۱۸۵۷ء کے واقعات پر کہی گئی ہیں، مگر اپنی نوعیت اور معنویت کے اعتبار سے ان ادب پاروں کو کسی ایک ہی تاریخ یا ایک ہی واقعہ سے منسلک کرنا زیادتی ہوگی۔ ایک تخلیق کار کا ذہن ایک دن میں تو نہیں بن جاتا۔ اسے تخلیقیت کے ایک ایسے دشوار گزار راستوں سے گزرنا پڑتا ہے جہاں قدم قدم پر مشکلیں اس کا دامن پکڑتی ہیں۔ مصلحتیں اسے سمجھوتہ کرنے پر اُکساتی ہیں، اور وقتی آسائش اور دولت کی چاہ اسے راہِ راست سے بھٹکا بھی دیتی ہے، لیکن شاید فنکار کو سو فیصدی خود بھی اپنے آپ پر قابو نہیں ہوتا۔ اس کے اندر ایک طوفان پلتا رہتا ہے اور شعور اور لاشعور کی جنگ جاری رہتی ہے۔ پھر کسی اہم واقعہ یا حادثہ کے وقوع پذیر ہونے سے یہ اندرونی جنگ سطح پر آ جاتی ہے۔ اور فنکار اپنے ماضی کے تجربات، تاریخی اور سماجی شعور اور گوناگوں حادثات اور تاریخ کے زیر و بم میں اُلجھ کر اپنے آپ کو جھنجھوڑتا ہے اور مدتوں سے ذہن میں پکتا ہوا لاوا پھوٹ نکلتا ہے، پھٹ پڑتا ہے اور فن پارے کی شکل میں ڈھل جاتا ہے، ان مسدسوں اور غزلوں کے شاعر بظاہر دلّی کی تباہی کی بات کر رہے ہیں، مگر ان کے یہاں نام آتے ہیں استعاروں

کے طور پر۔ ان حسی استعاروں کا کینوس بہت وسیع ہے اور اپنے دور کی پوری انقلابی جدوجہد اور مدّوجزر کو سمیٹے ہوئے ہے۔ واقعہ معمولی نہیں ہے، ایک تہذیب کو نیست و نابود کیا جارہا ہے اور اس کے ملبے پر دوسری تہذیب کے بت کھڑے کیے جارہے ہیں۔ یہ تبدیلی ایک دن میں نہیں ہوئی۔ مغرب کو مشرق پر مسلط ہونے میں کئی صدیاں لگی ہیں۔ دلّی جو ہندوستان کا سمبل ہے، زخم پر زخم کھاتی رہی ہے، بار بار لٹتی رہی ہے، تباہ ہوتی رہی ہے، اور اب اس کا پیمانۂ صبر چھلک جاتا ہے۔ وظیفوں اور امداد سے حاصل کی گئی دولت، جو نمائشی عیش و عشرت مہیا کرتی ہے، اب اس کا بھرم ٹوٹ جاتا ہے۔ مغربی سوداگروں نے جو پونجی لگائی تھی اسے مع سود در سود کے وصول کرنے کا وقت آ گیا ہے۔ ستم ظریفی یہ ہے کہ فوری طور پر (یا شاید مصلحتاً) ہمارے شعرا مغربی تسلط کو خوش آمدید بھی کہتے نظر آتے ہیں۔ یہ اس بات کی طرف بھی اشارہ ہے کہ عوام کو حالات وواقعات سے اس قدر بے بہرہ رکھا گیا تھا کہ وہ قوم کا خون چوسنے والوں کو عادل و منصف کہتے ہیں۔ (سمجھتے ہوں یا نہ سمجھتے ہوں)

''فغانِ دہلی'' کے کسی شاعر کے یہاں بھی وہ لے نہیں ملتی جو غالب کے اس قطعہ میں ہے جس میں انگریزوں کو مطعون کیا گیا ہے:

بس کہ فعال ما یرید ہے آج
ہر سلحشور انگلستاں کا

''فغانِ دہلی'' کے کسی شاعر نے بھی کھل کر یہ بات نہیں کہی ـــــ مگر ان نظموں اور غزلوں کی زیریں لہر میں تباہی اور بربادی کے جو پیکر ہیں وہ اس دور کے شعراء کی حسیت کو آشکارا کرتے ہیں اور یہ کتاب اس دور اور بالخصوص دہلی کی تباہی کی حسّیاتی دستاویز ہے۔

ان میں سب ہی نظمیں اور غزلیں ایسے تمام خونیں انقلابات پر منطبق ہوتی ہیں۔ بہت سی نظموں کا سنہ تصنیف اگر ۱۸۵۷ء کے بجائے ۱۹۴۷ء کردیا جائے تو شاید ان کی معنویت کا دائرہ وسیع ہوجائے گا ـــــ اور ۱۹۴۷ء کے علاوہ اور بہت سے موڑ ہیں جہاں تہذیب و ثقافت اور نجابت و شرافت کو خطرہ لاحق ہوا، قتل و غارت کا بازار گرم کیا گیا، ایسے موقعوں پر یہ اشعار یاد نہ آتے ہوں گے:

ہوئے دفن جو کہ ہیں بے کفن، انھیں روتا ابرِ بہار ہے
کہ فرشتے پڑھتے ہیں فاتحہ نہ نشان ہے نہ مزار ہے

OO

(۲۱ر جون ۲۰۰۱ء)

سر سیّد: معلّمِ اخلاق

پُرسکون ماحول اور آسودہ حال معاشرے میں شاذ ہی کوئی بڑا آدمی پیدا ہوتا ہے۔ معاشی انتشار، اقتصادی بدحالی اور غیر محفوظ معاشرے کی کوکھ سے بغاوت اور انقلاب کی کونپلیں پھوٹتی ہیں اور انھیں کونپلوں پر جبرِ حالات کے باعث اضطراب، بے چینی اور بغاوت کے پھول کھلتے ہیں۔ قوموں کے سوئے ہوئے ضمیر جاگتے ہیں اور ایسے جیالے پروان چڑھتے ہیں جو انقلاب کے پرچم بلند کرتے ہیں ـــ ہندوستان میں اُنیسویں صدی انتشار، کرب اور بغاوت و انقلاب کی صدی ہے۔ اس صدی نے جن مجاہدینِ آزادی، فکر انگیز دانشوروں، مصلحانِ قوم، آتش نوا قلم کاروں اور بغاوت کا پرچم بلند کرنے والوں کو جنم دیا اور پروان چڑھا کر انھیں تاریخ عالم میں ایک نمایاں مقام عطا کیا۔ ان میں سے ایک قابلِ احترام ہستی سر سید احمد خاں کی تھی جن کی قومی، ملی، علمی اور ادبی خدمات ناقابلِ فراموش ہیں۔ اور وقت کے ساتھ ان کی علمی خدمات کی اہمیت اور معنویت بڑھتی ہی جاتی ہے۔ الطاف حسین حالؔی جیسے شاعر نے سر سید کو ان الفاظ میں خراجِ عقیدت پیش کیا تھا:

ہماری باتیں ہی باتیں ہیں سید کام کرتا تھا
خدا بخشے بہت سی خوبیاں تھیں مرنے والے میں

آج ہم بیسویں اور اکیسویں صدی کے دوراہے پر کھڑے ہو کر اُنیسویں صدی کے اس مدبر کی عظمتوں کا جائزہ لیتے ہیں تو اپنی عقل اور علم کو کوتاہ پاتے ہیں۔ ایک ماہرِ تعلیم وہ، ایک عالمِ دین وہ،

جدید معاشرے کے حامی وہ، روشن خیال وہ، قلم کار وہ اور سب سے بڑھ کر ایک باعمل انسان وہ کہ جو کچھ سوچتے تھے اس کو عملی جامہ پہناتے تھے۔ گفتار کے نہیں، کردار کے غازی تھے۔ بلاشبہ علی گڑھ مسلم یونیورسٹی کا قیام ان کا اعلیٰ ترین کارنامہ ہے۔ ایک ایسا کارنامہ جس کی عظمت کے بہت سے گوشے وقت کے تقاضوں کے ساتھ آنے والی صدیوں میں اور نمایاں ہوں گے۔

سرسید (۱۸۱۷ء-۱۸۹۰ء) ایک عظیم درسگاہ کے بانی تو ہیں ہی، برصغیر کی مقبول ترین زبان اُردو کے فروغ کے سلسلے میں ان کا کام کم اہمیت کا نہیں ہے۔ انھیں معلوم تھا کہ زبان معاشرت پر اثر انداز ہوتی ہے۔ اس لیے انھوں نے اُردو زبان کو جدید تقاضوں سے ہمکنار کیا۔ طوطا مینا کی کہانیوں کے گرداب سے نکال کر اُردو نثر کو ایک توانا اور سادہ اسٹائل دیا۔ انھوں نے اپنے قلم سے اصلاح معاشرہ کا کام لیا اور چونکہ سرسید نے اُردو میں انشا نگاری کو فروغ دیا (جو انگریز لفظ Essey کے ہم معنی ہے۔ دورِ جدید کے انشائیہ سے اس کا کوئی تعلق نہیں) ان کا ایک مضمون "گذرا ہوا زمانہ" ایک انسان کی پوری زندگی کی تمثیل ہے۔ زندگی کی رات کے آخری لمحات میں ایک بوڑھا اپنی زندگی کے اوراق پلٹتا ہے:

> "برسات کی اخیر رات کو ایک بوڑھا اپنے اندھیرے گھر میں اکیلا بیٹھا ہے۔ رات بھی ڈراؤنی اور اندھیری ہے، گھٹا چھا رہی ہے، بجلی تڑپ تڑپ کر کڑکتی ہے، آندھی بڑے زور سے چلتی ہے، دل کانپتا ہے اور دَم گھبراتا ہے، بوڑھا نہایت غمگین ہے، مگر اس کا غم، نہ اندھیرے گھر پر ہے اور نہ اکیلے پن پر، اور نہ اندھیری رات اور بجلی کی کڑک اور آندھی کی گونج پر اور نہ برس کی آخری رات پر۔"

"برس کی آخری رات" کے الفاظ کے ساتھ آج ہم سوچنے لگتے ہیں کہ کیا یہ صدی کی آخری رات ہے اور یہ بوڑھا شاید ایک صدی ہے ـــ اور اس بوڑھے کے پچھتاوے در اصل ہندوستانی معاشرے کی کج روی کے پچھتاوے ہیں ـــ ان پچھتاووں میں بے پرواہی سے گذارا ہوا بچپن ہے۔ لٹائی ہوئی جوانی ہے ـــ ان پچھتاووں میں اسے اپنی اخلاقی قدروں کا زیاں یاد آتا ہے۔

> "ایسی حالت میں اس کو وہ باتیں یاد آتی ہیں جو اس نے نہایت بے پروائی، بے مروّتی اور کج خلقی سے اپنے ماں باپ، بھائی بہن، دوست آشنا کے ساتھ برتی تھیں۔ ماں کو رنجیدہ رکھنا، باپ کو ناراض کرنا، بھائی بہن سے بے مروّت رہنا، دوست آشنا

کے ساتھ ہمدردی نہ کرنا یاد آتا تھا — وہ یہ کہہ کر چلا اُٹھتا تھا کہ ہائے وقت نکل گیا، اب کیونکر اس کا بدلہ ہو۔"

کس خوبصورتی اور سادگی سے سرسید نے اخلاقی درس دیا ہے۔ یہ انشا نگاری اس وقت اُردو میں ایک نیا رنگ اور نیا ذائقہ لے کر آئی۔ اس تمثیلی انداز کے علاوہ انھوں نے اپنے مضامین میں براہِ راست بھی سماجی برائیوں اور معاشی خرابیوں پر اظہار خیال کیا، جو بھرپور وار ہے، کیونکہ وہ صحیح طور پر یہ سمجھتے ہیں کہ ان خرابیوں کو دور کیے بغیر ہم اس لعنت سے نجات حاصل نہیں کر سکتے جسے غلامی کہا جاتا ہے۔ وہ کسی سیاسی پارٹی کا پرچم بلند نہیں کرتے بلکہ اپنے عمل اور اخلاقی درس کے ذریعہ قوم کے دل تک پہنچتے ہیں۔ ان کے معروضات آج دورِ آزادی میں بھی صحیح اور بامعنی ہیں۔ اپنے مضمون "قومی اتفاق" میں رقم طراز ہیں:

> "قوم کا لفظ ایک ایسا لفظ ہے جس کے معنوں پر کسی قدر غور کرنا لازم ہے۔ زمانہ دراز سے جس کی ابتداء تاریخی زمانے سے بالاتر ہے۔ قوموں کا شمار کسی بزرگ کی نسل میں ہونے یا کسی ملک کا باشندہ ہونے سے تھا — محمد رسول اللہؐ نے اس تفرقۂ قومی کو جو صرف دنیاوی اعتبار سے تھا، مٹا دیا اور ایک رُوحانی رشتۂ قومی قائم کیا......
>
> ...... مجھے اس بات کے دیکھنے سے نہایت افسوس ہے کہ ہم آپس میں بھائی بھائی تو ہیں مگر مثلِ برادرانِ یوسف کے ہیں۔ آپس میں دوستی اور محبت، یک دلی اور یک جہتی بہت کم ہے۔ حسد، بغض وعداوت کا ہر جگہ اثر پایا جاتا ہے جس کا نتیجہ آپس کی نااتفاقی ہے۔
>
> ......ان نااتفاقیوں نے ہماری قوم کو نہایت ضعیف اور ٹکڑے ٹکڑے کر دیا ہے۔ جمعیت کی برکت ہماری قوم سے جاتی رہی......
>
> ......اتفاق قائم رکھنے کی جس کی ہم کو ضرورت ہے، ایک اور عقلی اور نقلی راہ ہے جس کی پیروی قومی اتحاد کا ذریعہ بن سکتی ہے۔"

(سرسید کا آئینہ خانہ افکار، ص ٦٧)

اس نام نہاد مہذب دنیا میں غلامی اور آزادی دو متضاد الفاظ ہی نہیں، حقیقتیں ہیں۔ دراصل

غلامی طاقتور اقوام نے ان لوگوں پر تھوپی ہے جو کسی باعث کمزور ہیں۔ مگر یہ صورت حال قدرت کے تقاضے کے مطابق نہیں ہے — سرسید اس سے بہت رنجیدہ تھے۔ انھوں نے صاف لفظوں میں کہا:

''آزادی اور غلامی آپس میں ایسی نقیض ہیں کہ نہ دونوں کا اجتماع ہوسکتا ہے اور نہ دونوں کا ارتفاع — غلامی اس قادرِ مطلق کی مرضی اور قانونِ قدرت دونوں کے برخلاف ہے۔ تمام انسان آزاد اور یکساں پیدا ہوئے ہیں اور کچھ شبہ نہیں کہ زندگی اور آزادی اور خوشی حاصل کرنے میں یکساں اور غیر قابلِ انتقال استحقاق رکھتے ہیں۔''

(تہذیب الاخلاق، ۱۸۷۱ء)

حیاتِ انسانی کی تاریخ شاہد ہے کہ انسان کی برائیوں میں ''تعصب'' ہر دور میں اسے نازیبا حرکتیں کرنے پر مجبور کرتا رہا ہے۔ فی زمانہ تعصب فسادات کی جڑ ہے۔ انسان کی اس ازلی برائی سے سرسید کس قدر بیزار تھے، اس کا اندازہ ان کی اس تحریر سے ہوسکتا ہے:

''انسان کی بدترین خصلتوں میں سے تعصب بھی ایک بدترین خصلت ہے۔ یہ ایسی خصلت ہے کہ انسان کی تمام نیکیوں اور اس کی تمام خوبیوں کو غارت اور برباد کردیتی ہے۔ متعصب گو اپنی زبان سے نہ کہے مگر اس کا طریقہ یہ بات بتلا دیتا ہے کہ عدل و انصاف کی خصلت جو عمدہ ترین خصائل میں ہے، اس میں نہیں ہے۔ تعصب خواہ دینی ہو یا دنیوی باتوں میں، نہایت بُرا اور بہت ہی خرابیوں کو پیدا کرنے والا ہے۔''

(تہذیب الاخلاق، ۱۲۸۷ھ)

سرسید کی انشا پردازی کا ایک اور دلچسپ نمونہ ان کا مضمون ''بحث و تکرار'' ہے۔ کیا زبان ہے اور کیا مشاہدہ اور کس سامنے کی مثال سے اخلاقی درس دیا ہے:

''جب کتے آپس میں مل کر بیٹھتے ہیں تو پہلے تیوری چڑھا کر ایک دوسرے کو بری نگاہ سے آنکھیں بدل بدل کر دیکھنا شروع کردیتے ہیں۔ پھر تھوڑی تھوڑی گجیلی آواز ان کے نتھنوں سے نکلنے لگتی ہے۔ پھر تھوڑا سا جبڑا کھلتا ہے اور دانت دکھائی دینے لگتے ہیں اور حلق سے آواز نکلنی شروع ہوتی ہے۔ پھر تھوڑا سا جبڑا کھلتا ہے اور دانت دکھائی دینے لگتے ہیں اور حلق سے آواز نکلنی شروع ہوتی ہے۔ پھر باچھیں چڑھ کر

کانوں سے جالگتی ہیں، اور ناک سمٹ کر ماتھے پر چڑھ جاتی ہے۔ داڑھوں تک دانت باہر نکل آتے ہیں، منہ سے جھاگ نکل پڑتے ہیں، اور نحیف آواز کے ساتھ اُٹھ کھڑے ہوتے ہیں اور ایک دوسرے سے چمٹ جاتے ہیں۔ اس کا ہاتھ اُس کے گلے میں، اور اس کی ٹانگ اُس کی کمر میں، اُس کا کان اس کے منہ میں، اور اس کا ٹینٹوا اُس کے جبڑے میں۔ اِس نے اُس کو کاٹا، اور اُس نے اِس کو پچھاڑ کر بھنبوڑا۔ جو کمزور ہوا دُم دبا کر بھاگ نکلا — نامہذب آدمیوں کی مجلس میں بھی اسی طرح آپس میں تکرار ہوتی ہے۔"

سرسید نے کس خوبصورتی سے یہ باور کرایا کہ اختلاف رائے ہو مگر مہذب انداز میں۔ عام زندگی کی برائیوں میں ریاکاری بھی صدیوں سے انسانی معاشرے سے چمٹی ہوئی ہے۔ ریاکو سرسید نے اپنے ایک مضمون میں بے نقاب کیا ہے اور نہایت سادہ اور سلیس زبان میں ریاکار کے گھناؤنے کردار سے پردہ اُٹھایا ہے۔ ایک اقتباس:

"دُنیا میں ایسے لوگ بھی ہیں جن کا ظاہر کچھ اور باطن کچھ ہوتا ہے۔ دُنیادار اور رند مشرب آدمی جس قدر کہ دراصل وہ بد ہیں اس سے زیادہ اپنے تئیں بد بناتے ہیں۔ دین داری کی بناوٹ کرنے والے جس قدر کہ ہوتے ہیں اس سے زیادہ نیک اپنے آپ کو بتلاتے ہیں...... میں سمجھتا ہوں کہ یہ دونوں قسم کے آدمی چنداں برے نہیں ہیں مگر ایک اور تیسری قسم کے لوگ ہیں جوان دونوں قسموں سے علاحدہ ہیں۔ ان کی بناوٹ ایک اور ہی عجیب قسم کی ہے۔ وہ اپنی بناوٹ سے دنیا کے لوگوں کو ہی فریب نہیں دیتے بلکہ خود آپ بھی اکثر دھوکے میں پڑتے ہیں۔ یہ بناوٹ خود ان سے ان کے دل کے حال کو چھپاتی ہے، جس قدر کہ درحقیقت وہ نیک ہیں اس سے زیادہ ان کو نیک جتاتی ہے۔ پھر وہ لوگ یا اپنی بدیوں کا خیال ہی نہیں کرتے یا ان بدیوں کو نیکیاں سمجھتے ہیں۔ مقدس داؤد نے نہایت دلچسپ لفظوں میں اس برائی سے پناہ مانگی ہے اور اس طرح پر خدا کی مناجات کی ہے۔ کون اپنی غلطیوں کو سمجھ سکتا ہے۔ تو ہی مجھ کو میرے پوشیدہ عیبوں سے پاک کر۔" (تہذیب الاخلاق، ۱۲۸۹ھ)

سرسید نے عوام الناس کا اخلاقی معیار بلند کرنے کے لیے انشا نگاری کا جو طریقہ اختیار کیا تھا اس

نے انھیں مصلحِ انسانیت کا درجہ تو دیا ہی، ایک صاحبِ طرز نثر نگار بھی بنا دیا — آج ہم دیکھتے ہیں کہ "عزت" ایک نشہ بن گئی ہے اور ہم چشموں میں عزت حاصل کرنے کے لیے انسان کیا کچھ نہیں کرتا، مگر اصل عزت کیا ہے! سرسید رقم طراز ہیں:

"جس کی لوگ بہت زیادہ آؤ بھگت کرتے ہیں اس کو لوگ معزز سمجھتے ہیں اور وہ اپنے آپ کو بھی معزز جانتا ہے۔ دولت، حکومت، ظاہری طمطراق خواہ نخواہ لوگوں کو معزز بنا دیتی ہے۔ اوصافِ ظاہری بھی ایک ذریعہ معزز ہونے اور معزز بننے کا ہے، جو دولت اور حکومت اور حشمت سے بھی زیادہ ان کو معزز بنا دیتا ہے۔ مگر یہ اعزاز اس سے زیادہ کچھ مرتبہ نہیں رکھتا جیسے کہ ایک تانبے کی مورت پر سونے کا ملمع کر دیا گیا ہو، جب تک وہ مورت ٹھوس سونے کی نہ ہو اس وقت تک درحقیقت وہ کچھ قدر و قیمت کے لائق نہیں۔ یہی حال انسان کا ہے۔ جب تک اس کی اندرونی حالت بھی اس قابل نہ ہو وہ معزز نہیں ہو سکتا۔" (تہذیب الاخلاق، ۱۲۶۳ھ)

آخر میں انسان کی ایک اور اخلاقی بیماری کا ذکر۔ سرسید کے الفاظ میں، اور وہ ہے "خوشامد"۔

"دل کی جس قدر بیماریاں ہیں ان میں سب سے زیادہ مہلک خوشامد کا اچھا لگنا ہے، جس وقت کہ انسان کے بدن میں ایسا مادّہ پیدا ہو جاتا ہے وہ وبائی ہوا کے اثر کو جلد قبول کر لیتا ہے تو اسی وقت انسان مرضِ مہلک میں گرفتار ہو جاتا ہے — اسی طرح جب کہ خوشامد کے اچھا لگنے کی بیماری انسان کو لگ جاتی ہے تو اس کے دل میں ایک ایسا مادّہ پیدا ہو جاتا ہے جو ہمیشہ زہریلی باتوں کے اثر کو چوس لینے کی خواہش رکھتا ہے۔" (تہذیب الاخلاق، ۱۲۸۹ھ)

سرسید احمد خاں کی انشا نگاری کے یہ کچھ نمونے کانِ جواہر کے چند موتیوں کے مترادف ہیں۔ ان کی تحریریں ہزاروں صفحات پر پھیلی ہوئی ہیں اور علوم و فنون کا وہ کونسا شعبہ ہے جس کو انھوں نے جلا نہ بخشی ہو، لطف کی بات یہ ہے کہ وقت کے ساتھ ان کی تحریروں کی معنویت بڑھتی جا رہی ہے۔

OO

(۱۶ اکتوبر ۲۰۰۰ء)

کلامِ اقبال کا طنزیہ پہلو

(غزل کے حوالے سے)

طنز اور مزاح میں وہی فرق ہے جو زیرِ لب تبسم اور بھونڈے قہقہے میں ہے۔ اکثر مزاحیہ شاعری آورد کی شاعری ہوتی ہے اور مزاحیہ شاعر کی تمام قوت اس پر صرف ہوتی ہے کہ ہے کہ وہ کس طرح اپنے سامعین و قارئین کو ہنسا سکتا ہے۔ شاعری برائے قہقہہ — بے مقصد، بے ہنگم، بے مغز ایسی صنف سخن ہے (اگر اسے سخن کہا جا سکے) جو جاگیردارانہ نظام کے درباروں اور دیوان خانوں میں تفننِ طبع کے لیے استعمال کی جاتی تھی اور وقت بے وقت دربار کے مسخروں کی کمی کو بھی پورا کرتی تھی — جب مشاعرے درباروں اور دیوان خانوں سے اُٹھ کر پبلک اسٹیج پر آ گئے تو مزاحیہ شاعروں نے مسخرے پن کے ساتھ عوام کا دل جیتنا شروع کیا۔

ایک زمانہ تھا جب مزاحیہ شاعروں کو صاحبِ صدر کے کلام کے بعد زحمت دی جاتی تھی مگر اب مشاعرہ ایک کمرشیل ادارے کی شکل اختیار کر گیا ہے، چنانچہ مشاعرے کی کمرشیل کامیابی کے لیے مزاحیہ شاعروں کو بیچ بیچ میں پڑھوا کر سنجیدہ ادبی فضا میں انتشار پیدا کرنے کی کوشش کی جاتی ہے۔ کیونکہ ذوقِ سخن کم ہوتا جا رہا ہے اور ذوقِ مشاعرہ بڑھتا جا رہا ہے۔

لسان العصر حضرت اکبرالہ آبادی کو ہم نرا مزاحیہ شاعر نہیں کہہ سکتے۔ اُن کے ظریفانہ کلام میں مقصدیت کے ساتھ اصلاحِ قوم و معاشرے کا پہلو بھی ہوتا ہے:

بے پردہ کل جو چند نظر آئیں بیبیاں
اکبر زمیں میں غیرتِ قومی سے گڑ گیا
پوچھا جو میں نے آپ کے پردے کو کیا ہوا
کہنے لگیں کہ عقل پہ مردوں کے پڑ گیا

یہ بات ہنسی میں اُڑانے کی نہیں ہے۔ اکبر نے معاشرے کی دُکھتی رگ پر انگلی رکھ دی ہے۔ یا وہ شعر:

کہتے ہیں راہِ ترقی میں ہمارے نوجواں
خضر کی حاجت نہیں ہم کو جہاں تک ریل ہے

اقبال اپنے ابتدائی دَور میں اکبر سے متاثر نظر آتے ہیں اور ان کی ظریفانہ شاعری میں اکبر کا رنگ اس قدر جھلکتا ہے کہ دونوں کو الگ الگ پہچاننا مشکل ہے۔ اقبال کہتے ہیں:

لڑکیاں پڑھ رہی ہیں انگریزی
قوم نے ڈھونڈ لی فلاح کی راہ
روشِ مغربی ہے مدِ نظر
وضعِ مشرق کو جانتے ہیں گناہ
یہ ڈراما دکھائے گا کیا سین
پردہ اُٹھنے کی منتظر ہے نگاہ

یا یہ قطعہ:

شیخ صاحب بھی تو پردے کے کوئی حامی نہیں
مفت میں کالج کے لڑکے اُن سے بدظن ہو گئے
وعظ میں فرمادیا تھا کل اُنھوں نے صاف صاف
پردہ ہم کس سے کریں جب مرد ہی زن ہو گئے

اور یہ اشعار بھی برنگ اکبر الٰہ آبادی، علّامہ اقبال کے ہی ہیں:

تہذیب کے مریض کو گولی سے فائدہ!
دفعِ مرض کے واسطے پِل پیش کیجیے

تھے وہ بھی دن کہ خدمتِ اُستاد کے عوض
دل چاہتا تھا ہدیۂ دل پیش کیجیے
بدلا زمانہ ایسا کہ لڑکا پس از سبق
کہتا ہے ماسٹر سے کہ بل پیش کیجیے

اس قسم کی شاعری اقبال نے کی اور اپنے پہلے مجموعۂ کلام "بانگِ درا" میں جسے انھوں نے خود مرتب کیا تھا، کتاب کے آخری صفحات میں شائع کیا، لیکن یہ وہ اقبال نہیں ہے جسے حکیم الامت، شاعرِ مشرق اور فلسفی شاعر کہا جاتا ہے۔

اگر اصلاحی شاعری کے طور پر اقبال نے اکبرالٰہ آبادی کے رنگ میں کچھ کہا تو ابتدائی غزلوں میں داغ کا رنگ بھی ان کے یہاں موجود ہے:

نہ آتے ہمیں اس میں تکرار کیا تھی
مگر وعدہ کرتے ہوئے عار کیا تھی
بھری بزم میں اپنے عاشق کو تاڑا
تری آنکھ مستی میں ہشیار کیا تھی

مگر یہ وہ اقبال نہیں ہے، جس نے غزل کو نیا آہنگ، نئی زبان اور نئے مضامین دیے:

گیسوئے تابدار کو اور بھی تابدار کر
ہوش و خرد شکار کر قلب و نظر شکار کر

اے طائرِ لاہوتی اُس رزق سے موت اچھی
جس رزق سے آتی ہو پرواز میں کوتاہی

واقعہ یہ ہے کہ معاصر شاعری کے گرداب سے اپنے آپ کو نکالنے کے لیے اقبال کو بہت کوشش کرنی پڑی۔ نظم کا میدان تو صاف تھا اور اُنھوں نے 'سارے جہاں سے اچھا ہندوستاں ہمارا' کہتے ہوئے بڑے اعتماد سے اپنی عظمت کے ہمالہ کی تعمیر شروع کردی تھی۔ اس میدان میں اُن کا کوئی حریف نہیں تھا۔ انھوں نے مشرقی اور مغربی ادبی قدروں کے امتزاج سے ایک نیا آہنگ اختیار کیا جو ابتدا ہی سے اُن سے منسوب ہو گیا اور کوئی اس علمی، فلسفیانہ اور غنائیہ آہنگ کو نہ اُن کی زندگی

میں اپنا سکا نہ اُن کے بعد۔ جس نے کوشش کی وہ اپنی گانٹھ کا مال بھی گنوا بیٹھا۔ رنگِ داغ کی وادی سے گزرنے کے بعد اس نابغۂ روزگار کو احساس ہوا کہ اُس کی مینائے غزل میں ذرا سی باقی ہے، پھر اُسے حرام کیوں کہا جائے، ہاں اُسے اپنے پیمانۂ فکر میں ایک نئے انداز سے ڈھالا جائے۔ اقبال نے یہ مہم بھی سر کی، اگرچہ اُن کا سرمایۂ غزل بہت قلیل ہے (کل ملا کر ۱۳۲ غزلیں) مگر جتنا ہے وہ اُن کا اپنا ہے اور داغ کے رنگ میں کہی گئی چند غزلوں کو چھوڑ کر ان کی غزل پر نہ میر تقی میر کی چھاپ ہے، نہ آتش ناسخ کی، نہ مومن و ذوق و غالب کی۔ غالب کے بعد نئی تراکیب، نئے استعارے اور نئے موضوعات پیش کرنا — اور وہ بھی نئی لفظیات کے ساتھ — معمولی کام نہیں تھا۔ لیکن اقبال نے ایک نئے اور پرشکوہ آہنگ سے اُردو شاعری کی فضا کو مالا مال کیا۔ ایک شعر سے اُن کے رنگِ سخن کا سراغ ملتا ہے:

مرا ساز اگرچہ ستم رسیدۂ زخمہ ہائے عجم رہا
وہ شہیدِ ذوقِ وفا ہوں میں کہ نوا مری عربی رہی

اسی غزل میں ایک شعر ہے:

تہہِ دام بھی غزل آشنا رہے طائرانِ چمن تو کیا
جو فغاں دلوں میں تڑپ رہی تھی نوائے زیرِ لبی رہی

نوائے زیرِ لبی اور زیرِ لب تبسم کا چولی دامن کا ساتھ ہے۔ اقبال کی غزل کے بہت سے گوشے ہیں، لیکن اس وقت ان کی غزل کے طنزیہ لہجے اور زیرِ لب تبسم کی کیفیت سے لطف اندوز ہونا مقصود ہے۔ یہ زیرِ لب تبسم اُردو شاعری کی جان ہے:

کہا میں نے کتنا ہے گل کا ثبات
کلی نے یہ سن کر تبسم کیا (میر)

اس زیرِ لب تبسم میں طنز کی نشتریت بھی ہے۔ لغوی اعتبار سے طنز طعنہ زنی کے ہم معنی ہے۔ طنزیہ شعر قہقہہ بن کر فضا میں تحلیل نہیں ہوتا بلکہ ایک کسک بن کر دل و جاں میں پیوست ہو جاتا ہے اور بڑے فنکارانہ طریقہ سے معانی کی ترسیل کرتا ہے تڑپاتا ہے ہنساتا ہے:

نکالا چاہتا ہے کام تو طعنوں سے اے غالب
ترے بے مہر کہنے سے وہ تجھ پر مہرباں کیوں ہو (غالب)

اقبال کی شاعری کا ایک مصرعہ بھی بے مقصد نہیں ہے اور اُن کی غزل میں جہاں جہاں طنز ہے وہ برائے تفننِ طبع نہیں بلکہ اپنے طے شدہ نشانے تک پہنچتا ہے۔ اُن کا لہجہ فلسفیانہ سنجیدگی کا دامن نہیں چھوڑتا۔ خوداعتمادی اور یقین فکرِ اقبال کے لازمی اجزا ہیں۔ انھیں بنیادوں پر اُن کے شعر کی عالیشان عمارت کھڑی ہے۔ اسی کی بدولت اُن کا مزاج درویشانہ ہے:

یقیں پیدا کر اے ناداں، یقیں سے ہاتھ آتی ہے
وہ درویشی کہ جس کے سامنے جھکتی ہے فغفوری

اقبال نے اپنے آپ کو جگہ جگہ قلندر سے تعبیر کیا ہے۔ قلندر کی پہچان ہے رسوم و قیود سے بیزاری، حق گوئی، بیباکی اور ایسی جرأتِ رندانہ جو بڑی سے بڑی قوت کے آگے زبان کھولنے سے گریز نہ کرے:

مقامِ عقل سے آگے گزر گیا اقبالؔ
مقامِ شوق میں کھویا گیا وہ فرزانہ

مقامِ شوق سے مراد وہ مقامِ عشق ہے جہاں طالب و مطلوب ایک ہو جاتے ہیں:

من تو شدم، تو من شدی

عشق کی منزل پر پہنچ کر ہی یہ ممکن ہے کہ عاشق بے دھڑک محبوب سے مکالمہ کر سکے اور وہ حضورِ حضرتِ یزداں میں بھی اپنا مافی الضمیر بیان کرنے سے نہ ہچکچائے۔ مگر اس قوتِ گویائی کے لیے قوتِ ایمانی کا ہونا لازمی ہے۔ اور اقبال کا عشق اُنھیں اس مقام تک لے جا چکا تھا:

چپ رہ نہ سکا حضرتِ یزداں میں بھی اقبالؔ
کرتا کوئی اس بندۂ گستاخ کا منہ بند

اقبال نے جب حضرتِ یزداں سے شکوہ کرنے کی جرأت کی تو کم نگاہوں نے اُنھیں اپنی نظر سے دیکھا اور اُسے شاعر کی گستاخی پر محمول کیا، مگر 'اُدھر' سے شکوے کا جواب آیا جسے اقبال نے اپنے لفظوں میں ڈھالا۔ اس شعری مکالے کو اگر طالب و مطلوب کے مابین ایک بلند آہنگ رازونیاز نہ کہا جائے تو کیا کہا جائے۔ اقبال کی غزلوں میں پاکیزہ طنزیہ لہجہ حضرتِ یزداں کے حوالے سے ہی ہے۔ یہ حق ہر کس و ناکس کو نہیں پہنچتا اور نہ کوئی اس پُل صراط سے اس قدر ثابت قدمی سے گزر سکتا ہے جس

طرح اقبال گزرے۔ اُن کی طنزیہ شاعری کے پیچھے وحدہٗ لاشریک کی عظمت کا اعتراف تو ہے ہی، اس عمل سے انھوں نے انسان کی اہمیت اور عظمت کو بھی آشکار کیا ہے

ابتدائے آفرینش کے اس واقعہ سے کہ حضرتِ یزداں کی حکم عدولی کے جرم میں آدم و حوا کو جنت سے نکال دیا گیا تھا، اقبال نے اپنے اشعار کا خمیر تیار کیا ہے اور لطف لے لے کر اُس سزا کے مثبت پہلو کو آشکار کیا ہے، اولادِ آدم کی توقیر بڑھائی ہے۔ اس واقعہ کو خطۂ ارض پر زندگی کے پھلنے پھولنے، تہذیبِ انسانی کی ابتدا اور اس کے فروغ کی وجہ قرار دیا ہے اور احساسِ جرم کی نفی کی ہے۔ سیدھے سادے اور سپاٹ اندازِ بیان کی بجائے نوکیلا طنزیہ لہجہ اختیار کرنے کی وجہ سے ان کے اشعار میں ایک کسک، سوز و گداز اور بے تکلفانہ راز و نیاز کی کیفیت پیدا ہوئی ہے۔ مگر اقبال حدِ ادب سے آگے نہیں بڑھے اور مخاطب کی تعظیم کو مدِ نظر رکھا:

باغِ بہشت سے مجھے حکمِ سفر دیا تھا کیوں
کارِ جہاں دراز ہے، اب مرا انتظار کر

یہی نہیں اقبال یہ کہنے سے بھی نہیں چوکتے کہ دراصل زوالِ آدمِ خاکی سے ہی یہ جہاں روشن ہوا اور یہ عطائے الٰہی کے سوا اور کیا ہے کہ شاعر کے الفاظ میں سوز و گداز پیدا ہوا:

اب کیا، جو فغاں میری پہنچی ہے ستاروں تک
تو نے ہی عطا کی ہے مجھ کو یہ غزل خوانی

پھر وہ کائنات پر نظر ڈالتا ہے، فلکِ کج رفتار کو دیکھتا ہے اور خالقِ کونین سے مخاطب ہوتا ہے کہ یہ جو بے راہ روی ہے اس کا ذمہ دار کون ہے اور ایسے انداز میں سوال کرتا ہے جس کا مطلب یہ نکلتا ہے کہ ان خرابیوں کا ذمہ دار کم از کم میں نہیں ہوں۔ حدِ ادب کو ملحوظ رکھ کر اقبال صرف سوال کرنے پر اکتفا کرتے ہیں اور جواب اپنے مخاطب پر چھوڑ دیتے ہیں:

اگر کج رو ہیں انجم آسماں تیرا ہے یا میرا
مجھے فکرِ جہاں کیوں ہو جہاں تیرا ہے یا میرا
اگر ہنگامۂ ہائے شوق سے لامکاں خالی
خطا کس کی ہے یا رب! لامکاں تیرا ہے یا میرا

اسی کوکب کی تابانی سے ہے تیرا جہاں روشن
زوالِ آدمِ خاکی زیاں تیرا ہے یا میرا

یعنی اگر تو نے آدمِ خاکی کو سزا نہ دی ہوتی تو لامکاں کی فضا پررونق ہوتی اور آج جو زمین کی رونقیں ہیں وہ تیری عنایت (یا سزا) کا ہی ثمر ہے۔ غرض اقبال کا لہجہ توانا ہوتا جاتا ہے اور وہ اپنے مخاطب سے برجستہ سوال کرتے جاتے ہیں اور ہر سوال کے جواب سے یہی مفہوم برآمد ہوتا ہے کہ انسان عظیم ہے۔

حضرتِ یزداں سے اقبال کے یہ مکالمے ان کی قلندرانہ شان، جذب وکیف اور جنونِ عشق کی دلیل ہیں۔ اس کیفیت میں وہ یہ کہنے سے بھی نہیں چوکتے:

فارغ تو نہ بیٹھے گا محشر میں جنوں میرا
یا میرا گریباں چاک یا دامنِ یزداں چاک

اقبال کے جنوں کو اپنی حقیقت کا علم ہے اور حضرتِ یزداں سے تو اُن کا مکالمہ جاری ہے ہی۔ آخر ان کی بصیرت سرمید انہ حشر یہ منظرنامہ پیش کرتی ہے:

روزِ حساب جب مرا پیش ہو دفترِ عمل
آپ بھی شرمسار ہو مجھ کو بھی شرمسار کر

اس شعر میں اقبال کا طنزیہ لہجہ بہت نکھرا ہوا ہے۔ آپ اس لیے شرمسار ہو کہ مجھے پیدا کر کے دُنیا میں بھیج دیا اور کچھ فرض بھی عائد کر دیے اور میں اس۔ لیے شرمسار ہوں کہ میں اُن توقعات کو پورا نہ کرسکا، جو خالق نے مجھ سے وابستہ کی تھیں۔ میرا نامۂ اعمال سوائے ناکارکردگی کے کچھ نہیں۔ غرض اس قبیل کے اشعار میں ایسا لطیف طنز ہے جو محبت اور حقیقت سے لبریز دل کی گہرائیوں سے نکلا ہے۔

یہ تو تھی طالب ومطلوب کے راز ونیاز کی کیفیت۔ اقبال کے طنز کے شکار وہ ادارے ہیں جن کے ظاہر و باطن میں تضاد ہے، جو دینی لبادہ اوڑھ کر دُنیا کو فریب دیتے ہیں اور اپنا اُلّو سیدھا کرنے کے لیے کسی حد تک بھی جاسکتے ہیں۔ ایسے ادارے مذہبی بھی ہیں اور سماجی بھی، علمی بھی ہیں اور سیاسی بھی۔ اقبال کا مقصد ان اداروں میں بار پائے ہوئے غلط رجحانات کی اصلاح ہے، مگر وہ ناصحانہ انداز اختیار نہیں کرتے بلکہ غزل کے لطیف غنائی اور رمزیہ لہجے میں ان پر خود غلط لوگوں اور اداروں کو آئینہ دکھاتے ہیں اور عبرت حاصل کرنے کا کام خود انھیں پر چھوڑ دیتے ہیں۔ انھیں سب

سے زیادہ تکلیف ہے بے عمل اور دو غلے مسلمانوں سے۔ مسلم قوم کے درد نے اُن کی رُوح کو مجروح کر دیا ہے اور یہ دُکھ اُن کے طنزیہ اشعار میں جھلکتا ہے۔

اقبال اپنے آپ کو صوفیوں اور مُلاؤں کی جماعت میں شامل نہیں کرنا چاہتے، جن کی زندگی نمائشی اور کھوکھلی ہے، بے عملی اور خود غرضی پر مبنی ہے۔ عرفِ عام میں جنھیں اپنے حلوے مانڈے سے کام ہے۔ اس کھوکھلے پن پر وہ بھرپور وار کرتے ہیں اور کہیں کہیں اُن کا لہجہ کھردرا بھی ہو جاتا ہے۔ انھیں اسلام سے عشق ہے مگر وہ یہ محسوس کرتے ہیں کہ ظاہردار صوفی اور مُلا قاضی اور فقیہ اس سوزِ عشق کو نہیں سمجھ سکتے جو اُن کی رُوح کو تابندہ رکھتا ہے:

کیا صوفی و مُلا کو خبر میرے جنوں کی
ان کا سرِ دامن بھی ابھی چاک نہیں ہے

وہ کہتے ہیں کہ ملتِ اسلامیہ کی زبوں حالی میں اس طبقے کا بہت بڑا ہاتھ ہے:

خبر نہیں کہ سفینے ڈبو چکی کتنے
فقیہ و صوفی و مُلا کی ناخوش اندیشی

رہا نہ حلقۂ صوفی میں سوزِ مشتاقی
فسانہ ہائے کرامات رہ گئے باقی

اے مسلماں اپنے دل سے پوچھ، مُلا سے نہ پوچھ
ہو گیا اللہ کے بندوں سے کیوں خالی حرم

اور اس شعر کے تیور ملاحظہ ہوں:

فقیہِ شہر کی تحقیر ! کیا مجال مری
مگر یہ بات کہ میں ڈھونڈتا ہوں دل کی کشاد

مسلمانوں کی بے عملی، ضعیف الاعتقادی اور کورانہ تقلید پر اقبال نے خون کے آنسو بہائے ہیں اور زہر خند بھی کیا ہے۔ انھوں نے طنز برائے طنز نہیں کیا، ان کے ہر لفظ کے پیچھے اُن کا اپنا درد شامل ہے۔ کبھی کبھی تو وہ شدتِ احساس سے تلملا اُٹھتے ہیں اور اُن کا شعر حرفِ برہنہ بن جاتا ہے:

مصلحتاً کہہ دیا میں نے مسلماں تجھے
تیرے نفس میں نہیں گرمیٔ یوم النشور

اسلام کا سب سے اہم اور بنیادی رُکن ہے وحدت۔ خدا کو قادر مطلق ماننا اور اس کی ذات میں کسی کو کسی بھی صورت شریک تصور نہ کرنا۔ آج جب وہ یہ دیکھتے ہیں کہ معمولی معمولی مفادات کے لیے مسلمان غیر اللہ کے سامنے جھکتا ہے تو اُن کی رگ حمیت مجروح ہوتی ہے اور بڑے پر درد لہجے اور استعاراتی انداز میں اس فعل کو نسلِ انسانی کے لیے شرمناک تصور کرتے ہیں:

پانی پانی کر گئی مجھ کو قلندر کی یہ بات
تو جھکا جب غیر کے آگے نہ من تیرا نہ تن

عبادت دِل سے ہوتی ہے۔ مسلمان وہ ہے جو بہ صمیم قلب عبادت گزار ہو اور جب وہ اپنے خالق کے سامنے سر بہ سجود ہو تو صرف اور صرف باری تعالیٰ کی ذات ہی اُس کے پیشِ نظر ہو، دِل وسوسے سے خالی ہو۔ لیکن کیا مسلمان اس پر عمل پیرا ہے؟ اور اس کی عبادت اور نماز خلوصِ نیت اور روحانی سرور کی حامل ہے؟ بہت نازک سوال ہے اور اقبال کے ذہن میں اس کا جواب نفی میں ہے۔ لیکن براہِ راست یہ بات کیسے کہی جائے، آخر 'خوفِ فسادِ خلق' بھی تو کوئی چیز ہے۔ اقبال اس سوال کے جواب میں خود کو بھی شامل کر کے جگ بیتی اور آپ بیتی کا امتزاج پیش کرتے ہیں اور اس سے طنز کی دھار اور تیز ہو جاتی ہے:

جو میں سر بہ سجدہ ہوا کبھی تو زمیں سے آنے لگی صدا
ترا دِل تو ہے صنم آشنا، تجھے کیا ملے گا نماز میں

دِل ہے مسلماں تیرا نہ میرا
تو بھی نمازی میں بھی نمازی

پھر وہ ایک جرأتِ رندانہ کے ساتھ بے عمل امام اور ظاہری نماز سے گریز کرنے کی تلقین کرتے ہیں:

ترا امام بے حضور، تری نماز بے سرور
ایسی نماز سے گزر، ایسے امام سے گزر

بے عملی کی ایک اور تصویر بہت سے اُن کے افسانے اپنے دامن میں چھپائے ہوئے ہے:

مسجد تو بنادی شب بھر میں، ایماں کی حرارت والوں نے
دل اپنا پرانا پاپی تھا، برسوں میں نمازی بن نہ سکا

اقبال کے دل میں اپنے ہم مذہبوں کے لیے کسک تھی، تڑپ تھی، غم تھا اور بے عملی پر غصہ تھا۔ وہ پردۂ اشعار میں طنز کر کے اُن کی غیرتِ قومی کو جگاتے رہے۔ اُنھوں نے جس ادارے کو غائر نظر سے دیکھا اُنھیں بے عملی اور خود پرستی کی تصویر نظر آئی۔ وہ پکار اُٹھے اور ربّ کائنات کے حضور میں فریاد کی:

خداوندا ترے یہ سادہ دل بندے کدھر جائیں
کہ درویشی بھی عیاری ہے، سلطانی بھی عیاری

دراصل اقبال کے نزدیک مذہب وہ عظیم قوت ہے جو تمام اعلیٰ قدروں کو جنم دیتی ہے، زندگی کو ایک مقصد عطا کرتی ہے، اطاعت خداوندی اور خلقِ خدا کی بے لوث خدمت کا جذبہ بیدار کرتی ہے۔ لیکن اگر ایسا نہیں ہے تو پھر ہر طرزِ حکومت جابر، ظالم اور خونریز حاکمانِ وقت کو جنم دیتا ہے، جن کا کام محض سلطنت کو پھیلاؤ ہوتا ہے اور بندگانِ خدا کو اپنے مفاد کے لیے استعمال کرنا۔ اقبال نے دینی قدروں سے عاری طرزِ حکومت کو بھرپور طنز کا نشانہ بنایا ہے:

جلالِ پادشاہی ہو کہ جمہوری تماشا ہو
جدا ہو دیں سیاست سے تو رہ جاتی ہے چنگیزی

وہ عمر بھر قوم کو جھنجھوڑتے رہے اور جذبۂ خودی پیدا کرنے کی سعی کرتے رہے۔ اُن کے نزدیک مذہب کا سب سے اہم کارنامہ ہے محبت کا شعور پیدا کرنا اور خدا کے بندوں سے محبت کا جذبہ بیدار کرنا۔ اُن کے طنز کی دھار نے دُنیا کا لبادہ اوڑھ کر بھٹکنے والوں کو بھی نہیں بخشا:

خدا کے بندے تو ہیں ہزاروں بنوں میں پھرتے ہیں مارے مارے
میں اُس کا بندہ بنوں گا جس کو خدا کے بندوں سے پیار ہوگا

اقبال نے زندگی کی جن اعلیٰ قدروں کو عزیز رکھا وہ نہ اُنھیں مدرسوں میں ملیں نہ خانقاہوں میں۔ ہر جگہ کشادگیٔ ذہن کا فقدان ہے۔ انھوں نے ان اداروں پر بھرپور طنز کیا اور ان کی بے عملی اور کھوکھلے پن کو بے نقاب کیا:

اُٹھا ہوں مدرسہ و خانقاہ سے نمناک
نہ زندگی، نہ محبت، نہ معرفت، نہ نگاہ

گلا تو گھونٹ دیا اہلِ مدرسہ نے ترا
کہاں سے آئے صدا لا الٰہ اِلاّ اللہ

کرے گی داورِ محشر کو شرمناک اِک دن
کتابِ صوفی و مُلّا کی سادہ اوراقی

دراصل مدرسوں سے بیزاری موجودہ طرزِ تعلیم پر طنز ہے۔ اگر مکتبوں نے طالب علموں کو لکیر کا فقیر بنا دیا ہے جہاں سینکڑوں سال پرانے درس کی تعلیم دی جاتی ہے، تو مدرسے کی تعلیم رُوحانی اقدار سے خالی ہے۔ صرف فلسفے کی کتابیں رٹوانے سے آدمی عالم نہیں بنتا۔ تعلیم زندگی کی طرح متحرک عمل ہے۔ تعلیم کو وقت کے تقاضوں سے ہم آہنگ کرنا ضروری ہے۔ اس تیز رو دُنیا میں کتنی تبدیلیاں آرہی ہیں کہ ایک نظریہ دوسرے نظریہ کو رد کرتا ہوا آگے بڑھ جاتا ہے۔ ایسی حالت میں جامد نصابِ تعلیم زندگی میں حرکت، عمل، جدت اور تخلیق کے نئے دروازے نہیں کھول سکتا۔ جب اقبال مدرسے کے خلاف آواز اُٹھاتے ہیں تو اُن کا مطمحِ نظر یہی ہوتا ہے کہ ہر لحہ آگے بڑھتی ہوئی دُنیا میں تعلیم کے زاویے بھی بدلتے رہنے چاہئیں اور اسی لیے وہ قدامت پر طنز کرتے ہیں:

علم میں بھی سرور ہے لیکن
یہ وہ جنت ہے جس میں حور نہیں

کیا ہے تجھ کو کتابوں نے کور ذوق اتنا
صبا سے بھی نہ ملا تجھ کو بوئے گُل کا سراغ

علم تہذیب وتمدن کا گہوارہ ہے۔ علم نے قلبِ انساں کے اندھیروں کو روشنی سے بھر دیا۔ علم نے اُسے زندگی کے نئے راستوں اور نئی منزلوں سے آشنا کیا۔ علم نے انسان کو سوز دروں بخشا۔ خالق ومخلوق کے رشتوں کی مشعل جلائی۔ انسان کی تمام روحانی اور مادّی فتوحات علم کی ہی رہینِ منت ہیں۔ لیکن کیا علم آج مفاد پرستوں کے ہاتھوں رُسوا نہیں ہو رہا ہے اور کیا اس صارفی سماج نے علم کی وہ

تیغِ آبدار نہیں چھین لی ہے جس سے اُس نے باطل کو پے در پے شکست دی تھی۔ اقبال اسی الیے پر غور کرتے ہیں اور ایک سوال قائم کرتے ہیں:

عشق کی تیغِ جگر دار اُڑا لی کس نے
علم کے ہاتھ میں خالی ہے نیام اے ساقی

اقبال علم و عمل کو لازم و ملزوم قرار دیتے ہیں اور وہ صرف علم کتابی پر اکتفا کرنے کے قائل نہیں۔ وہ اس سلسلے میں دُنیا کے بیشتر فلسفہ طرازوں سے بصد احترام اختلاف کرتے ہیں جو محض کتابی علم کے حق میں ہیں۔ اُن کے طنز کی دھار تیز ہو جاتی ہے۔ وہ تشکیک کے نہیں، یقین کے قائل ہیں اور صاف کہتے ہیں:

علاجِ ضعفِ یقیں اُن سے ہو نہیں سکتا
غریب اگرچہ ہیں رازیؔ کے نکتہ ہائے دقیق
عطارؔ ہوں رومیؔ ہوں رازیؔ ہوں غزالیؔ ہوں
کچھ ہاتھ نہیں آتا بے آہِ سحر گاہی

یہ صرف اقبال ہی کہہ سکتے ہیں جو فلسفہ اور اس کی اہمیت سے واقف ہیں۔ ایک اور مقام پر فرما چکے ہیں:

ہے فلسفہ میرے آب و گِل میں
پوشیدہ ہے ریشہ ہائے دل میں

اقبال حرکت و عمل کے قائل ہیں اور اپنے نظریے کی ترویج میں وہ کسی قسم کے سمجھوتے کے لیے تیار نہیں ہیں چاہے اس راہ میں دُنیا کے عظیم فلسفی ہی دیوار بن کر کھڑے ہونے کی کوشش کیوں نہ کریں۔ وہ کئی بار عصری تنقید کا نشانہ بنے مگر انھوں نے اپنے نقادوں سے برملا کہا:

اپنے بھی خفا مجھ سے ہیں بیگانے بھی ناخوش
میں زہرِ ہلاہل کو کبھی کہہ نہ سکا قند

اور اپنے ناقدین کے یک زبان ہونے پر کس خوبصورتی سے طنز کیا ہے جس میں اتحاد کا ایک پہلو نکلتا ہے:

یہ اتفاق مبارک ہو مومنوں کے لیے
کہ یک زباں ہیں فقیہانِ شہر میرے خلاف

وہ اس غلط اتحاد پر یعنی جماعتی تنظیم پر نشتر زنی کرنے سے بھی نہیں چوکتے:

میں جانتا ہوں جماعت کا حشر کیا ہوگا
مسائلِ نظری میں اُلجھ گیا ہے خطیب

دراصل جماعت کی ناکامی کی وجہ سے صحیح قیادت کا فقدان ہے:

منزلِ راہِ رواں دُور بھی دُشوار بھی ہے
کوئی اس قافلے میں قافلہ سالار بھی ہے

عصرِ حاضر میں اس بے سمتی، بے راہ روی اور انتشار کا باعث مغرب زدہ جدید تہذیب ہے۔ اس تہذیب کے مظاہر اقبال نے نہ صرف دیکھے بلکہ اپنی زندگی کا ایک اہم دَور مغرب میں گزارا۔ اُس کے چمکتے دمکتے صبح وشام دیکھے۔ چنانچہ اس تہذیب پر طنز کی دھار بھی تیز ہے:

یہ حوریانِ فرنگی دل و نظر کا حجاب
بہشتِ مغربیاں جلوہ ہائے پا بہ رکاب

اقبال نے کہا کہ مغربی تہذیب تصنع سے عبارت ہے، نمائشی ہے، اس میں دلکشی ہے مگر پائداری نہیں — کچے رنگ نقلی روشنی:

نہ کر افرنگ کا اندازہ اس کی تابناکی سے
کہ بجلی کے چراغوں سے ہے اس جوہر کی برّاقی

مغربی تہذیب کے حوالے سے اقبال نے گوناگوں تجربات کو اس طرح بیان کیا ہے کہ اس کا فریب واضح ہوجاتا ہے۔ مغرب سنہرے خواب دکھاتا ہے، خوابوں کا ایک ایسا جہاں آباد کر دیتا ہے کہ آدمی اس بھول بھلیاں میں کھو جائے اور حصول کا ایک نشہ اُس پر طاری ہو جائے۔ اس شعر میں طنز کی ایک عجیب کیفیت ہے:

میخانۂ یوروپ کے انداز نرالے ہیں
لاتے ہیں سرورِ اوّل، دیتے ہیں شراب آخر

اور شراب بھی اتنی کم کہ وعدوں کا سرور بھی زائل ہوجائے اور باقی رہ جائے احساسِ ناکامی اور

تشنگی۔ مغربی تہذیب نے انسان کو بے دست و پا کر دیا ہے۔ اس سے زندگی کے ولولے چھین لیے ہیں اور اس کے چاروں طرف بُن دیا ہے فریب کا جال۔ بقول غالبؔ:

ہیں کواکب کچھ نظر آتے ہیں کچھ
دھوکا دیتے ہیں یہ بازیگر کھلا

اقبال نے تہذیبِ حاضر پر زہر خند کے ساتھ ایک عجیب کیفیت کو نئی تجرباتی رنگ میں پیش کیا ہے:

مجھے تہذیبِ حاضر نے عطا کی وہ آزادی
کہ ظاہر میں تو آزادی ہے، باطن میں گرفتاری

اقبال پروردۂ مشرق ہیں، شاعرِ مشرق ہیں، مشرق کی ان قدیم تہذیبی اقدار کے گرویدہ ہیں جن کا دوسرا نام ہے اخلاص، سچائی، پاکیزگی، قناعت اور آزادیٔ فکر و نظر۔ جبکہ مغربی تہذیب میں ان تمام چیزوں کا فقدان ہے۔ چنانچہ اقبال اُس تہذیب سے بیزاری کا اظہار کرتے ہوئے اُس کے زوال کی پیشین گوئی کرتے ہیں:

تمھاری تہذیب اپنے خنجر سے آپ ہی خودکشی کرے گی
جو شاخِ نازک پہ آشیانہ بنے گا ناپائیدار ہوگا

اس تہذیب نے فریب کے جال کہاں کہاں نہیں پھیلائے۔ ایوانِ سیاست میں، علوم و فنون میں اور روزمرہ زندگی میں۔ آزادی پسند شاہین کو بھی زیرِ دام کرلیا اور ماؤف کر دیئے اُس کے دل و دماغ، سلب کرلی اُس سے قوتِ عمل اور چھین لی تلاش و جستجو کی طاقت:

وہ فریب خوردہ شاہیں جو پلا ہو کرگسوں میں
اُسے کیا خبر کہ کیا ہے رہ و رسمِ شاہ بازی

مگر اقبال اس پرآشوب دَور میں بھی شاہین کو قفس کے آب و دانہ سے دُور رہنے کی تلقین کرتے ہیں:

اے طائرِ لاہوتی اس رزق سے موت اچھی
جس رزق سے آتی ہو پرواز میں کوتاہی

اقبال کا طائرِ لاہوتی، زندگی، عمل اور جد و جہد آزادی کی علامت ہے۔ وہ انسان کو لہو و لعب سے دُور رہنے کی تلقین کرتے ہیں اور بلبل و طاؤس جیسے پرندوں کے طرزِ زندگی سے دُور رہنے کا سبق دیتے

ہیں۔ یہ انوکھا طنز اقبال کا ہی حصہ ہے:

کر بلبل و طاؤس کی تقلید سے توبہ
بلبل فقط آواز ہے، طاؤس فقط رنگ

رنگ و آہنگ کی دُنیا میں کھو جانا زندہ قوموں کا شیوہ نہیں۔ اُن کی نظر اقوامِ عالم کی تاریخ اور عروج و زوال پر تھی۔ اُن کا یہ شعر ضرب المثل ہے:

آ تجھ کو بتاتا ہوں تقدیرِ اُمم کیا ہے
شمشیر و سناں اوّل، طاؤس و رباب آخر

اس سے گہرا طنز عیش کوش معاشرے پر اور کیا ہوگا جس کی چھوٹ تاریخ کے قدیم ادوار پر پڑتی ہے۔

اقبال کی شاعری بالخصوص غزل میں جو بلاغت اور رمزیت ہے اُس کے باعث ایک ایک شعر جہانِ معنی ہے۔ وہ مظاہرِ قدرت کو بھی اپنی مخصوص شاعرانہ نظر سے دیکھتے ہیں— باغ میں بہار کا موسم آتا ہے، ایک کلی بڑی مرادوں سے پھول بنتی ہے، لیکن اِدھر پھول کھلا، اور اُدھر بادِ بہاری کے ایک جھونکے نے اُسے شاخ سے جدا کر دیا۔ کیا یہ درسِ عبرت نہیں ہے زندگی کے لیے؟ اِس نظامِ گلشن اور بادِ بہاری پر اقبال نے بھرپور طنز کیا ہے:

ٹھہر سکا نہ ہوائے چمن میں خیمۂ گل
یہی ہے فصلِ بہاری، یہی ہے بادِ مراد!

اقبال کے لطیف طنز سے زندگی کا کوئی گوشہ نہیں بچا۔ آزادی کے دیوانے اقبال کو اپنا من پسند ماحول کبھی نہیں ملا۔ پابندی سے اُنھیں نفرت ہے چاہے کسی شکل میں ہو وہ دنیا اور عقبیٰ کے اس نظام پر بھی طنز کرنے سے گریز نہیں کرتے جس کا بدلنا ممکن نظر نہیں آتا، مگر اس شعر کے پسِ پردہ رسوم و رواج اور خرافات سے بیزاری اور دائمی آزادی کا تصور ہے:

ترے آزاد بندوں کی نہ یہ دُنیا نہ وہ دُنیا
یہاں مرنے کی پابندی، وہاں جینے کی پابندی

طنز برائے طنز اقبال کا شیوہ نہیں۔ وہ اس وقت تک کوئی شعر یا مصرع زبان پر نہیں لاتے جب تک اس میں افادیت کا کوئی پہلو نہ ہو۔ اس خلوص نے ان کی شاعری کے طنزیہ پہلو کو ایک وقار بخشا ہے۔ ان کے یہاں شخصی طنز نہیں ہے اور نہ کسی کی دل آزاری ہے پھر بھی اپنے قارئین سے معذرت

خواہی کے انداز میں کہتے ہیں:

چمن میں تلخ نوائی مری گوارا کر
کہ زہر بھی کبھی کرتا ہے کارِ تریاقی

پھر بھی اگر کسی کی طبعِ نازک کو کوئی بات گراں گزرے تو اقبال نے اپنے بڑے لطیف پیرائے میں معذرت پیش کی ہے:

صاحبِ ساز کو لازم ہے کہ غافل نہ رہے
گاہے گاہے غلط آہنگ بھی ہوتا ہے سروش

اور یہ شعر اقبال کے حوالے سے مقالہ نگار کا بھی معذرت نامہ ہے۔

OO

(۲۸ر ستمبر ۲۰۰۱ء)

ڈاکٹر ذاکر حسین: معلّمِ انسانیت

ہندوستان میں ہندو مسلم تہذیبی اتحاد کی تاریخ بہت پرانی ہے۔ کم وبیش ایک ہزار سال قبل ہندوستان میں مسلمانوں کی آمد شروع ہوئی۔ وہ اپنے ساتھ اپنا تاریخی شعور، علمی ذوق اور سماجی میل جول کے معاملے میں وسیع النظری لے کر آئے۔ بنیادی طور پر ایشیائی ہونے کی وجہ سے رنگ ونسل کی مماثلت بھی تھی اور یوں بتدریج ہندو مسلم تہذیبی اتحاد کی جڑیں پورے ہندوستان میں پھیل گئیں۔ سماجی رشتوں نے اس میل جول میں نئی معنویت پیدا کی۔ اس ارتباط کی ایک خوبصورت مثال حضرت امیر خسرو ہیں جن کے والد بلخ کے لاچینی طبقہ سے تعلق رکھتے تھے اور والدہ نومسلم عمادالملک کی دختر نیک اختر تھیں۔ خسرو کی سرشت میں دو تہذیبوں کا اتحاد تھا جو ایک عظیم دانشور اور صوفی شاعر کے روپ میں ظاہر ہوا۔ یہ اتحاد باہمی مغلوں کے دَور میں اور مضبوط ہوا جس کی مثال شہنشاہ اکبر ہے۔ ہندوؤں اور مسلمانوں نے ایک علم کے نیچے فتوحات حاصل کیں اور جب وہ دَور آیا کہ ایک تیسری طاقت انگریز نے اپنی مذموم سیاست کے ذریعہ ہندوؤں اور مسلمانوں میں تفریق کے بیج بوئے تو دونوں یعنی ہندوؤں اور مسلمانوں کے لیے امتحان کا وقت تھا۔ ہر چند کہ لڑاؤ اور حکومت کرو کی انگریز پالیسی نے نفاق کے بیج بوئے، مگر مجموعی طور پر انگریزی سامراج کے خلاف ہندو مسلمان متحد ہو کر لڑے اور جنگِ آزادی کی تاریخ میں دونوں کا خونِ جگر شامل ہے۔

ماضی قریب میں جن قوم پرست مسلمانوں نے مشترک تہذیبی قدروں کو فروغ دیا ان میں

مجاہدین آزادی اور دانشوروں کی بڑی تعداد ہے۔قوم پرست مسلمانوں کی تاریخ میں جن زعما کا نام روشن ہے ان میں سر سید احمد خاں، مولانا شبلی، حسرت موہانی، حکیم اجمل خاں، ڈاکٹر مختار احمد انصاری، مولانا ابوالکلام آزاد، رفیع احمد قدوائی، مولانا محمود الحسن، مولانا حسین احمد مدنی جیسے فرزندانِ وطن شامل ہیں جنھوں نے قوم کو سماجی، سیاسی، عمرانی اور معاشرتی اندھیروں سے نکالا۔ ڈاکٹر ذاکر حسین کی شخصیت بھی اسی اہمیت اور عظمت کی حامل ہے جو آج سے سو سال پہلے پیدا ہوئے تھے۔

ڈاکٹر ذاکر حسین کی زندگی ایک معمولی آدمی سے عظیم انسان بننے کی کہانی ہے۔ ان کے اجداد میں قابلِ ذکر ہیں ـــــ ایک محمد خاں بنگش جنھوں نے اٹھارہویں صدی کے نصف اوّل میں ایک جنگجو کی حیثیت سے بڑا نام کمایا۔۱۷۱۳ء میں فرخ سیر کو مغل تخت پر بٹھانے میں ان کا بڑا ہاتھ تھا ـــــ اور دوسرے اعلیٰ حسین خاں عرف 'مدآ خون' جو ۱۷۱۵ء میں کوہاٹ سے قائم گنج آ کر بسے۔ ان کا پیشہ درس وتدریس تھا۔ انھوں نے سو سال سے زیادہ عمر پائی۔ مگر یہ علمی روایت قابلِ ذکر حد تک آگے نہیں بڑھی۔ ذاکر صاحب کے دادا غلام حسین نے فوجی زندگی گزاری مگر ایک درویش کرم علی شاہ میاں اور ایک کبیر داس کے مسلک کو ماننے والے ہنس بہاری کی صحبت اور عقیدت میں غلام حسین خاں کے مزاج میں خدا ترسی اور صلح جوئی بھی آ گئی تھی۔ ان کی اولادوں نے پیشۂ سپہ گری سے کنارہ کیا۔ ڈاکٹر صاحب کے والد فدا حسین نے معمولی تعلیم حاصل کر کے تجارت شروع کی۔ مگر پھر حالات نے ایسا رُخ اختیار کیا کہ انھوں نے حیدرآباد میں وکالت کی تعلیم حاصل کی۔ ''آئینِ دکن'' جیسی قانون کی کتاب لکھی مگر انھوں نے بہت کم عمر پائی۔ صرف ۳۹ سال اور سات بیٹوں کو عالمِ طفلی میں ہی چھوڑ کر آخرت کی راہ لی۔ ۱۹۰۷ء میں والد کے انتقال کے وقت ذاکر صاحب کی عمر دس سال تھی۔ انھیں اپنے اور بھائیوں کی طرح اٹاوہ مسلم ہائی اسکول میں داخل کرا دیا گیا۔ چار سال بعد ان کی والدہ بھی طاعون کا شکار ہوگئیں اور قدرت نے ان کی پیشانی پر 'دُرِ یتیم' لکھ دیا ـــــ اٹاوہ مسلم ہائی اسکول کی حیثیت کم وبیش ایک یتیم خانے کی سی تھی۔ یہ اقامتی اسکول تھا۔ بہت کم خرچ، اس کا اندازہ اس سے لگایا جاسکتا ہے کہ میرے علم کے مطابق ۱۹۳۵ء میں، جب پہلی جنگِ عظیم کے بعد اشیا کی قیمتیں بڑھ گئی تھیں، اٹاوہ مسلم ہائی اسکول میں ایک طالب علم سے رہائش، کھانے اور تعلیمی اخراجات کے لیے صرف پانچ روپے لیے جاتے تھے۔ اور ذاکر صاحب تو اس

صدی کی پہلی دہائی میں داخل ہوئے تھے۔ اِدھر باپ کا انتقال ہوا، اُدھر یتیم خانے میں ڈال دیے گئے۔ وہ ۱۹۰۷ء سے ۱۹۱۳ء تک وہاں زیرِ تعلیم رہے۔ اسکول کی زندگی کافی سخت تھی۔ موٹے جھوٹے کپڑے کا لباس، بے مزہ اور ناکافی غذا، اور نماز روزے کی ایسی پابندی کہ ناغہ کی صورت میں سزا کے طور پر کھانا نہیں دیا جاتا تھا۔ اس سخت زندگی اور پابندی نے ذاکر صاحب کو ضبطِ نفس کا سبق دیا، محنت کا عادی بنایا اور یہ صفات آگے چل کر ان کے مزاج کا حصہ بن گئیں ـــــ واقعہ یہ ہے کہ اس قبیل کے اسلامی مدرسوں نے بڑے بڑے عالم اور دانشور پیدا کیے ہیں جو چاندی کا چمچہ منہ میں لے کر پیدا ہونے والے بہت سے لوگوں سے زیادہ ممتاز حیثیت کے مالک ہوئے۔ اس مدرسے کی تعلیم نے ذاکر صاحب کو کندن بنا دیا۔ انھوں نے لکھا ہے:

> ''آخر وہ بے سروسامان مدرسہ مجھے اتنا کیوں عزیز ہے۔ سوچتا ہوں تو وجہ یہ سمجھ میں آتی ہے کہ وہاں ایک اچھے استاد کی شاگردی نصیب ہوئی۔ میں نے ساری زندگی سیّد الطاف حسین صاحب جیسا استاد نہیں دیکھا۔'' (شبیہِ جستجو، ص ۴۰)

ہمارے اپنے زمانے میں ایک مثال مشہور شاعر اختر الایمان کی ہے جس نے بچوں کے گھر جیسے یتیم خانے میں تعلیم پائی تھی۔

ڈاکٹر ذاکر حسین کے معمولی آدمی سے عظیم انسان بننے کی شہادت ان کے سوانح نگار پروفیسر ضیاء الحسن فاروقی نے ان الفاظ میں دی ہے:

> ''پٹھانوں نے ہندوستان کو دو بڑے شریف النفس اور مدبر سربراہِ مملکت دیے ہیں۔ ایک عہدِ وسطیٰ میں، اُس عہد کی تمام محدودیت کے باوجود شیر شاہ سوری (م ۱۵۴۵ء) اور دوسرے اس عہدِ جدید میں ڈاکٹر ذاکر حسین مرحوم (م ۱۹۶۸ء) جو جدید ہوتے ہوئے بھی اس ہندوستانی تہذیب کے تسلسل کے بہترین ترجمان تھے جس کا خمیر عہدِ وسطیٰ میں تیار ہوا تھا اور جن کا نمائندہ ایک حد تک شیر شاہ سوری تھا۔'' (ش ج، ص ۴۰)

ویسے یہ بات قابلِ غور ہے کہ فاروقی صاحب نے شیر شاہ سوری اور ذاکر صاحب کو ایک خانے میں کیوں رکھا۔ کسی نہ کسی طرح حکومت حاصل کرنا اور مطلق العنان بادشاہ بننا شیر شاہ سوری کے لیے باعثِ افتخار تھا ـــــ مگر ذاکر صاحب کا مزاج یہ تھا کہ:

مرا طریق امیری نہیں، فقیری ہے
خودی نہ بیچ، غریبی میں نام پیدا کر

بیشک ڈاکٹر ذاکر حسین سربراہِ مملکت بنے، مگر دونوں کی سربراہی میں تاریخی نوعیت کا فرق ہے — ذاکر صاحب گورنر بنے، پھر نائب صدر جمہوریہ اور اس کے بعد صدر جمہوریہ۔ مگر وہ ان ایوانوں میں ایک طرح کی گھٹن محسوس کرتے تھے۔ اس کا اندازہ ان کی تحریروں سے ہوتا ہے۔ انھوں نے ۲۵/اکتوبر ۱۹۵۸ء کو طبیہ کالج علی گڑھ کے پرنسپل حکیم عبداللطیف کو ایک خط میں لکھا تھا — (اُن دنوں وہ گورنر بہار تھے):

"شاید آپ کو معلوم نہیں کہ ہم زندانیوں کو اپنے قفس سے باہر جانے کے لیے باقاعدہ اجازت لینی پڑتی ہے۔" (شہیدِ جستجو، ص ۲۶۵)

ان دنوں ذاکر صاحب کے پسندیدہ اشعار میں ایک شعر یہ بھی تھا:

کنجِ قفس میں بیٹھ کے گاہے روتے ہیں تنہائی میں
یادِ سیرِ موسمِ گل سے گاہے دل بہلاتے ہیں

ذاکر صاحب بنیادی طور پر ایک حکمراں کا نہیں، ایک طالب علم اور معلم کا مزاج لے کر پیدا ہوئے تھے اور انھیں اپنی عمر کے ہر حصے میں اپنے پیشۂ معلمی پر فخر رہا — نائب صدر جمہوریہ بننے کے بعد استقبالیہ تقریر کے جواب میں تقریر کرتے ہوئے انھوں نے کہا تھا:

"مجھے اس اعزاز کا مستحق اس لیے سمجھا گیا کہ تعلیم کے کام سے میرا گہرا تعلق رہا ہے اور یہ کہ ہماری قوم اپنی زندگی میں تعلیم کو بجا طور پر پوری اہمیت دینے کے لیے آمادہ ہے۔ تعلیم ہی دراصل ہماری جمہوری زندگی کی رُوح ہے۔ کوئی بھی قوم جو ہماری طرح قدیم بھی ہو اور جدید بھی، بجا طور پر تعلیم ہی کو اپنی زندگی کی مخصوص تشکیلی قوت قرار دے سکتی ہے، کیونکہ تعلیم ہمارے عظیم ورثے پر تنقیدی نظر ڈال سکتی ہے اور یہ امتیاز کرسکتی ہے کہ اس ورثے کا کونسا حصہ ترقی کی راہ میں ہمارا معاون ہے اور کونسا مزاحم، یعنی کسے محفوظ رکھنا ہے اور کس سے صرفِ نظر کرنا ہے۔" (ش ج، ص ۲۹۶)

ذاکر صاحب جس چیز سے صرفِ نظر نہیں کرسکتے تھے وہ تھی تعلیم اور تعلیمی اداروں کے مسائل۔ بہار کی گورنری کے دوران انھیں ایسی پیچیدہ صورتِ حال سے گزرنا پڑا — ان کے سوانح نگار فاروقی

صاحب نے لکھا ہے کہ جب بہار یونیورسٹی ترمیمی بل پیش ہونے کی نوبت آئی تو ذاکر صاحب نے وزیر اعلیٰ بہار سے گفتگو کی، کیونکہ اس بل کے پاس ہونے کی صورت میں یونیورسٹیوں کی حیثیت حکومت کے ادنیٰ محکموں کی سی ہو کر رہ جاتی اور ذاکر صاحب کو بحیثیت چانسلر یونیورسٹی یہ بات گوارا نہ تھی، انھوں نے وزیر اعلیٰ سے کہا کہ جب تک میں گورنر ہوں، اس بل کو ملتوی رکھئے، ورنہ بصورت دیگر مجھے استعفیٰ دینا پڑے گا۔ اس گفتگو کا نتیجہ یہ نکلا کہ بل کے مسودے میں ایسی ترمیمیں کردی گئیں کہ یونیورسٹیوں کے معاملات میں انتظامیہ کی مداخلت کے مواقع بہت کم رہ گئے اور ریاست آئینی بحران سے محفوظ رہی۔ یہ واقعہ ذاکر صاحب کے تدبر اور خودداری کا آئینہ دار ہے۔

ڈاکٹر ذاکر حسین کی زندگی کو تین ادوار میں تقسیم کیا جاسکتا ہے — پہلا دور تعلیمی جو ۱۹۰۷ء سے اٹاوہ مسلم ہائی اسکول سے شروع ہو کر ۱۹۲۶ء تک ہے، جب وہ جرمنی سے اعلیٰ تعلیم حاصل کر کے ہندوستان واپس آئے تھے۔ دوسرا دور معلمی کا جب وہ پہلے جامعہ ملیہ اسلامیہ اور پھر علی گڑھ مسلم یونیورسٹی کے وائس چانسلر رہے — ۱۹۵۶ء تک۔ اور تیسرا دور ۱۹۵۷ء سے ۱۹۶۹ء تک بارہ سال پر محیط ہے جب وہ حکومت کے اعلیٰ عہدوں پر فائز رہے۔ ۱۹۶۲ء تک گورنر بہار پھر ۱۹۶۷ء تک نائب صدر اور آخری دو سال صدر جمہوریہ۔

پہلا دور ان کی شخصیت کی تشکیل کا دور ہے۔ اگر اٹاوہ مسلم ہائی اسکول نے ان میں علم کی لگن، زندگی کی اعلیٰ قدروں سے پیار، تنظیم، صبر اور ضبطِ نفس کی صفات پیدا کیں تو علی گڑھ میں ان خصوصیات کو بروئے کار لانے کا موقع ملا۔ وہاں ان کے علم و فضل کا چرچا ہوا۔ ان کی قوتِ تقریر و تحریر نے بڑوں بڑوں سے لوہا منوایا۔ اُردو کے علاوہ انھیں سائنس اور معاشیات سے بھی بے حد دلچسپی تھی، طنزیہ صحافت بھی ان کا طرۂ امتیاز تھی۔ وہ ایم او کالج میں ۱۹۱۳ء سے ۱۹۲۰ء تک زیر تعلیم رہے اور تقریباً ایک سال نوزائیدہ جامعہ ملیہ اسلامیہ علی گڑھ میں طالب علم رہے، جس کی تشکیل اور قیام میں خود ان کا بہت بڑا حصہ تھا۔ یہ ہندوستان کی تعلیمی تاریخ کا ایک اہم باب ہے کہ جب مولانا محمد علی جوہر اور گاندھی جی نے سرکاری تعلیمی اداروں کی جگہ قومی تعلیمی ادارے قائم کرنے کی تحریک شروع کی اور اس سلسلے میں ایم اے او کالج کے طلبا کو خطاب کیا تو اکثریت حکومت پرست گروپ کے ساتھ ہوگئی۔ یہ واقعہ ۲۰ راکتوبر ۱۹۲۰ء کا ہے۔ ذاکر صاحب زبردست قوم پرست تھے۔ اتفاق سے اس دن وہ بہ غرض علاج دہلی گئے ہوئے تھے۔ واپس آئے تو بے حد رنجیدہ ہوئے کہ گاندھی جی کو علی گڑھ

میں نہیں سنا گیا۔ انھوں نے مولانا محمد علی جوہر کی سرپرستی میں چند روز بعد ۲۹ راکتوبر ۱۹۲۰ء کو ایم اے او کالج کے قریب ہی جامعہ ملیہ اسلامیہ کے قیام میں نمایاں رول ادا کیا۔ وہیں داخلہ لیا اور ایک سال بعد وہیں معلمی شروع کردی۔ مگر یہ دور عارضی تھا — علم کی پیاس انھیں سات سمندر پار جرمنی لے گئی۔ ان کا پاسپورٹ صرف انگلستان کا تھا، مگر ذوقِ طلب انھیں آسٹریا لے گیا۔ وہاں سے ٹورسٹ ویزا پر جرمنی میں داخل ہوئے — ستمبر ۱۹۲۲ء میں۔ اور امورِ خانہ کے وزیر وریندر ناتھ چٹوپادھیائے کی سفارش پر ان کے ویزا میں توسیع کردی گئی۔ مراد بر آئی۔ وہ فروری ۱۹۲۶ء میں جرمنی سے ہندوستان اقتصادیات میں پی ایچ ڈی کی ڈگری لے کر لوٹے۔ کم و بیش جرمنی میں چار سال کا قیام ڈاکٹر ذاکر حسین کی زندگی کا زرّیں دَور ہے۔ ان معنوں میں کہ ان کی تشنگیٔ علم سیراب ہوئی۔ بالخصوص تعلیم کے نئے نظریات سے وہ نہ صرف واقف ہوئے بلکہ انھوں نے اپنے تخلیقی ذہن کی روشنی میں فروغِ تعلیم کی نئی نئی راہیں تلاش کیں، فلسفے کا مطالعہ کیا۔ انھیں کیرشن اسٹائنر اور اسپرانگر جیسے عالموں کی تصانیف سے بہت کچھ سیکھنے کا موقع ملا۔ انھوں نے تعلیم اور نفسیات کا علم حاصل کیا۔ جرمن عالموں کے تجربات سے روشناس ہوئے۔ اُن دنوں وہاں دانشورانہ جمالیاتی مشاغل کا غلغلہ تھا — ذاکر صاحب کو ایک نیا زاویۂ نگاہ ملا کہ اپنے تہذیبی سرمایے کا صحیح استعمال کر کے لکیر کے فقیر بننے کے بجائے نئی راہ تلاش کیجیے — یہی سچی تعلیم ہے۔ تلاش، عمل، جستجو ذاکر صاحب کے مزاج کا حصہ تھیں۔

تو خاک میں مل اور آگ میں جل، جب خشت بنے تب کام چلے
ان خام دلوں کے عنصر پر بنیاد نہ رکھ، تعمیر نہ کر

اکبر الٰہ آبادی کا یہ شعر ان کے پسندیدہ اشعار میں تھا اور واقعہ یہ ہے کہ یہ سوز و ساز ہی ان کی کامیاب زندگی کا ضامن تھا۔

ادھر جامعہ ملیہ اسلامیہ وقت کے تھپیڑے کھاتا ہوا علی گڑھ کے قرول باغ نئی دہلی میں آ گیا۔ اور قریب تھا کہ اسے بند کردیا جائے۔ ذاکر صاحب کا خونِ جگر جامعہ کی بنیادوں میں شامل تھا۔ جب انھیں اس بات کی اطلاع دی گئی کہ جامعہ کی کشتی غرق ہونے کے قریب ہے تو انھوں نے جرمنی میں اپنے رفیقوں ڈاکٹر عابد حسین اور مجیب صاحب کو اس بات کے لیے آمادہ کرلیا کہ ان کے ساتھ وہ بھی اپنے آپ کو جامعہ کے لیے وقف کردیں — جامعہ کی سرشت میں قوم پرستی کا جوہر تھا اس

لیے گاندھی جی اس تعلیمی ادارے کی بقا چاہتے تھے ــــ ذاکر صاحب نے اپنے آپ کو جرمنی سے سمیٹا اور اوائل ۱۹۲۶ء میں اپنے رفیقوں کے ہمراہ جامعہ آ پہنچے۔ اور ان کی زندگی کے دوسرے دَور یعنی معلمی کی شروعات ہوئی۔ عمر عزیز کے تیس سال ذاکر صاحب نے جامعہ ملیہ اسلامیہ اور مسلم یونیورسٹی علی گڑھ کی خدمت میں بحیثیت وائس چانسلر گزارے۔ ان کی علمی فتوحات کے بیان کے لیے ایک دفتر چاہیے مگر بیّن ثبوت ان دونوں اداروں کی حیاتِ ثانیہ ہے۔

ذاکر صاحب تعلیم کے جدید تصوّرات لے کر یورپ سے آئے تھے۔ اب وہ گاندھی جی سے ملنے واردھا پہنچے۔ انھوں نے گاندھی جی کے تعلیمی تصوّرات کو اپنایا اور واردھا اسکیم کو بنیادی قومی تعلیم کی شکل میں عملی جامہ پہنایا۔ گاندھی جی نے ذاکر صاحب سے ملنے کے بعد اس امر پر اطمینان کا اظہار کیا کہ اب جامعہ ایک ایسے اچھے مسلمان کے ہاتھ میں ہے۔ جو ہندو مسلم اتحاد کا حامی ہے اور ملک وقوم کی خوش حالی کے لیے اسے ضروری سمجھتا ہے۔ جدید تعلیم کے سلسلے میں ذاکر صاحب نے کیرشن اسٹائز کے Activity School یعنی کام کے مدرسے کے تصوّر سے بہت اثر قبول کیا۔ اس میں تعلیمی مسئلہ کو حیاتِ انسانی کے پانچ پہلوؤں کو سامنے رکھ کر حل کرنے کی کوشش کی گئی ہے ــــ جسمانی، ذہنی، سماجی، جمالیاتی اور اخلاقی ــــ اور اخلاق کا تعلق براہِ راست مذہبی عقائد سے نہیں ہے۔ احساسات، خیالات اور الفاظ کے مقابلے میں نیک عمل اور روحانی اقدار کی زیادہ اہمیت تسلیم کی گئی اور یہ مکتبۂ خیال جمہوریت کی بقا کے لیے معاون تصور کیا گیا۔

''کام کے مدرسے'' کا تصوّر ذاکر صاحب کے ذہن میں پہلے سے تھا۔ اس کو انھوں نے گاندھی جی کے خیالات سے ہم آہنگ پایا۔ اور اس طرح ذاکر صاحب نے بنیادی قومی تعلیم کو فروغ دیا ــــ جامعہ ملیہ اسلامیہ ان کی تجربہ گاہ تھا۔ ان کی رہنمائی میں جامعہ پیچ در پیچ راستوں سے گزرا۔ تقسیم وطن کا سانحہ ایک چیلنج لے کر آیا اور جامعہ ثابت قدم رہا ــــ اور پھر ڈاکٹر ذاکر حسین کی زندگی کا اگلا قدم۔

وقت کی ستم ظریفی دیکھیے کہ جس علی گڑھ سے ۱۹۲۰ء میں ذاکر صاحب نے قطع تعلق کیا تھا یا یوں کہیے کہ جس نے ذاکر صاحب کو نظر انداز کر دیا تھا اسی ادارے نے تقسیم کے بعد بدلتے ہوئے حالات سے جوجھنے کے لیے ڈاکٹر ذاکر حسین کو آواز دی ــــ وزیر اعظم پنڈت جواہر لال نہرو اور وزیر تعلیم مولانا ابوالکلام آزاد نے چاہا کہ ذاکر صاحب علی گڑھ مسلم یونیورسٹی کو وقت کے تھپیڑوں

سے بچائیں اور اس ادارے میں سیکولر ہندوستان کی روح پھونکیں۔ ذاکر صاحب کی روح سرشار ہوگئی کہ انھیں اس ادارے کی سربراہی کا موقع میسر آیا جس کی گود میں انھوں نے پرورش پائی تھی اور ۱۹۴۸ء میں وہ علی گڑھ مسلم یونیورسٹی کے وائس چانسلر ہوگئے۔ علی گڑھ کے متعلق اپنے جذبات کو انھوں نے ایک بار ان الفاظ میں بیان کیا۔ یہ تقریر اگست ۱۹۵۲ء کی ہے:

"میری پوری زندگی علی گڑھ سے وابستہ رہی ہے۔ یہیں پڑھا، لکھا، یہیں انسان بنا اور اب اس کی خدمت کر رہا ہوں۔ اپنی طالب علمی کے زمانے میں یہاں سے نکالا بھی گیا۔ اس کے بعد ہم لوگوں نے جامعہ کو سنبھالا۔ میں سمجھتا ہوں وہ بھی علی گڑھ کا کام تھا۔ میں نے کبھی علی گڑھ اور جامعہ کو علاحدہ نہیں سمجھا۔ وہ علی گڑھ کے اصلاح کی تحریک تھی۔ اب یہاں بھی اسی مقصد سے اور اس کو ایک اہم قومی خدمت سمجھ کر کر رہا ہوں۔ علی گڑھ میں قومی کردار پیدا کرنے کی سب سے زیادہ ضرورت ہے۔ اور جو لوگ اس کام کو انجام دیں گے ان کا نام محسنوں کی فہرست میں لکھا جائے گا۔ میں چاہتا ہوں اس فہرست میں میرا بھی نام ہو۔" (ش ج، ص ۳۷۸)

ذاکر صاحب نے علی گڑھ کو نئی زندگی دی۔ اسے بحران سے نکالا۔ اس عظیم تعلیمی ادارے کو اپنی فکر سے آراستہ کیا۔ اس کی تعمیر میں اپنا خونِ جگر صرف کیا ـــــ مگر اس تعلق کو ایک دن عجب انداز سے ٹوٹ جانا تھا ـــــ ہوا یوں کہ پہلے مولانا ابوالکلام آزاد نے ذاکر صاحب کو یونیورسٹی گرانٹ کمیشن کا چیئرمین بنانے کی پیشکش کی۔ اور جب ذاکر صاحب نے آمادگی ظاہر کی تو مولانا آزاد نے یہ کہہ کر کہ یونیورسٹی گرانٹ کمیشن کے لیے مضبوط آدمی کی ضرورت ہے، مسٹر دیشمکھ کو اس کا چیئرمین مقرر کر دیا۔ ظاہر ہے یہ بات ذاکر صاحب کو ناگوار گزری اور جب ہمایوں کبیر نے کہا کہ مولانا نے انھیں بلایا ہے تو ذاکر صاحب نے کہا۔ میں کیوں جاؤں۔ جتنا فاصلہ میرے گھر سے مولانا کے گھر کا ہے اُتنا ہی فاصلہ مولانا کے گھر سے میرے گھر کا ہے۔ اور چونکہ وائس چانسلر کا معاملہ وزیرِ تعلیم سے ہوتا ہے اس لیے میں نے علی گڑھ مسلم یونیورسٹی چھوڑنے کا فیصلہ کر لیا ہے ـــــ اور فی الواقعی ذاکر صاحب وائس چانسلر شپ سے دستبردار ہوگئے۔ آخر درویش صفت ٹھہرے۔ اور یوں ان کی زندگی کا دوسرا دور ۱۹۵۶ء میں ختم ہوگیا۔

اس کے بعد چاہے وہ راجیہ سبھا کے ممبر رہے ہوں یا گورنر، نائب صدر اور صدرِ جمہوریہ۔ ان

کی رُوح علم و تعلیم کے لیے ہی وقف تھی۔ ذاکر صاحب ایک تخلیقی مزاج رکھتے تھے۔ ہر چند کہ انھوں نے ادبی سرمایے کے طور پر بچوں کی کچھ کہانیاں اور کچھ ترجمہ کا کام چھوڑا ہے مگر ان کی تخلیقیت ہر جگہ چمکتی تھی۔ ان کے خطبات علم و عمل کی روشن مشعلیں ہونے کے باوجود ادب پارے ہیں۔ ان خطبات میں ان کی زندگی کے گوناگوں تجربات ہیں اور زبان و بیان کے خوبصورت مرقعے ہیں ـــ چند اقتباس:

''اچھی کتاب تو خود اپنے پاؤں پر کھڑی ہوتی ہے۔ لکھنے کے بعد تو اسے مصنف کا سہارا بھی درکار نہیں ہوتا، کسی اور کا سہارا وہ کیوں لے۔'' (رسالہ جامعہ، ص ۱۴۳)

بمبئی یونیورسٹی میں ایک خطبہ کا اقتباس:

''یونیورسٹی کے سند باخبری کی دہلیز پر طالب علم کی محض آمد کا اعلان کرتی ہے۔ اس نوجوان کی کہانی میں محض مزاح نہیں، بلکہ حکمت و دانائی ہے جس نے دنیا کو مخاطب کر کے کہا تھا ـــ اے دُنیا دیکھ میں نے، اپنی تعلیم مکمل کرلی۔ میں بی اے ہوں۔ دنیا نے کہا ـــ بیٹھ جا اے نوجوان اور اب باقی حروف تہجی سیکھ۔'' (رسالہ جامعہ، ۱۴۳)

دارالمصنفین اعظم گڑھ کے جشنِ زرّیں کے موقع پر انھوں نے فرمایا:

''صرف ہندوستان میں ہندو مسلم تہذیبوں ہی میں نہیں، بلکہ دُنیا میں کہیں بھی دو تہذیبوں کا ٹکراؤ نہیں ہوا۔ تہذیبیں ٹکرایا نہیں کرتیں وحشتیں ٹکرایا کرتی ہیں۔ انسان کا وجود اربوں سال سے ہے۔ اس میں سے تہذیب کے چند ہزار سال نکال دیجیے تو باقی سارا زمانہ وحشت کا زمانہ تھا۔ اس لیے آج ان افراد اور قوموں کے نیچے جنھیں ہم مہذب کہتے ہیں، تہذیب کی ایک ہلکی سی پرت کے نیچے جانے کتنی پرتیں وحشت کی دبی ہوئی ہیں جو موقع ملنے پر اُبھر آتی ہیں۔ دو قوموں کی تہذیبیں جب تک اپنی وحشتوں کو دبائے ہوئے ہیں آپس میں لڑتی نہیں، بلکہ گلے ملتی ہیں اور تہذیبی قدروں کا لین دین کرتی ہیں۔ آپ سے میری التجا ہے کہ وحشتوں کی روداد دوسروں کے لیے چھوڑ دیجیے، آپ تہذیبوں کی کہانی لکھیے۔'' (ش ج، ص ۵۱۱)

بحیثیت صدر جمہوریہ ہند انھوں نے حلف وفاداری لیا، اس کے بعد ان الفاظ سے اپنی تقریر شروع کی:

"سارا بھارت میرا گھر ہے اور اس کے سارے لوگ میرا خاندان۔"

اس بلیغ فقرے کی گونج ساری دُنیا میں پہنچی۔ وہ دو سال صدر جمہوریہ کے عظیم مرتبہ پر فائز رہے اور ۳ رمئی ۱۹۶۹ء کو راشٹر پتی بھون ہی میں داعیٔ اجل کو لبیک کہا۔ ان کی موت ایک عظیم انسان کی موت تھی۔ ۷۲ سال کا سفرِ حیات تمام ہوا۔ مگر وہ اپنے کارناموں اور ملکی و قومی خدمات کی وجہ سے ہمیشہ یاد کیے جائیں گے۔ انھوں نے کسی وقت یہ اشعار کہے تھے:

مانا ہجومِ درد بھی ہے جزوِ زندگی
پر کیف زندگی نہ سہی، زندگی تو ہے
للہ اس کے ذکر سے نفرت نہ کیجیے
ذاکر شکستہ حال سہی، آدمی تو ہے

ان کا ذکر آج بھی دلوں کو گرماتا ہے۔ وہ ایسے آدمی تھے جنھیں انسان بننا میسر آ گیا تھا۔ عالم، مفکر، دانشور، ماہرِ تعلیم، صاحبِ طرز ادیب ــــ کیا کیا خوبیاں تھیں ان میں:

نگاہ اس کی تھی عارفانہ، مزاج اُس کا قلندرانہ (سرور)
وہ مردِ درویش جس کو حق نے دیئے تھے اندازِ خسروانہ (اقبال)

OO

(۱۸ ادسمبر ۱۹۹۷ء)

خواجہ غلام السیّدین: اپنی تحریروں کی روشنی میں

(۴؍ اکتوبر ۱۹۰۴ء- ۱۹؍ دسمبر ۱۹۷۱ء)

خواجہ غلام السیدین ایک ایسی شخصیت کا نام ہے جس میں ہزاروں سال پرانی انسانی تہذیب کی اعلیٰ قدریں، مذہب کا سچا شعور، علم وتعلیم کی عظمت کا احساس، عدم تشدد پر اعتماد، شرافتِ نفس، انکسار، ملک وملت سے بے پایاں محبت، اپنے تصورات کو عملی جامہ پہنانے کی آرزو، اور اپنے مافی الضمیر کو تقریر وتحریر کے ذریعہ عوام الناس تک پہنچانے کا جذبہ— تمام صفات مجتمع ہوگئی تھیں اور جو محض ۶۷ سال کی زندگی میں ایسے نقوشِ دوام چھوڑ گئے جن سے انسانی تہذیب ایک طویل عرصہ تک فیضیاب ہوتی رہے گی۔

شخصیت جادو کے زور سے نہیں بنتی۔ اس کی تشکیل میں ماں کی گود، گھر کا ماحول، آس پاس کی فضا، بزرگوں کی تربیت اور صحیح تعلیم کا بہت بڑا دخل ہوتا ہے۔ خواجہ غلام السیدین کو یہ سب کچھ میسر ہوا اور بچپن سے ہی ان کے جوہرِ ذاتی چمکنے لگے۔ دادا خواجہ غلام عباس، تہجد گزار بزرگ اور جید عالم، والد خواجہ غلام الثقلین اپنے وقت کے کامیاب وکیل، خطیب اور مجتہد، والدہ مشرقی تہذیب کا نمونہ اور اولاد کے لیے اپنا سب کچھ نثار کرانے والی— گھر میں ہر وقت علم کا چرچا، اور گھرانا، جسے خانوادۂ حالی کہیں۔ وہی مولانا الطاف حسین حالؔی جنھوں نے ''مسدس مدوجزر اسلام'' لکھی اور وہ، جنھوں نے ''یادگارِ غالب'' قلم بند فرما کر غالب شناسی کا نیا باب شروع کیا— اور وہ

جنھوں نے اُردو شاعری کوفرسودہ روایات سے نکال کر کھلی فضا میں سانس لینے کی ترغیب دی۔ حالی خواجہ غلام السیدین کے پرنانا تھے اور انھوں نے حالی کی گود میں کھیلنا اور بولنا سیکھا۔ سیّدین صاحب اپنی آپ بیتی۔ ''مجھے کہنا ہے کچھ اپنی زباں میں'' (صفحہ ۳۷) حالی کی یادوں کو اس طرح رقم کرتے ہیں:

''بچپن کی یادوں میں جواب تک میرے ذہن میں محفوظ ہیں، ایک محبوب یاد خواجہ الطاف حسین حالؔی کی ہے۔ ان کے انتقال کے وقت میری عمر کوئی دس سال تھی۔ لہٰذا اس وقت ان کی شاعرانہ عظمت اور اہمیت کو تو کیا سمجھتا۔ لیکن جب میں ان سے ملتا (اور تقریباً روز ہی ملتا تھا) تو یہ احساس ہوتا کہ ایک بہت ہی شفیق اور فرشتہ صفت انسان سے مل رہا ہوں (یہ لفظ تو اس وقت نہ جانتا تھا، لیکن فرشتہ کا کچھ ایسا ہی شعور میرے ذہن میں تھا) ہمارا اور ان کا مکان بالکل پاس پاس تھا۔ اپنے ہی دو عزیزوں کے مکان سے ہوتے ہوئے کھڑکی کے راستے ان کے ہاں پہنچ جاتے۔ ایک اوسط درجے کے مکان کی اوپری منزل پر ان کا قیام تھا۔ گرمی میں اچکن پہنتے، جاڑوں میں روئی کا دگلہ، گلے میں شاید زکام سے حفاظت کے خیال سے ایک رومال باندھتے تھے۔ گھر میں کُرتا اور کھلے پائینچوں کا پاجامہ پہن کر بیٹھتے۔ ہر آنے والے کے ساتھ خواہ وہ کسی حیثیت کا ہو، بہت محبت سے ملتے اور ملائمت سے گفتگو کرتے۔ ان میں ایک بے ساختہ اور خداداد انسانیت کا ملکہ تھا، جو دوسروں کی انسانیت کا خود بخود احترام کرتا اور جس کی بنیاد ایک قدرتی مساوات پر تھی۔ ان کو دیکھ کر معلوم ہوتا تھا کہ ان کا چہرہ نہ صرف ان کی سیرت کا آئینہ ہے بلکہ ان کی سیرت ہی نے چہرے کو ڈھالا ہے، اور اس میں محبت، ہمدردی، وقار اور بزرگی کے رنگ بھرے ہیں۔ بچوں اور عورتوں سے ہمیشہ خاص محبت اور شفقت سے ملتے اور ان کا حال پوچھتے۔''

کس سادگی اور پُرکاری سے مولانا حالؔی کی جھلک پیش کی ہے۔ یہ تحریر اس لیے انمول ہے کہ یہ کسی پیشہ ور نقّاد کی سنی سنائی پر مبنی تحریر نہیں ہے، بلکہ حالؔی کے جگر گوشے سیّدین کی آنکھ سے دیکھی تصویر ہے۔ نانا کے انتقال کا فوری ردِعمل ان پر کیا ہوا — انھی کے الفاظ میں:

''مولانا حالیؔ کی وفات میرے لیے موت کا پہلا شعوری تجربہ تھا۔ اس سے پہلے میری یاد میں ایسا واقعہ پیش نہ آیا تھا، اس کا اثر یہ ہوا کہ میں نے اپنی سمجھ کے مطابق ایک آفاقی حادثہ سمجھا۔ شاید اس کا جو گہرا ردِعمل عام لوگوں پر دیکھا اس کا اثر یہ ہو۔ ساتھ ہی بچپن کے تقاضے سے دل میں یہ خیال بھی آتا تھا کہ اب کبھی کھیلنے کا موقع نہیں ملے گا۔ کسی چیز کو خریدنے کے لیے پیسے مانگیں گے تو نہ دیئے جائیں گے۔ زندگی کا معمول بدل جائے گا۔''

سیدین صاحب نے ایک واقعہ لکھا ہے کہ ہمارے گھر میں عورتوں کو لکھنا سیکھنے کی ممانعت تھی۔ مگر میری والدہ کو لکھنے کا شوق تھا۔ وہ رات کے وقت کوئلے سے اُردو کتابوں کی نقل کرتی تھیں۔ ایک دن ان کی یہ چوری پکڑی گئی اور ڈانٹ پڑی۔ مگر جب یہ بات مولانا حالیؔ کو معلوم ہوئی تو انھوں نے بچی کو گود میں اُٹھالیا، پیار کیا اور کہا — میری بچی لکھنا ضرور سیکھے گی۔ پھر کس کی مجال تھی کہ کوئی مخالفت کرتا۔ چنانچہ والدہ نے اپنے زمانے کے اعتبار سے اچھی تعلیم حاصل کی اور گھر کے اور بچوں، نوکروں اور محلہ کے بچوں کو پڑھایا۔ یہ حالیؔ کی بروقت دستگیری کی وجہ سے ممکن ہوسکا، حالیؔ تعلیم نسواں کے زبردست حامی تھے۔ اس واقعہ سے یہ بات ظاہر ہے۔

خواجہ غلام السیدین کا بچپن اور لڑکپن پانی پت میں ہی بیتا اور وہ حالیؔ ہائی اسکول سے میٹرک پاس کرنے کے بعد پانی پت سے باہر علی گڑھ پڑھنے گئے۔ انھوں نے اپنے بچپن کے حالات میں پانی پت کا ذکر ان الفاظ میں کیا ہے:

''میں نے جب پانی پت میں جنم لیا، وہ پچیس ہزار کی آبادی کا ایک چھوٹا سا قصبہ تھا، جس میں دو تہائی آبادی مسلمانوں اور ایک تہائی ہندوؤں کی تھی، سکھ خال خال تھے اور بہ طور نظر بٹو کے چند عیسائی بھی پائے جاتے تھے۔ ان کے باہمی تعلقات بحیثیت مجموعی خوشگوار تھے۔ اور میری یاد میں ان میں کبھی کوئی سنگین جھگڑا نہیں ہوا۔ کبھی کبھی محرم یا رام لیلا یا کسی اور تہوار کے موقعے پر جھڑپ ہو جاتی۔ مثلاً جب مسلمان اپنے تعزیے لے کر کسی سڑک پر سے گزرتے اور پیپل کے درخت کی کوئی شاخ تعزیے کے راستے میں حائل ہو جاتی۔ اس کا ایک واقعی اور معقول حل یہ تھا کہ

شاخ کو تراش دیا جائے یا تعزیہ ذرا ٹیڑھا کر کے گزار دیا جائے۔ لیکن پہلی صورت میں ہندو دھرم کی ہار ہوتی اور دوسری صورت میں مذہب اسلام کی شکست، لہٰذا دونوں طرف سے ہٹ دھرمی کی جاتی۔ پولیس کو آ کر کچھ تادیبی کارروائی کرنی پڑتی تھی، کبھی کبھار تھوڑی سی مار پیٹ ہو جاتی اور بس۔''

سیّد ین صاحب نے پانی پت کی ہواؤں میں سانس لینا سیکھا، اس کا پانی ان کی رگوں میں لہر بن کر دوڑا، اس کے قدرتی نظاروں اور فضاؤں نے ان کو جمالیاتی شعور عطا کیا۔ پانی پت کی محبت ان کے رگ وریشے میں پیوست تھی، اپنے تاثرات قلم بند کرتے ہوئے وہ رقم طراز ہیں:

''بہت سالوں کو پھلانگ کر میں خود سے پوچھتا ہوں کہ پانی پت اور اس کے مروّجہ کلچر نے مجھے کیا دیا؟ بہت کچھ دیا اور بعض محرومیاں اور کوتاہیاں بھی، اس کی دین میں تہذیب وتمدن کا وہ سرمایہ شامل ہے جس میں باوجود اس کی مروّجہ تنگیوں کے اعلیٰ اقدار کا جلوہ تھا۔ اور غیر معمولی انسانوں کا شرف محبت بھی جس نے مجھ کو ایک اچھی زندگی کے راستے پر ڈالا۔ خواہ میں کبھی کبھی اس راستے سے بھٹک گیا ہوں لیکن پانی پت کی صبح زندگی کی روشنی اس پر ہمیشہ چمکتی رہی۔ میں نے یہاں انسانی تعلقات کی گہرائی اور معنویت کو محسوس کیا۔ فرد اور سماج کے بنیادی رشتے کا کچھ احساس پیدا ہوا، حفظِ مراتب کی خوبی کو دیکھا، لوگوں کو عسرت اور تنگی کے باوجود مفید، بامعنی اور قناعت کی زندگی گزارتے دیکھا۔ جدید تہذیب کے اس تجربے اور مشاہدے، سے محفوظ رہا کہ زندگی میں اہم چیز محض روپیہ کمانا ہے، اور اس کی خاطر بہت سی دوسری قدریں قربان کی جاسکتی ہیں۔''

آگے چل کر سیّدین صاحب سکہ کا دوسرا پہلو بھی پیش کرتے ہیں:

''اس تمدن میں بعض خامیاں، تنگیاں اور محرومیاں بھی تھیں۔ پانی پت شرفا کی ایک زوال آمادہ بستی تھی، جس میں پرانی روایتی قدروں کی چھاپ ابھی تک باقی تھی اور نئی قدروں نے جنم نہیں لیا تھا۔ ملک میں نئی نئی تحریکیں پیدا ہو رہی تھیں، لیکن ان کی موجوں کا اثر وہاں کم پہنچتا تھا۔ میں خوش نصیب تھا کہ ایسے خاندان میں جنم پایا جس

نے ایک حد تک نئے اور پرانے کو سموکران میں ایک سندرتوازن یا ایک ہم آہنگی پیدا کرنے کی کوشش کی تھی۔'' (مجھے کہنا ہے۔ صفحہ ۹۵-۹۴)

میں نے دانستہ پانی پت کی زندگی کے بارے میں کئی اقتباسات پیش کیے تا کہ اندازہ ہو سکے کہ خواجہ غلام السیدین کی بنیادی تربیت میں کن چیزوں کا ہاتھ رہا ہے اوران کے ذہن نے کس طرح جلا پائی۔ اسکول کے زمانے سے ہی انھیں تقریریں کرنے کا شوق ہو گیا تھا۔ یہ ذوق انھیں وراثت میں ملا تھا، اور جب وہ علی گڑھ مسلم یونیورسٹی میں تعلیم حاصل کرنے پہنچے تو ان کا شمار یونیورسٹی کے اہم مقررین میں ہونے لگا۔ فنِ خطابت ایک خداداد چیز ہے اور جن کو یہ دولت ودیعت کی گئی ہے وہ اپنے ہم چشموں میں ہمیشہ نمایاں ہوتے ہیں کیونکہ اپنے مافی الضمیر کو بہتر طور پر ادا کر سکتے ہیں اور اپنے لیے فضا ہموار کر سکتے ہیں۔ ایک اچھا مقرر ہونا انسان کی اعلیٰ صفات میں سے ہے، یہ صفت اسے ہزاروں میں ممتاز کرتی ہے اور بہتر مواقع حاصل کرنے میں بے حد معاون ثابت ہوتی ہے، خواجہ صاحب نے بحیثیت مقرر کے اپنی کامیابیوں کا ذکر کرتے ہوئے فنِ تقریر پر دلچسپ انداز میں روشنی ڈالی ہے۔ عام طور پر قلم کار اس موضوع سے سرسری طور پر گزر جاتے ہیں مگر خواجہ صاحب نے اپنے تجربات کے نچوڑ کو قلم بند کیا ہے جو بہت اہم بات ہے:

''اچھا مقرر بننے کے لیے میرے خیال میں زیادہ قابل ہونا ضروری نہیں ہے۔ مفید البتہ ہو سکتا ہے۔ میں نے ایسے مقرروں کو سنا ہے جن کا مبلغِ علم خاصا محدود ہے۔ البتہ بعض چیزیں ایسی ہیں جن کو پیشِ نظر رکھنا ضروری ہے۔ ایک تو یہ کہ جب کوئی شخص کسی مجمعے کے سامنے تقریر کرتا ہے تو وہ دراصل اس سے بات چیت کرتا ہے۔ اس بات چیت کے انداز کو نبھانا ضروری ہے۔ اگر وہ سننے والوں کو چھوڑ کر اپنی دُھن میں بہتا چلا جائے تو خواہ تقریر کتنی ہی اچھی ہو، وہ سامعین کی توجہ کو نہیں کھینچ سکتی۔ ایک ذہین مقرر کے لیے لازم ہے کہ وہ سامعین کے ذہنی معیار کا اندازہ لگائے اور گویا ان کے فہم وصلاحیت کے لحاظ سے تقریر کرے۔

انجیل مقدس میں کہا گیا ہے کہ خداوند جب ٹھنڈی ہوا چلاتا ہے تو مُنڈی بھیڑوں کی خاطر اس کی شدت میں کمی کر دیتا ہے۔ بہت سے بولنے والے یہ نہیں

جانتے کہ ان کے سننے والوں میں مُنڈی ہوئی بھیڑیں بھی ہیں۔ نہ ان کا خیال رکھتے ہیں۔ دوسرے مقرر کو چاہیے کہ حاضرین کے ساتھ ایک زندہ رابطہ قائم کرے اور ان کے چہرے، ان کی آنکھوں اور عام ردِ عمل سے اس بات کا اندازہ لگائے کہ وہ اس کے ہم سفر ہیں یا نہیں۔ زیادہ لمبی تقریریں کرنے میں بھی اکثر یہ اندیشہ ہوتا ہے کہ ایک مقام ایسا آئے گا جب وہ تھک کر اس کا ساتھ چھوڑ دیں گے...... مختصر تقریر کرنا یا کرسکنا بھی مقرر کی ایک صفت ہے۔ تیسرے محض لفظوں کے جادو سے حاضرین کو دو تین بار مسحور کیا جاسکتا ہے۔ جو چیز واقعتاً کارگر ہوتی ہے، فنی نقائص کو بھی چھپالیتی ہے وہ مقرر کا خلوص ہے۔ حاضرین کو یہ محسوس ہو کہ یہ شخص جو کچھ کہہ رہا ہے دل سے کہہ رہا ہے۔ محض لفظوں کی طلسم بندی نہیں، پنڈت جواہر لال نہرو میں یہ صفت بدرجہ کمال کو پہنچی ہوئی تھی...... اگر مجھے حق پہنچتا ہے کہ نئے بولنے والوں کو کوئی مشورہ دے سکوں تو میں ان سے کہوں گا کہ خود میں خلوص کی صفت پیدا کریں تا کہ بات دل سے نکلے اور بجلی کی طرح دل پر گرے۔ اور اگر اس کے ساتھ تھوڑا سا ذوقِ ظرافت بھی ہو اور انسان خود پر ہنس لینے کی صلاحیت بھی رکھتا ہو تو یہ خدا کی بڑی دین ہے۔

مجھے تقریر کرنے میں جو تھوڑی بہت کامیابی ہوئی اس کا سبب یہی ہے کہ میں نے حتیٰ الامکاں کوشش کی کہ حاضرین کی نبض پر ہاتھ نہیں تو نظر رکھوں اور ان کے صبر کا نامناسب امتحان نہ لوں۔" (مجھے کہنا ہے، صفحات ۱۱۷-۱۱۹)

خواجہ غلام السیدین کے ذوقِ خطابت کو علی گڑھ کے دوران قیام میں بہت جلا ملی، انھوں نے بڑے سے بڑے انعامات حاصل کیے۔ علی گڑھ نے ہی ان میں مطالعہ کا ذوق پیدا کیا۔ اپنی خودنوشت میں انھوں نے مختلف انداز کے طلبا کی جو قسمیں بیان کی ہیں وہ خاصی دلچسپ ہیں۔ اسی طرح انھوں نے اپنے اساتذہ کو بھی خراجِ تحسین پیش کیا ہے اور ان کی اس کتاب میں علی گڑھ سانس لیتا ہوا محسوس ہوتا ہے۔

خواجہ صاحب کی معرفت ہماری ملاقات اس وقت کے قابلِ ذکر اساتذہ سے ہوتی ہے۔

ظاہر ہے یہ وہ لوگ ہیں جنھوں نے خواجہ صاحب کی صلاحیتوں کو نکھارا اور سنوارا اور ان میں ذوقِ علم کی آبیاری کی۔ معاشیات اور تاریخ کے پروفیسر پانیکر، پروفیسر حبیب اور پروفیسر عبدالعلیم، اس وقت یہ تینوں نوجوان آکسفورڈ سے اعلیٰ ڈگریاں لے کر لوٹے تھے، اور بعد میں اونچے عہدوں تک پہنچے تھے۔ اُردو کے مایۂ ناز ادیب پروفیسر رشید احمد صدیقی، ڈاکٹر ہادی حسن فارسی کے پروفیسر، عربی کے اُستاد عبدالعزیز میمن، سائنس کے پروفیسر حیدر خاں، اقتصادیات کے پروفیسر ڈاکٹر کریم حیدر لودھی، فلسفہ کے پروفیسر ڈاکٹر سیّد ظفر الحسن—— ان اساتذہ کی تعریف و توصیف کے ساتھ سیّدین صاحب نے یہ بھی لکھ دیا ہے کہ اچھے اُستاد آٹے میں نمک کے برابر تھے۔ اور نااہل اُستادوں کی شانِ نزول کے بارے میں دبنگ انداز سے لکھا ہے کہ یہ اس لیے رکھ لیے گئے تھے کہ ڈاکٹر ضیاء الدین ان کو چاہتے تھے۔ سیّدین صاحب نے علی گڑھ کا منظر نامہ قلم بند کرتے ہوئے صرف ایک اُستاد کو نشانۂ تنقید بنایا ہے اور وہ ہیں وائس چانسلر ڈاکٹر ضیاء الدین، جو ریاضی کے ماہر تھے، مگر یونیورسٹی میں آکر انھوں نے جوڑ توڑ کی سیاست کی طرح ڈالی اور اپنے پیروکاروں یا خوشامدیوں کی ایک پارٹی بنالی۔ اور اسی پارٹی بازی کے بل پر وہ الیکشن جیتے۔ ایک الیکشن میں سیّدین صاحب نے ان کے حواریوں سے برملا کہہ دیا میں ان کو ووٹ نہیں دوں گا۔ جس کے جواب میں انھیں سننا پڑا کہ اس کا نتیجہ آپ کو بھگتنا پڑے گا۔ سیّدین صاحب نے اس دھمکی کا کوئی اثر قبول نہیں کیا۔

بی۔ اے پاس کرنے کے بعد انھوں نے ایم۔ اے (تاریخ) اور ساتھ ہی ایل ایل بی میں داخلہ لے لیا۔ لیکن کچھ دنوں بعد ہی ان کو انگلستان میں حصولِ تعلیم کے لیے برطانوی وظیفہ مل گیا اور علم کی پیاس انھیں سات سمندر پار لے گئی۔ اور وہ لیڈز یونیورسٹی میں داخل ہوئے۔

سیّدین صاحب نے اپنی خودنوشت میں انگلستان کا تذکرہ مختصر طور پر کیا ہے۔ لوگوں کے خلوص کا ذکر ہے، انگریزوں کے رہن سہن پر زیادہ روشنی نہیں ڈالی ہے، بجز اس کے ان میں ایک ڈسپلن ہے چوری چکاری کا ڈر نہیں۔ اور کچھ ان لوگوں کا تذکرہ ہے جو ان دنوں انگلستان میں زیرِ تعلیم تھے۔ مثلاً حیدر آباد کے علی یاور جنگ جن کی خوش مذاقی اور خود اعتمادی کے وہ قائل تھے، خواجہ سرور حسین جنھوں نے کیمرج سے قانون اور لندن سے بیرسٹری کا امتحان پاس کیا۔ ایک غیر معمولی طور پر ذہین، بذلہ سنج اور رونقِ محفل ہونہار طالب علم آغا سیّد اسحاق، وہ آغا سیّد ابراہیم کے بھائی

تھے۔ سیدین صاحب نے کسی قدر کرب سے لکھا ہے:

''زندگی میں کچھ ایسے واقعات پیش آئے کہ اپنے بھائی کی طرح انھوں نے بھی ایک طرح سے دنیا کو خیر باد کہا اور اربندو آشرم جا بسے۔ مدتوں بعد چند سال ہوئے ان سے آشرم میں ملاقات ہوئی تو معلوم ہوا کہ انھوں نے اپنے لیے یہ کام چنا ہے کہ باورچی خانے میں جو سبزی آتی ہے، اسے کاٹیں۔''

حالانکہ آشرم جانے سے پہلے آغا سید اسحاق جامعہ عثمانیہ میں کئی سال معلم رہے، انگلستان کی یادوں میں انھوں نے پنڈت جواہر لال نہرو سے اپنی ملاقات کا ذکر کیا ہے، اس وقت وہ روس سے لوٹے تھے اور وہاں کے سیاسی اور معاشی انقلاب سے بہت متاثر تھے۔ پنڈت جی نے اس جوش و خروش سے روس کا ذکر کیا کہ خواجہ صاحب بول اٹھے۔ تب تو وہاں ''جنتِ ارضی'' بن گئی ہوگی۔ پنڈت جی نے اس بات کا جواب ذرا سخت لہجہ میں دیا جس کا مطلب یہ تھا کہ میں تمھاری جنت کا مطلب نہیں سمجھ سکتا۔

خواجہ صاحب نے وہاں ہندوستانی طلبا کی کانفرنسوں میں بھی شرکت کی۔ اور اِدھر اُدھر کی سیاحت بھی کی۔ خاص طور پر فرانس اور سوئٹزرلینڈ۔ اتفاق سے یہ وہی زمانہ ہے جب جرمنی میں ڈاکٹر ذاکر حسین، پروفیسر مجیب اور ڈاکٹر عابد حسین زیرِ تعلیم تھے۔ ان سے برلن میں ملاقات ہوئی اور بہت اچھا وقت گزرا۔

سیّدین صاحب نے ایم۔ ایڈ کا امتحان لیڈز یونیورسٹی سے پاس کیا۔ حسنِ اتفاق دیکھئے کہ اِدھر امتحان کا نتیجہ نکلا اور اُدھر سے علی گڑھ مسلم یونیورسٹی کے وائس چانسلر آفتاب احمد خاں کا تار ملا کہ یونیورسٹی تمھیں علی گڑھ ٹریننگ کالج کی پرنسپل شپ پیش کرتی ہے۔ اور خواجہ صاحب پھر علی گڑھ پہنچ گئے مگر ایک اُستاد کی حیثیت سے۔

علی گڑھ ایک طرح سے خواجہ غلام السیدین کے لیے دارالعمل تھا۔ وہیں ان کی تعلیم ہوئی۔ وہیں وہ ایک ہر دلعزیز شخصیت بن کر اُبھرے اور مقرر کے حوالے سے یونیورسٹی کا نام روشن کیا، اور پھر انھیں اپنے علم کو عملی پیکر میں ڈھالنے کا موقع ملا۔ تقریباً بارہ سال وہ علی گڑھ ٹریننگ کالج سے منسلک رہے بہ طور پرنسپل۔ پہلے ریڈر گریڈ میں اور پھر پروفیسر۔ اوپر تذکرہ آچکا ہے کہ تقریر خواجہ

صاحب کا خصوصی میدان تھا اور وہ اسے فن کا درجہ دیتے تھے۔ علی گڑھ آ کر پھر انھیں اپنی خطابت کے جوہر دکھانے کا موقع میسر آیا — ایک تاریخی معرکہ — خواجہ صاحب نے اس تاریخی تقریب کو اپنی طالب علمی اور معلمی کے درمیان حدِ فاصل بتایا ہے کیونکہ پرنسپل شپ کے لیے ان کا انتخاب ہو چکا تھا، لیکن ہنوز تقرر نہیں ہوا تھا۔

ایم۔ اے۔ او کالج کی پچاس سالہ جوبلی دسمبر ۱۹۲۵ء میں منائی گئی۔ اس کے پروگرام کا ایک اہم حصہ یونین کی جوبلی ڈبیٹ تھی۔ خواجہ صاحب کو بحیثیت یونین کے سابق نائب صدر اور ایک معروف مقرر کے اس ڈبیٹ کا آغاز کرنے کے لیے کہا گیا۔ زیرِ بحث موضوع یہ تھا کہ ہندوستان کے مسلمانوں کو چاہیے کہ دوسرے تمام فرقوں کے قوم پرستوں کے ساتھ مل کر کام کریں۔ اور جنگِ آزادی میں کھلے دل سے شریک ہوں، اس مقصد کے لیے انھیں اپنا الگ پلیٹ فارم بنانے کی ضرورت نہیں۔ طلبا، ممبرانِ اسٹاف اور بیرونی مہمانوں سے کھچا کھچ بھرے ہال میں خواجہ صاحب نے تقریر شروع کی اور چونکہ موضوعِ بحث ان کا عقیدہ بھی تھا اس لیے ان کی بات میں اثر تھا اور تقریر کو پسند کیا گیا۔ جوابی تقریر اسٹاف کے ایک بھاری بھرکم ممبر نے کی اور پُرزور مخالفت کرتے ہوئے کہا کہ اس طریقۂ کار میں مسلمانوں کی فلاح نہیں۔ انھیں اپنی ڈیڑھ اینٹ کی مسجد الگ بنانی چاہیے، اس کے بعد مقتدر بیرونی مہمانوں نے یکے بعد دیگرے دھواں دھار تقریریں کیں اور خواجہ غلام السیدین کے نقطۂ نظر کی سراسر مخالفت کی۔ بیرونی مقررین میں ملک کی مشہور ہستیاں تھیں — آغا خاں، محمد علی جناح، سر علی امام، مولوی محمد شفیع داؤدی اور دیگر حضرات۔ سیدین صاحب نے اس واقعہ کو یاد کرتے ہوئے اپنی خودنوشت میں لکھا ہے:

> ''مجھے یونین کے دستور کے مطابق آخری جوابی تقریر کا موقع دیا گیا تو میں نے سوچا کہ انجام تو ظاہر ہی ہے (لیکن بقول ایک ناکارہ فلمی گیت کے) 'جب عشق کیا تو ڈرنا کیا' اور یہ طے کیا کہ بجائے ہر دلیل پر سنجیدگی کے ساتھ بحث کرنے کے کالج کے لڑکوں کی سی فقرہ بازی سے کام لیا جائے۔ چنانچہ میں نے سب تقریروں پر ادب کے ساتھ مذاحیہ انداز میں تبصرہ کیا۔ یاد پڑتا ہے کہ اپنے مخالف پروفیسر صاحب کے بارے میں میں نے کہا تھا کہ وہ سارے وقت خیالی انڈوں کو ایک بھاری گرز سے

توڑنے کی کوشش اور وہ بھی ناکام کوشش کرتے رہے۔ شاید تبصرہ کا انداز اور مقرر کی یہ ناقابلِ معافی جرأت رندانہ سامعین کو پسند آئی۔ آخر میں جو بنیادی بات تھی اس کو میں نے سنجیدگی اور خلوص کے ساتھ پیش کیا کہ الگ کیمپ بنا کر کام کرنے سے کسی قوم کو مل جل کر کام کرنے کا سلیقہ نہیں آتا۔ اس لیے فریقین میں مفاہمت بھی پیدا نہیں ہوتی جو اشتراکِ عمل کا ثمر ہے، بلکہ ذہنیت بھی علیحدگی پسند ہو جاتی ہے۔ اس لیے اگر ہمیں واقعتاً اپنے ملک کو سنوارنا ہے اور آزادی کی جنگ کو جیتنا ہے تو سب جماعتوں کو اُس کے لیے دوش بدوش جد و جہد کرنی اور قربانیاں دینی چاہئیں۔''

خواجہ غلام السیدین نے اس ڈیبیٹ کو اپنے کیریئر کی تشکیل میں بہت اہمیت دی ہے۔ واقعہ یہ ہے کہ اس وقت کے زعمائے ملت کے سامنے جوابی تقریر کرنا اور اہلِ جلسہ کو اپنا ہم نوا کر لینا خواجہ صاحب کو ایک بڑا ڈیبیٹر اور سحر انگیز مقرر تو ثابت کرتا ہی ہے۔ اس کے علاوہ اس سے ان کی حسنِ مزاح کا اندازہ ہوتا ہے، اور یہ تصور بھی کیا جاسکتا ہے کہ اگر وہ اپنے آپ کو تعلیم کے میدان میں محدود کرنے کے بجائے سیاست میں آ جاتے تو اُن کا شمار مولانا ابوالکلام آزاد کے نقشِ قدم پر چلنے والے عظیم قوم پرست رہنماؤں میں ہوتا۔ ہم جانتے ہیں کہ مولانا آزاد پُرجوش اور راسخ العقیدہ قوم پرست مسلمانوں کی فہرست کا آخری نام ہے۔ مولانا محمد علی جوہر، ڈاکٹر انصاری اور حکیم اجمل خاں کے بعد اگر عملی سیاست میں کوئی شخصیت ہے تو وہ ہیں مولانا ابوالکلام آزاد — اور ان کے بعد —!؟ صفحۂ تاریخ کورا نظر آتا ہے۔ اگر سیّدین صاحب اس میدان میں آ جاتے تو اس روایت کو آگے بڑھا سکتے تھے۔ کیونکہ وہ لفظی طور پر نہیں، بلکہ تہہِ دل سے اور بے پایاں خلوص کے ساتھ قوم پرست مسلمان تھے۔ بہرحال جو کام خواجہ صاحب نے بحیثیت معلم اور بحیثیت مختلف صوبوں اور پھر مرکز میں تعلیمی صلاح کار اور منتظم کے سرانجام دیا وہ بھی کم اہمیت کا نہیں، تعلیم ہی کسی قوم کو جہالت، توہم پرستی، احساسِ کمتری اور قدامت پرستی کے اندھیروں سے نکالتی ہے اور انسان کو زندگی کی مقصدیت کا مفہوم سمجھاتی ہے اور ذہنی بالیدگی اور شعورِ عمل عطا کرتی ہے۔ خواجہ صاحب کی تمام تر زندگی علم کی روشنی کو عام کرنے اور تعلیم کے فروغ میں گزری۔ خواہ وہ علی گڑھ ٹریننگ کالج کی پرنسپل شپ کا دور ہو یا ریاست جموں کشمیر میں بحیثیت ڈائریکٹر ایجوکیشن ان کی خدمات، یا

ریاست رام پور میں ایجوکیشنل ایڈوائزر کی حیثیت سے تعلیم کی نئی راہیں روشن کرنا۔ آزاد ہندوستان میں انھیں غیر منقسم ریاست بمبئی میں ایجوکیشنل ایڈوائزر کے عہدہ سے سرفراز کیا گیا اور پھر وہ گیارہ سال کے طویل عرصہ تک مرکزی وزارتِ تعلیم میں جوائنٹ سیکریٹری اور سیکریٹری رہے۔ اس کے علاوہ وہ دنیا کی مختلف یونیورسٹیوں میں ویزٹنگ پروفیسر رہے اور حکومتِ ہند کے ایجوکیشن ممبر بھی — یہ سب عہدے اور مقامات ان کے عظیم سفرِ زندگی کے نشانات ہیں۔ انھوں نے علم و دانشوری اور روشن خیالی کے چراغوں سے منور جس منزل کا خواب دیکھا تھا، وہ تو شاید ادھورا رہا، کیونکہ ابھی اس ملک کی آزادی کے خواب ہی ادھورے ہیں، سیاسی آزادی ضرور مل گئی لیکن جہالت، توہم پرستی، عصبیت، فرقہ پرستی — کیا کچھ نہیں ہے آزادی کی منزل کی راہوں میں۔ مجھے غلام السیدین کی ایک تقریر کا جملہ یاد آیا۔ کبھی ان کی زبان سے سنا تھا، جس کا مفہوم یہ ہے کہ زیادہ تر لوگ Lettered ہیں Educated نہیں ہیں۔ کتنی بلیغ بات ہے۔ صرف ڈگریاں حاصل کرنے سے آدمی تعلیم یافتہ نہیں کہلایا جاسکتا جب تک تعلیم اس کے ذہن و دل کو نئی روشنی سے ہم کنار نہ کرے۔ خواجہ صاحب مفکر تھے اور صاحبِ قلم بھی۔ ۱۹۶۵ء انھوں نے دہلی یونیورسٹی میں نظام لکچر دیا۔ عنوان تھا "فکر انسانی کا ارتقا۔" اس لکچر میں انھوں نے ایک امریکی مصنف ہائٹ کے حوالے سے انسانی دماغ کے "گوشت کے چھوٹے سے لوتھڑے" کے کمالات کے بارے میں کہا تھا:

> "اس ڈیڑھ سیر کے لوتھڑے میں نہ جانے کیا کیا درج ہے، اور کیا کیا جمع ہے، کروڑوں، اربوں عادتیں، جبلتیں، صلاحیتیں، آرزوئیں، امیدیں، قوت، نقشے اور رنگ — اور آوازیں، ماضی کے نازک اور باریک تخمینے، بھدی اور بھونڈی نفسانی خواہشیں، تیس سال پہلے سنی ہوئی سرگوشی کی آواز، وہ ارادہ جو پندرہ ہزار دن کی مشق سے راسخ ہوگیا ہے۔ وہ نفرت جو دل میں بیٹھی ہوئی ہے۔ وہ عیش جو کبھی نصیب نہیں ہوا مگر تصور میں ہمیشہ رہا۔ ایک پل کے مختلف حصوں میں جو زور پڑتا ہے اس کا پیچیدہ حساب، تار پر انگلی کے دباؤ کا بالکل صحیح انداز، شطرنج کے ہزار ہا نقشے، ایک سانٹ، ایک پہاڑی، الجبرے کی ایک مساوات، ایک اُڑتی ہوئی گیند کو ظاہر کرنے

والے خطوط منحنی، رنگوں کی مختلف کیفیتیں، کلفت اور مسرت کے احساسات، جرائم، اشعار، لطیفے، موسیقی کی دُھنیں، حساب کے سوال، غیر حل شدہ مسائل، پرانی فتوحات، دوزخ کا ڈر، خدا کی محبت، گھاس کی ایک پتی کی شکل، تاروں بھرے آسمان کا نظارہ۔ ہمیں کبھی خیال نہیں آتا کہ یہ سب کچھ اور ان کے سوا نہ معلوم کیا کیا، انسان کے چھوٹے سے دماغ کی کائنات میں شامل ہیں۔''

''نظامِ لکچر'' کا یہ اقتباس نقل کرنے کے بعد خواجہ صاحب نے اپنا ردِ عمل ان الفاظ میں ظاہر کیا ہے:

''لیکن باوجود یہ سب جاننے کے اور تسلیم کرنے کے، میرے نظام اقدار میں دل کا مقام بہت اونچا ہے۔ اگر کوئی شخص علم وحکمت کے تمام خزانے جمع کر لے لیکن اس کا دل محبت کی دولت سے خالی ہے، اگر اس میں اُس شرافت اور انسانیت کی کمی ہے تو اس کے کام کی قدر کرتا ہوں لیکن اس کو حقیقی معنوں میں انسان ماننے ہیں مجھے تامل ہوتا ہے۔'' (مجھے کہنا ہے کچھ اپنی زباں میں، صفحات ۱۴۲-۱۴۳)

خواجہ صاحب نے دل ودماغ کی متضاد کیفیات کو کس خوبصورتی سے بیان کیا ہے۔ بلاشبہ ہے دل کو دماغ پر فوقیت ہے کیونکہ دماغ تو ایک مشین ہے اور دل ایک متحرک زندگی کا استعارہ۔ دل محبت ہے، دل عزمِ محکم ہے۔ دل عمل ہے:

بے خطر کود پڑا آتشِ نمرود میں عشق
عقل ہے محوِ تماشائے لبِ بام ابھی

دل بروئے کار نہ ہو تو آدمی گوشت کا لوتھڑا ہے۔ دل میں محبت جاگزیں نہ ہو تو دل ایک لفظ سے زیادہ نہیں۔ دل ان لطافتوں کا نام ہے جو آدمی کے سینے میں گداز پیدا کرتی ہیں اور اسے انسانیت سے قریب تر کرتی ہیں:

بس کہ دشوار ہے ہر کام کا آساں ہونا
آدمی کو بھی میسر نہیں انساں ہونا

خواجہ غلام السیدین نے خواجہ الطاف حسین حالؔی کی آغوش میں تربیت پائی، ان کے

سایۂ عاطفت میں بولنا سیکھا اور لفظ سے رشتہ جوڑا۔ وہ بچپن سے ہی لکھنے کے شوقین تھے۔ مگر ان کا ذہن انھیں شعروشاعری اور افسانہ وناول کی طرف نہیں لے گیا، بلکہ وہ انشاپردازی کی طرف متوجہ ہوئے۔ ان کی تحریروں میں مفکرانہ اور فلسفیانہ انداز ملتا ہے، ان کی نثر نہ شبلی کی طرح گریز ہے نہ مولانا آزاد کی طرح پُرشکوہ — ان کے یہاں مقصدیت کو اوّلیت حاصل ہے اور ان کی تحریر کی زیریں لہر میں اصلاحِ معاشرہ کا رنگ وآہنگ ہے۔ اندازِ بیان واضح، خیالات گنجلک انداز سے پاک، زبان سلیس اور عام فہم۔ مجھے ایسا محسوس ہوتا ہے کہ سیّدین صاحب کے یہاں سرسیّد احمد خاں کی نثر کی اثرات نمایاں ہیں۔ ان کی انشاپردازی برائے تفننِ طبع نہیں بلکہ ''تعلیمیت'' ان کی تحریروں کی پہچان ہے۔ اگرچہ انھوں نے ''مجھے کہنا ہے کچھ اپنی زباں میں'' کے عنوان سے آپ بیتی لکھنی شروع کی تھی مگر وہ نامکمل رہی، اور کچھ حالاتِ زندگی ان کی بہن اور مشہور ادیبہ بیگم صالحہ عابد حسین نے ''ذکرِ جمیل'' کے عنوان سے قلم بند کرکے کتاب میں شامل کیے ہیں — خواجہ صاحب نے خود جو کچھ لکھا ہے جس کے کچھ اقتباسات اوپر پیش کیے گئے ہیں، وہ آپ بیتی سے زیادہ 'جگ بیتی' ہے۔ پانی پت اور علی گڑھ کو سمجھنے کے لیے آج ان کی تحریریں حوالے کا درجہ رکھتی ہیں۔

خواجہ صاحب کی مستقل تصنیف ان کے مضامین کا مجموعہ ہے ''آندھی میں چراغ''۔ جب یہ کتاب چھپی تو ادبی حلقوں میں بے حد مقبول ہوئی اور اسے ساہتیہ اکادمی کا ایوارڈ دیا گیا۔ اس کتاب میں چند فکرانگیز مضامین کو چھوڑ کر کچھ اہم شخصیات کے خاکے ہیں۔ مگر یہ خاکے اس طرح کے نہیں ہیں جن کا آج کل چلن ہے کہ اِدھر اُدھر چھینٹابازی کرتے ہوئے قلم آگے بڑھتا جائے۔ یہ خاکے کم اور انشاپردازی کے نمونے زیادہ ہیں۔ کچھ بلند پایہ مذہبی شخصیات کو بے حد احترام کے ساتھ خراجِ عقیدت پیش کیا گیا ہے اور کچھ علم وسیاست کی دنیا کے آفتاب و ماہتاب ہیں۔ اور کچھ یادیں ہیں ان اعزا کی جو ان سے بچھڑ گئے۔ ان سب شخصیات کے ساتھ ایک چیز مشترک ہے کہ وہ ہمیشہ بادِمخالف کے سامنے سینہ سپر رہے۔ باطل کی آندھیاں چلیں لیکن ان کی شخصیت اپنے اپنے زمانے میں اور اپنے اپنے انداز سے زندگی کی اعلیٰ قدروں کی روشنی بکھیرتی رہی — ان چراغوں کی روشنیوں سے ہی لفظوں کی مشعلیں جلاکر خواجہ صاحب نے اس کتاب کو ترتیب دیا ہے، شخصیات کے انتخاب سے ہی خواجہ صاحب کی افتادِ طبع کا اندازہ ہوتا ہے، اس بات کو یوں بھی

کہہ سکتے ہیں کہ مصنف نے اپنے ممدوحین کے حوالے سے اپنی بات بھی کہنے کی سعی کی ہے۔

تاریخ شاہد ہے کہ امن اور اہنسا، ترک لذات اور نفس کشی کے اعتبار سے سب سے قدیم نام کپل وستو کے شہزادے سدھارتھ کا ہے جس نے آج سے ڈھائی ہزار سال پہلے راج پاٹ کو چھوڑ کر ریاضت کی، خدا شناسی اور خود شناسی کی راہ پر چل کر گوتم بدھ کہلایا۔ اور ہندوستانی سماج کو ایک سماجی اور روحانی انقلاب سے دو چار کر کے بدھ مذہب کی بنا ڈالی جس کے ماننے والے دنیا بھر ہیں اور بطورِ خاص روئے زمین کے مشرقی حصے میں پھیلے ہوئے ہیں۔ خواجہ صاحب نے اپنے مضمون ''گوتم بدھ کا پیغام'' میں ان کی زندگی کے نقش ونگار اجاگر کیے ہیں۔ ایک اقتباس:

''گوتم بدھ کا پیغام کیا تھا؟ اس سوال کا جواب دینا آسان بھی ہے اور مشکل بھی۔ انھوں نے جو کہا وہ بہت پرانی بات معلوم ہوتی ہے اور نئی بھی۔ جس زمانے میں وہ پیدا ہوئے۔ بھارت کی تہذیب میں بہت سی خرابیاں اور کمزوریاں جڑ پکڑ چکی تھیں، آریہ اور غیر آریہ کا امتیاز، ذات پات کی بندشیں، نسل کا گھمنڈ، مذہب کی روح سے بے پرواہی، اور بے جا ریت رسموں کی پابندی۔ وقت کسی ایسی ہی آواز کا منتظر تھا جو راستہ بھٹکے مسافروں کو منزل کی طرف بلائے، جو دولت اور قوت کے فرعونوں سے نہ دبے، بلکہ سچی بات کہے جو کڑوی ہوتی ہے، لیکن کڑوی دوا کی طرح مرض کا علاج کر سکتی ہے۔ مہاتما بدھ نے یہ فرض انجام دیا۔ انھوں نے بھٹکے ہوئے انسانوں کو یاد دلایا کہ مکتی کا راستہ دیوتاؤں کی انگلی پکڑ کر، مندروں میں بھینٹ چڑھا کر یا گھنٹیاں بجا کر پار نہیں ہو سکتا۔ سچی خوشی اور شانتی آسمان سے آ کر تمھاری جھولی میں نہیں گرے گی، نہ آکاش کے تارے تمھارے دل کی مرادیں پوری کریں گے۔ یہاں تو 'کرم' کا قانون چلتا ہے۔ جیسا کرو گے ویسا بھرو گے۔ عمل کے اس اٹل سلسلے کو کوئی چیز نہیں توڑ سکتی۔ اور عمل ہونا چاہیے نشکام، بے غرض، جس میں لابھ اور موہ کا میل نہ ہو۔ شراب اور شہد کی لاگ نہ ہو۔ جو انسان نفس کا غلام ہو گا وہ ہرگز منزل تک نہیں پہنچ سکتا۔'' (آدھی میں چراغ، ص ۳۹)

خواجہ غلام السیدین تاریخ داں تھے۔ دنیا کے عروج وزوال کی کہانی ان کے مطالعہ میں تھی۔

جس زاویۂ نظر سے انھوں نے گوتم بدھ کو دیکھا اور ان کی تعلیمات کا جوجوہر اپنے الفاظ میں پیش کیا وہ آج بھی اتنا ہی معنی خیز ہے جتنا پہلے تھا۔ آج ہمارے معاشرے میں وہ تمام بُرائیاں موجود ہیں جن کے خلاف گوتم بدھ نے آواز اُٹھائی۔ ایسے ماحول میں گوتم کے پیغام کو بار بار دہرانا بیمار سماج کو دوائے شفا پلانے کے مترادف ہے۔

نسل انسانی کے ارتقا کی کہانی بہت دلچسپ ہے اور اس سے بھی پیچیدہ ہے تہذیبوں کے عروج وزوال کی کہانی۔ ایک خاص نقطۂ عروج تک پہنچنے کے بعد کسی مخصوص تہذیب کا ارتقا رُک جاتا ہے، معاشرے میں خرابیاں پیدا ہونے لگتی ہیں۔ آہستہ آہستہ وہ تہذیب زوال پذیر ہو جاتی ہے اور اس کی جگہ ایک نئی تہذیب لے لیتی ہے۔ یہی دستورِ ارتقا ہے، اور یہ عمل ہزاروں سال سے جاری ہے اور جہاں جہاں انسانی آبادی نے نشوونما پائی وہاں وہاں سماجی بُرائیاں بھی پیدا ہوئیں۔ اور پھر ان کی اصلاح کے لیے انھیں لوگوں میں ایسے نیک بندے پیدا ہوئے جنھوں نے مخصوص ماحول اور وقت کے تقاضوں کے مطابق انھیں نئی روشنی دکھائی۔ بہتر زندگی گزارنے کا نیا راستہ سمجھایا۔ اور اس طرح مختلف زمانوں میں مختلف مذاہب عالم وجود میں آئے اور راہِ راست دکھانے والے مہاپرش اور پیغمبر پیدا ہوتے رہے۔ وقت ایک جوئے رواں ہے۔ اور زندگی مسلسل تبدیلیوں سے گزرتی رہتی ہے:

جو تھا، نہیں ہے، جو ہے، نہ ہوگا، یہی ہے اِک حرفِ محرمانہ
قریب تر ہے نمود جس کی اسی کا مشتاق ہے زمانہ

کہا گیا ہے کہ روئے زمین پر اب تک ستّر ہزار پیغمبر بھیجے گئے — ظاہر ہے انھوں نے اپنے اپنے بتائے ہوئے اصولوں کا کوئی نام بھی رکھا ہوگا جسے مخصوص دھرم یا مذہب کہا گیا ہوگا۔ مگر آج تاریخ کے صفحات پر چند مذہبوں اور پیغمبروں اور مہاپرشوں کے نام ملتے ہیں، کتنی ہی حقیقتیں ہیں جو وقت کی گرد میں گم ہوگئی ہیں، کتنے ہی نام ہیں جن کی پہچان مشکل ہے، بہر حال یہ کرۂ ارض ہزاروں جانے اَن جانے عظیم انسانوں کا گہوارہ ہے۔ ارتقا کا ایک اصول یہ بھی ہے کہ وقت کے ساتھ جب کوئی نظام اپنی افادیت کھو بیٹھتا ہے تو اس کی جگہ نیا نظام آ جاتا ہے۔ بس یہی جواز ہے مختلف مذاہبِ عالم کے وجود میں آنے کا اور پیغمبرانِ کرام کے ورودِ مسعود کا۔

خالقِ کائنات نے اب سے چودہ سو سال پہلے عرب کی سرزمین میں حضرت محمدؐ کو پیدا کیا اور جب انھیں نبوت تفویض کی گئی تو تمام پرانی شریعتوں کو مسترد کر کے شرعِ محمدیؐ کو تمام دنیا کے لیے وسیلۂ نجات قرار دیا۔ اس وقت عرب بدترین جہالت کا مرکز تھا۔ اور احکاماتِ خداوندی کی تکمیل میں حضرت محمدؐ کو بے حد دشواریوں، مصائب اور مخالفتوں کا سامنا کرنا پڑا۔ شدید جدوجہد اور قربانیوں کے بعد انھیں آہستہ آہستہ کامیابی نصیب ہوئی اور آج چودہ سو سال بعد دنیا کی آبادی کا ایک بڑا حصہ ان کے دکھائے ہوئے راستے پر چل رہا ہے اور فخر کرتا ہے کہ وہ امتِ محمدیؐ میں ہے اور مسلمان ہے۔

خواجہ غلام السیدین نے نبی کریم حضرت محمدؐ کی سیرتِ مقدسہ اور پیغام پر ایک مضمون ''انسانِ کامل'' کے عنوان سے قلم بند کیا ہے۔ ۳۵ صفحات پر مبنی اس مضمون میں خواجہ صاحب نے دریا کو کوزے میں بند کرنے کی کوشش کی ہے۔ بچپن سے ہی حضرت محمدؐ کا نامساعد حالات سے دوچار ہونا، یتیمی کی زندگی گزارنا، نیک چلنی کو اپنا شعار تسلیم کرنا، ان کی سیرت کے مختلف پہلوؤں پر روشنی ڈالی ہے۔

> ''ان کے پاس دولت نہ تھی، لیکن نوجوانی ہی میں ان کی دیانت داری اور سمجھ داری کا شہرہ ہو چکا تھا۔ اس شہرت سے متاثر ہو کر عرب کی ایک شریف اور بیوہ خاتون نے اپنی تجارت کا انتظام ان کے سپرد کر دیا۔ اس فرض کو انھوں نے اس ایمانداری اور سلیقے اور کامیابی سے نبھایا کہ اس محترم خاتون بی بی خدیجہ نے اپنی طرف سے شادی کی خواہش ظاہر کی اور یہ مبارک رشتہ آئندہ پچیس برس یعنی ان کے انتقال تک قائم رہا۔'' (صفحہ ۴۶)

اس مضمون میں مختصر طور پر رسول اللہؐ کا بنی نوعِ بشر کے لیے فکر مند رہنا، غارِ حرا میں جا کر خدا سے لو لگانا اور پھر وہیں پہلی وحی کے نزول کا ذکر ہے۔

> ''پڑھو اور تمھارا پروردگار بڑا صاحبِ کرامت ہے اس نے قلم کے ذریعہ انسان کو علم سکھایا اور وہ سب کچھ سکھایا جسے وہ جانتا تھا۔''

خواجہ صاحب نے اس کے حوالے سے لکھا ہے:

''یہ تھی پہلی وحی یا فرمانِ الٰہی جوان پر نازل ہوا اور جس میں سب سے پہلے انسان کو علم حاصل کرنے یعنی دماغ کی کھڑکیاں کھولنے کی، زبان اور قلم کے ذریعہ ملکِ معنی کو تسخیر کرنے کی ہدایت کی گئی ہے تا کہ وہ زندگی جہالت کی تاریکی میں یا باپ دادا کے بتائے ہوئے طریقوں پر بسر نہ کریں جن کی افادیت ختم ہو چکی ہے۔ بلکہ غور و فکر، تدبر اور تفکر کے ذریعہ زندگی کے معنی اور مقصد کو سمجھیں اور اس کو حاصل کرنے کے لیے صحیح ذریعے اختیار کریں۔'' (آدمی میں چراغ، ص ۴۷)

رسول اللہ کے خطبۂ تبوک کے کچھ اقتباسات سیّدین صاحب نے اپنے مضمون میں انمول جواہرات کی طرح جڑے ہیں:

''سب باتوں سے بڑھ کر بھروسے کی بات تقویٰ ہے اور سب باتوں پر اللہ کے ذکر کو شرف حاصل ہے۔ تمام اعمال میں افضل وہ ہے جس سے دوسروں کو فائدہ پہنچے۔ دانائی کا سرچشمہ دل میں خوفِ خدا کا ہونا ہے۔ سب سے بڑی دولت دل کی دولت ہے۔ دولت مندی زر و مال کی کثرت نہیں۔ غنی وہ ہے جس کا دل غنی ہو۔ پیٹھ پر لکڑیوں کا گھٹا لاد کر لانا بھیک مانگنے سے بہتر ہے۔ محنت کرنے والا خدا کا دوست ہے۔''

سیّدین صاحب نے اقوالِ محمدیؐ سے اپنے مضمون کو مزین اور روشن کیا ہے، یہ قول بھی نقل کیا ہے:

''عرب کو عجم پر، عجم کو عرب پر، کالے کو گورے پر، گورے کو کالے پر کوئی فضیلت نہیں کیونکہ فضیلت کا معیار تقویٰ یعنی خدا ترسی ہے۔''

رسولِ خدا سے محبت اور خلوص اس مضمون کے ایک ایک حرف میں رچا ہوا ہے۔ جی تو چاہتا ہے کہ پورا مضمون نقل کر دیا جائے مگر طوالت کے خیال سے آخر میں بس ایک اور اقتباس پر اکتفا کرتا ہوں:

''انھوں نے دنیا کے سامنے مذہب کا ایک ارتقائی نظریہ پیش کیا، یعنی مختلف مذہب جو خدا کے بھیجے ہوئے نیک بندے مختلف زمانوں میں لائے وہ ایک دوسرے کے نقیض یا رقیب نہیں بلکہ ایک زرّیں سلسلے کی کڑیاں ہیں اور کوئی امت ایسی نہیں گزری جس میں دنیا کا پیغامبر نہ آیا ہو۔'' (ص ۶۳)

اور جیسا کہ شروع میں عرض کیا گیا، اس لیے یہ لازم ہے کہ ہر مذہب کے برگزیدہ لوگوں کا احترام

کیا جائے اور مذہب کے نام پر تفرقہ اور فساد برپا کرنا غیر انسانی فعل ہے۔

''آندھی میں چراغ'' کے مضامین کے کچھ اور اقتباسات جن سے سیدین صاحب کا طرزِ تحریر ہی نہیں ان کا مسلکِ انسانیت، خلوص اور جذبۂ رواداری آشکارا ہے:

''امام حسین علیہ السلام کی زندگی بہ قول ایک شاعر کے حق کا پروانہ تھی اور ان کی نظر حق کا پیمانہ۔ انھوں نے صرف عربوں اور مسلمانوں کو ہی نہیں بلکہ تمام ان لوگوں کو جو حق اور باطل کی نہ ختم ہونے والی جنگ میں شریک ہیں، اور جن کو اپنا راستہ صاف نظر نہیں آتا، یہ سبق پڑھایا کہ شرافت کے اصول پر قائم رہو، خواہ اس کے لیے کتنی ہی قیمت ادا کرنی پڑے۔ شرافت کے چراغ روشن کرو، خواہ کیسی ہی زبردست آندھیاں ان کے بجھانے کے درپے ہوں۔'' (شہادتِ حسین کا سبق — ص ۶۷)

''گرونانک کے شبد پڑھتا ہوں تو اس میں ایک سچی مذہبیت کا جلوہ نظر آتا ہے۔ اور محبت، رحم، ہمدردی، خدمت، اور زندگی کی سچی قدروں کا پیغام ملتا ہے جس کے لیے آج دنیا بھوکی اور پیاسی ہے۔ یہ دنیا جس کے دل و دماغ دونوں امن کی دولت سے محروم ہیں۔ جس کے ہاتھوں میں قوت ہے لیکن اس کا استعمال نہیں آتا۔ جس کی رفتار میں بجلی کی سی تیزی پیدا ہوگئی ہے لیکن منزلِ مقصود آنکھوں سے اوجھل ہے، ان کی تعلیم ہمیں پکار پکار کر یہ سبق سکھاتی ہے کہ زندگی کی اصلیت وحدت اور ایکتا ہے، محبت اور پریم ہے۔'' (گرونانک کی تعلیم - ص ۸۳)

مہاتما گاندھی پر ایک مختصر مضمون ہے جس کا عنوان ہے ''سحر آفریں (مہاتما گاندھی)'' عنوان سے ہی گہری عقیدت کا اظہار ہوتا ہے۔ گاندھی جی کی عظمت اظہر من الشمس ہے، سیدین صاحب نے ان الفاظ میں خراجِ عقیدت پیش کیا ہے:

''جس چیز نے گاندھی جی کو اس دور کا سب سے بڑا ہندوستانی بنایا اس نے ان کو دنیا کا ایک بلند مرتبہ اور محبوب لیڈر اور بین الاقوامی امن اور مفاہمت کا ایک محکم ستون بنا دیا۔ ان کی خاص صفات کیا تھیں! ان کی عالمگیر دوستی جو سب انسانوں کو بغیر نسل، رنگ، مذہب، ذات پات کے بھید بھاؤ کے، دل میں جگہ دینے کو تیار تھی، ان کی

محبت جس کی آغوش ہر مظلوم بلکہ ہر مجرم تک کے لیے کھلی ہوئی تھی، اور جو اپنے اثر سے دوسروں کے دل میں محبت کا چراغ روشن کرتی تھی۔'' (ص ۹۱)

سیّدین صاحب گاندھی جی کی شخصیت، ان کے خلوص اور سچائی کے اسیر تھے۔ ان کی دیگر تحریروں میں بھی گاندھی کا تذکرہ بڑے احترام سے کیا گیا ہے، اور جو میدانِ عمل یعنی تعلیم — خواجہ صاحب نے اپنے لیے چنا تھا اس کا پہلا سبق بھی انھیں گاندھی جی نے پڑھایا تھا۔ زیرِنظر اقتباس کی آخری سطر میں قدر و تحسین کی انتہا ہے کہ ان کی آغوش میں آکر مجرم بھی گاندھی جی کی جادوئی شخصیت کے باعث اپنے دل میں محبت اور انسانیت کی ایک چنگاری محسوس کرنے لگتا تھا۔

سیّدین صاحب جن شخصیات سے بے حد متاثر اور مستفید ہوئے اور جن کو انھوں نے اپنے سفر کا میر کارواں تصور کیا ان میں مولانا ابوالکلام آزاد کا نام سرِفہرست ہے۔ مولانا آزاد خود جوہرِ قابل تھے اور جوہر شناس تھے، ان دونوں میں کچھ قدریں مشترک تھیں۔ دونوں بے مثال مقرر تھے، دونوں کو اسلامیات سے عشق تھا اور دونوں کے مذہبی خیالات بر بنائے روایت نہیں بلکہ مطالعہ اور تعقل پر مبنی تھے۔ دونوں نے اس ملک کے عوام کو علم و تعلیم کے زیور سے آراستہ کرنا چاہا اور برسرِ اقتدار رہ کر بالخصوص تعلیم کے میدان میں ملک کی ٹھوس خدمت کی۔ مولانا کا ذکر آتے ہی سیّدین صاحب کا قلم گل افشانیِ افکار کرنے لگتا ہے۔ اور تحریر وجدانی رنگ اختیار کرنے لگتی ہے۔

(میرِ کارواں — مولانا ابوالکلام آزاد کا اقتباس)

''مولانا آزاد کی عظمت کا صحیح اندازہ اس وقت ہوگا جب تاریخ اپنی سخت گیر کسوٹی پر ان کی اور ان کے ہم عصر مشاہیر کی شخصیت اور کارناموں کو پرکھے گی۔ ہم لوگ پہاڑ کے دامن میں اپنی زندگی گزار رہے ہیں۔ کیا اندازہ کر سکتے ہیں اس کی بلندی اور اس کی برف پوش چوٹیوں کا جن پر سکون کی ایک ابدی کیفیت چھائی معلوم ہوتی ہے۔ اس کے دل کی سوزشوں کا جن میں لاوا کھولتا ہے۔ ان طوفانوں کی یورش اور بجلیوں کی تڑپ کا جو اس کی آغوش میں پلتی ہیں، اور جواہرات کے ان خزانوں کا جو اس کے سینے میں پوشیدہ ہیں۔ فی الحال تو صرف ان کی عصر آفریں شخصیت کے چند پہلوؤں کی طرف اشارہ کرنا مقصود ہے۔''

واقعی مولانا آزاد پر سیّدین صاحب کا یہ مضمون اشاریہ ہی ہے۔ ایک سے ایک بلیغ اشارہ ایک بات سے ہزار باتیں پیدا ہوں، ایک رنگ سے ہزار رنگ پھوٹیں:

''تاریخ میں کبھی ایسا بھی ہوتا ہے کہ ایک تہذیب کی تمام اچھی قدریں کسی غیر معمولی شخصیت میں اپنا نشیمن بنالیتی ہیں جیسے اٹلی میں لیونارڈ ڈی ونچی، جرمنی میں گوئٹے، امریکہ میں ابراہم لنکن اور ہندوستان میں ٹیگور، گاندھی جی۔ مولانا آزاد بھی اس ہندو مسلم تہذیب کا ایک شاہکار تھے جو گذشتہ ہزار برس میں پروان چڑھی۔''

''ان میں خیال اور عقیدے کی بے پناہ حرات تھی۔ وہ اس کے اظہار میں کوئی خوف یا مصلحت اندیشی ان کی زبان یا قلم کو نہیں پکڑ سکتی تھی۔''

''ان کے نزدیک مذہب، فلسفہ، سائنس، سیاست، سب کا ایک ہی مقصد تھا اور وہ یہ کہ انسان اپنی زندگی کو شرافت کے سانچے میں ڈھالے اور اس غرض کے لیے اپنی جسمانی اور روحانی قدروں کو فروغ دے۔''

''مولانا آزاد فطرتاً ایک پولیٹیشین نہ تھے، بلکہ ٹیگور، گاندھی اور جواہر لال نہرو کی طرح ایک معلم تھے۔ ان کی دلچسپی کا مرکز قوت کے کھیل اور سیاست کی مہرہ بازی نہ تھی۔''

''انھوں نے جنگِ آزادی کے زمانے میں اس تحریک کی سرداری کی، قید و بند کی کڑیاں جھیلیں، اور ستراط کی طرح آزمائشوں کے زہرآب کو شہد کا گھونٹ بنا کر پیا اور جب آزادی حاصل ہوگئی تو انھوں نے ایک حد تک گوشہ نشینی اختیار کرلی لیکن ان کی زبان، اور ان کا قلم، ان کی رائے اور ان کا مشورہ سب اس مقصد کے لیے وقف رہے۔''

سیّدین صاحب کے قلم سے نکلے ہوئے مولانا ابوالکلام آزاد کی شان میں یہ جملے بجائے خود جواہر

پارے ہیں اور مولانا کی شخصیت کی عظمت، فراست، ذہانت، تقریر وتحریر کی بے مثال جرأت، مشاہیرِ عالم کی صف میں ان کا مقام، اور سب سے بڑھ کر ملک سے بے پایاں محبت کو اُجاگر کرتے ہیں۔ جب ممدوح اتنا بلند پایہ ہو تو مدح کرنے والا کوتاہ قلمی سے کیوں کام لے۔

سیدین صاحب کی عظمت یہ ہے کہ انھوں نے اپنے بزرگوں کی عظمت کا کھل کر اعتراف کیا ہے۔

سر سیّد احمد خاں کے پوتے اور جسٹس محمود کے فرزند سیّد راس مسعود بھی سیدین صاحب کے ممدوحین میں سے ہیں۔ انھوں نے بحیثیت وائس چانسلر کے علی گڑھ یونیورسٹی کو نئی بلندیوں تک پہنچایا۔ سیّدین صاحب سے ان کی پہلی ملاقات ۱۹۲۲ء-۱۹۲۳ء میں ہوئی جب وہ طالب علم تھے اور راس مسعود ریاست حیدر آباد کے ناظم تعلیمات۔ دونوں کے بزرگوں کے آپس میں مراسم تھے۔ سیّدین صاحب ایک ڈیلی گیشن کے ممبر کی حیثیت سے حیدر آباد گئے تھے۔ پہلی ملاقات کا ذکر کرتے ہوئے انھوں نے خاکہ نگاری کا نمونہ پیش کیا ہے۔ ''رنگِ سخن'' بدلنے کے لیے میں وہی اقتباس پیش کر رہا ہوں:

> ''ہم ان کے کتب خانے میں جا کر بیٹھے جہاں ہزاروں کتابیں نہایت سلیقے کے ساتھ الماریوں میں لگی ہوئی تھیں، ان میں سے اکثر کی نہایت خوشنما اور دیدہ زیب جلدیں تھیں ان کے حسنِ مذاق کی پہلی جھلک تھی جو میں نے دیکھی، لیکن رفتہ رفتہ جب ان سے ملنے کے مواقع زیادہ ملے تو اندازہ ہوا کہ ان کی گوناگوں دلچسپیوں کے ہر شعبہ میں، ادب میں، آرٹ میں، موسیقی میں حسنِ مذاق کار فرما تھا— چند ہی منٹ کے بعد ایک وجیہ اور شاندار شخص کمرے میں داخل ہوا۔ اونچا قد، سڈول جسم، گورا رنگ، انگریزوں کی طرح سُرخ وسپید تو نہیں، مگر ہسپانیوں کی طرح ایک زیتونی جھلک لیے ہوئے۔ پیشانی کشادہ جس سے دماغ کی وسعت اور فراخی ظاہر ہوتی تھی۔ آنکھیں بڑی اور روشن جن سے بیک وقت سنجیدگی اور ظرافت ٹپکتی تھی۔ بشرے سے عزم واستقلال آشکار اور چہرہ ذہانت اور ذکاوت کا آئینہ دار— یہ تھے سیّد راس مسعود۔'' (آندھی میں چراغ، ص ۱۱۶)

کیا شگفتہ اندازِ تحریر ہے۔ ایسا لگتا ہے کہ سید راس مسعود کی باغ بہار شخصیت نے سیدین صاحب کے قلم کو گدگدا دیا ہے۔

خواجہ غلام السیدین کی تحریروں میں جابجا اقبالؔ کے اشعار مزین ہیں اور اس طرح کہ ان کے مافی الضمیر کو واضح کرنے میں اشعار ایک خاص کردار ادا کرتے ہیں۔ یہ ایک دلچسپ بات ہے کہ ہمارے نثر نگار — چاہے مولانا آزاد ہوں یا رشید احمد صدیقی۔ اور بہت سے دوسرے صاحبِ طرز نثر نگار — اپنی بات میں زور پیدا کرنے کے لیے اشعار کا سہارا لیتے ہیں۔ شعر سے لطف تو دوبالا ہو جاتا ہے لیکن ایک لحہ کو یہ خیال بھی دل میں گزرتا ہے کہ شاید نثر نگاروں کو اپنی نثر میں کہیں نہ کہیں کمی محسوس ہوتی ہے۔ یا یوں کہیے کہ ایک روایت چلی آ رہی ہے کہ شعر چسپاں کیے جائیں۔ بہر حال یہ جملہ معترضہ ہے۔

ذکر تھا علامہ اقبالؔ کا۔ سیدین صاحب اقبالؔ کے عاشقوں میں تھے اور ان کے اشعار میں فکر و شعور کی جو تہیں ہوتی ہیں سخن فہموں کو ان کی گرہ کشائی ایک عجیب لطف دیتی ہے۔ اقبالؔ کو سمجھنے کے لیے فلسفہ کا ادراک بھی ضروری ہے۔ لیکن اگر محض فلسفہ کو منظوم کر دیا جائے تو اسے اچھا شعر نہیں کہہ سکتے۔ فلسفیانہ خیالات کے ساتھ ان کے اظہار کے لیے موضوع کو محسوس کرنا اور اسے حیاتی تجربہ بنانا بھی ضروری ہے، تبھی شعر میں تخلیقی شان آتی ہے۔ بقول سیدین صاحب، اقبالؔ کا کلام معنی اور بیان دونوں کے اعتبار سے ایک حسین اور فکر انگیز شاہکار ہے جس میں لطفِ بیان اور معنی آفرینی کا امتزاج پایا جاتا ہے۔

سیدین صاحب نے اپنے مضمون ''دانائے راز: ڈاکٹر اقبالؔ'' میں اقبال کی نشست گاہ کا دلچسپ نقشہ کھینچا ہے۔ ایک معنی خیز خاکہ:

''اقبالؔ کا ایک شعر ہے:

نہ تخت و تاج میں، نے لشکر و سپاہ میں ہے
جو بات مردِ قلندر کی بارگاہ میں ہے

''اقبالؔ کی صحبت میں ایسی ہی ایک بارگاہ نظر آتی تھی۔ ان کا دربار امیروں اور رئیسوں کے دربار سے بالکل مختلف تھا۔ وہاں نہ پاسبان کی اجازت تھی نہ اجازت طلبی کی

ضرورت، نہ چھوٹے بڑے، گم نام، نامور، دیسی، بدیسی، جاہل، عالم، غریب، امیر، ہندو مسلمان، سکھ عیسائی کی کوئی تمیز۔ ان کے گھر کی طرح ان کے دل کے دروازے بھی تمام انسانوں کے لیے کھلے ہوئے تھے۔ مگر اس میں مختلف رنگوں کے لیے الگ الگ خانے تھے۔ ہر طرح کے لوگ ان کے پاس آتے اور اس چشمۂ فیض سے اپنے ظرف کے مطابق سیراب ہو کر جاتے۔ بعض علمی، سیاسی، فلسفی، مذہبی مسئلوں پر گفتگو کرنے آتے، بعض مقامی حالات کے بارے میں مشورہ کرتے۔ بعض ان کی گفتگو سے لطف اُٹھاتے اور ان کے شوخ لطیفوں اور قصوں کو سنتے۔ بعض گپ کرتے اور حقہ پیتے اور بعض شوقِ زیارت میں۔ کئی مرتبہ یہ تماشہ دیکھا کہ وہ اپنے برآمدے میں ایک نیم شکستہ موڑھے پر بیٹھے ہیں اور ہر طرح کے لوگ — طالب علم، پروفیسر، مغرب کے اربابِ علم و ادب، سوسائٹی کی مشاہیر نواز خواتین، گاؤں کے جاہل، لیکن عقیدت مند ملاقاتی ان کے پاس آتے اور وہ سب سے ان کی عقل و دلچسپی کے مطابق تپاک کے ساتھ باتیں کرتے، اور ان کی باتوں میں دلچسپی لیتے۔ نہ کسی کی جہالت اور آدابِ مجلس سے ناواقفیت پر چیں بہ جبیں ہوتے نہ کسی کی قابلیت اور وجاہت سے مرعوب۔ کبھی ایسا بھی ہوا کہ وہ کسی مشہور غیر ملکی مفکر سے فلسفہ یا ادب کی گہری حقیقتوں پر گفتگو کر رہے ہیں اور بیچ بیچ میں ان کے نیم جاہل ملاقاتی جن کو اس گفتگو کی سمجھ ہوتی نہ اس میں دلچسپی، حقے کی نے کو ان کی طرف موڑتے اور سلسلۂ کلام کو بے تکلفی سے توڑ کر کہتے۔ 'ڈاکٹر صاحب حقہ پیونا۔' اور ڈاکٹر صاحب فلسفہ کو ملتوی کر کے ان سے ایک دو باتیں کرتے، یا ایک آدھ فقرہ چست کرتے اور پھر اپنی سنجیدہ علمی گفتگو میں مشغول ہو جاتے۔ اس وقت ان کا دماغ کبھی علم و ادب کے خزانے لٹاتا، کبھی تاریخ اور فلسفے کے رازوں کو بے نقاب کرتا، کبھی ایک تیز نشتر کی طرح زندگی پر تنقید کرتا اور سماجی ناسوروں سے فاسد مادّے کو خارج کرتا، کبھی اہلِ سیاست کے بلند بانگ آہنگ و دعوؤں اور ریاکاریوں کی پول کھولتا، لیکن اس تنقید میں نہ مردم بیزاری تھی، نہ مردم آزاری۔ ہاں شوخی اور

ظرافت ہوتی۔ برتر فکر اور بہتر زندگی کی ترجمانی ہوتی اور گداز قلب کی دھڑکن۔ اور یہی جذبہ ان کی شاعری میں جاری و ساری ہے۔ جب کوئی صاحبِ ذوق یا باعلم شخص ان کی صحبت سے اُٹھتا، اسے محسوس ہوتا کہ اس کے ذہن اور زندگی میں ایک نئی گہرائی اور معنویت پیدا ہوگئی ہے۔'' (آدمی میں چراغ، ص ۱۳۰)

خواجہ صاحب نے علامہ اقبالؔ کی صحبت اور بیٹھک کا ایسا نقشہ کھینچا ہے کہ پڑھنے والا اپنے آپ کو اقبالؔ کے دربار میں محسوس کرتا ہے۔ ایسا زندہ اور متحرک اور تکلفات سے مبرّیٰ ماحول ـــــ کاش ہم بھی وہاں ہوتے۔ اور شاعرِ مشرق کی گل افشانیوں کا لطف اُٹھاتے۔ خواجہ صاحب نے اقبالؔ کی شاعری کے مختلف پہلوؤں پر روشنی ڈالی ہے اور ان کا شمار دُنیا کے عظیم قلم کاروں میں کیا ہے۔ ان کے پیغام کو نہ صرف کسی ایک ملک یا قوم کے لیے، بلکہ دنیائے انسانیت کے لیے مشعلِ ہدایت قرار دیا ہے۔ اقبالؔ کے مزاج میں جو درویشی تھی، اس نے انھیں آخری عمر میں ہر طرح کی خواہشات سے بے نیاز کر دیا تھا۔ سیدین صاحب کا تجزیہ کتنا صحیح ہے:

''آخری عمر میں ان کا فقر اور بے نیازی کا انداز اور بڑھ گیا تھا جس نے ان کو دنیا کی اوچھی اور مصنوعی عزتوں کی طرف سے بے نیاز کر دیا تھا۔ اور خود شناسی اور انسان دوستی کے راستے خدا شناسی کی منزل تک پہنچا دیا تھا۔ جب وہ خلوص کے ساتھ کہہ سکتے تھے:

میرا نشیمن نہیں درگہِ میر و وزیر
میرا نشیمن بھی تُو شاخِ نشیمن بھی تُو

(آدمی میں چراغ، ص ۱۳۶)

پنڈت جواہر لال نہرو پر مضمون لکھتے ہوئے خواجہ صاحب نے انھیں ''مردِ مجاہد'' کے عنوان سے خراجِ تحسین پیش کیا ہے۔ پنڈت جی کی شخصیت مختلف اوصاف کا مجموعہ تھی۔ وہ ایک بلند پایہ مصنف اور مفکر تھے۔ انھوں نے جنگِ آزادی کے قافلے کو منزل تک پہنچایا تھا اور سیاسی اقتدار کی انتہائی بلندیوں تک پہنچے تھے ـــــ یہ سب تسلیم مگر خواجہ صاحب نے انھیں ایک معلّمِ انسانیت کا درجہ دیا ہے:

''اگر تعلیم کا کام دل اور دماغ کے دروازے اور کھڑکیاں کھولنا ہے تو جواہر لال نے قوم کے معلّم کی حیثیت سے بڑا کام کیا ہے۔ انھوں نے ان قوتوں کا مقابلہ کیا ہے جو جمود اور ماضی پرستی کے علمبردار ہیں، اور ہمارے فکر ونظر کے لیے نئے سانچے ڈھالنے کی ایک حریت آفریں اور ترقی پسندانہ انداز خیال پیدا کرنے کی کوشش کی ہے۔ انھوں نے اس بات پر زور دیا ہے کہ ہندوستان کی تہذیب میں مختلف عناصر کو جذب کرنے اور ان کے تال میل سے ایک سے زیادہ دلکش اور معنی خیز مرقعے تیار کرنے کی صلاحیت ہے۔ جب کبھی باہمی لین دین کی یہ ذہنیت کارفرما رہی ہے تو زندگی میں اتحاد اور یکجہتی کا جلوہ نظر آیا ہے۔'' (آندھی میں چراغ، ص ۲۳۹)

خواجہ غلام السیدین تعلیم کو زندگی کے معاملات میں سب سے افضل مقام دیتے ہیں اور تعلیم کو پھیلانے میں ہی وہ انسانیت کا فروغ تصور کرتے ہیں۔ ڈاکٹر ذاکر حسین کو انھوں نے 'مرد مومن' کے لقب سے یاد کیا ہے۔ وہ گاندھی جی کے بنیادی تعلیم کے نظریے سے متفق ہو کر زندگی بھر تعلیمی اداروں کی خدمت کرتے رہے۔ جامعہ ملیہ اسلامیہ اور پھر علی گڑھ مسلم یونیورسٹی کو انھوں نے نئی بلندیوں سے ہم کنار کیا اور تعلیم کے حوالے سے ہی انسانی قدروں کے فروغ کی کوشش کی۔ سیّدین صاحب ذاکر صاحب کے محاسن بیان کرتے ہوئے رقم طراز ہیں:

''میرے خیال میں ذاکر صاحب کی سب سے نمایاں صفت انسانی زندگی کی قدروں کی صحیح پرکھ ہے۔ وہ کاموں اور مقصدوں کی اضافی قدر و قیمت کا بہت صحیح اندازہ لگاتے ہیں۔ بہت سی چیزیں جو دوسرے لوگوں کی آنکھوں کو خیرہ کر دیتی ہیں، ان کی نگاہ اور دل کو کبھی مرعوب نہیں کر سکتیں۔ یہ بظاہر معمولی سی بات معلوم ہوتی ہے لیکن دراصل یہ ایک کمیاب صفت ہے اور خوش نصیب ہے وہ انسان جو آزمائشوں اور تحربصوں کی یورش میں اپنے نظامِ اقتدار کو درست رکھے، اور اس کی حفاظت کر سکے۔ دراصل تعلیم کا سب سے بڑا مقصد ہی یہ ہے کہ وہ انسانوں کو قدروں کی پرکھ سکھائے۔'' (آندھی میں چراغ، ص ۲۶۵)

ایک جگہ لکھتے ہیں:

''ذاکر صاحب کی نظر میں تعلیم کا سب سے بڑا، سب سے اہم، سب سے بلند مقصد یہ ہے کہ وہ نوجوانوں کو سیوا کی زندگی کے لیے تیار کرے اور اس غرض پرستی اور تنگ نظری کے خلاف جہاد کرے جو عصر حاضر کی زندگی کے تمام پہلوؤں پر حاوی ہوگئی ہے۔
..........خدمت کے نصب العین پر ذاکر صاحب کو اس قدر اصرار کیوں ہے؟ نہ صرف اس لیے کہ اخلاقی زندگی کی عمارت اس صالح بنیاد پر قائم ہوسکتی ہے، بلکہ اس لیے بھی کہ ان میں اپنے ملک کی بے شمار محرومیوں اور بدنصیبیوں کا اس کے جہل اور افلاس کا، اس کی بیماری اور بیکاری کا اور اس کی تمام پستیوں کا نہایت شدید اور گہرا احساس ہے۔'' (آدمی میں چراغ، ص ۲۸۶)

دراصل خواجہ غلام السیدین نے بزرگ ہستیوں کی تحسین برائے تحسین نہیں کی ہے، بلکہ ان کی تحریروں اور کام کے ذکر کے حوالے سے خود اپنے مطمحِ نظر کو بھی واضح کیا ہے۔ ان کی شناخت کے شفاف آئینوں میں اپنا عکس بھی دیکھا ہے، یہ اُن کے حسنِ بیان کی خوبی ہے اور ایک زیریں لہر ان جیسا بننے کی حسین خواہش۔ غالب کے شعر میں تصرف کے ساتھ:

کھل جائے غیر پر مرے دل کا معاملہ
''حرفوں'' کے انتخاب نے کیا کچھ دیا مجھے

خواجہ صاحب نے اپنی تحریروں میں جابجا اپنے بزرگوں اور اہلِ خاندان کا ذکر کیا ہے اور اپنے چھوٹوں سے کمال محبت کا اظہار کیا ہے۔ اپنے والد خواجہ غلام الثقلین پر بھرپور مضمون لکھ کر ثابت کیا ہے کہ ایسے ہوتے ہیں بڑے باپ کے بڑے بیٹے۔ اس جائزہ میں اتنی گنجائش کہاں کہ اس مضمون کے محاسن کا خاطر خواہ احاطہ کیا جاسکے۔ جس شخص نے کل ۴۲ سال کی مختصر زندگی پائی ہو، لیکن اس عمر کے عرصے میں وہ ایک بلند پایہ ادیب، مقرر، مصلحِ قوم، کامیاب وکیل، مذہبی رہنما اور نامور صحافی کی حیثیت سے اوراقِ تاریخ پر اپنی چھاپ چھوڑ گیا ہو، اس کے ذکر سے سرسری طور پر نہیں گزرا جاسکتا:

''چہرہ روشن، ناک نقشہ درست، آنکھوں کی چمک ذہانت پر شاہد، ہونٹوں کی ساخت اور تنگ دہنی متانت اور سنجیدگی پر دال، پیشانی کی فراخی وسعتِ خلق کا

دیباچہ، قد متوسط سے کچھ زیادہ مگر جسم کے لیے موزوں، بدن چھریرا، رنگ صاف (کھلتا ہوا گندمی) چہرے پر چھوٹی سی خوش نما داڑھی، اکثر لمبا فرکش کوٹ یا اچکن پہنتے تھے اور اسی کے ساتھ سفید پاجامہ یا ہم رنگ پتلون، سر پر ترکی ٹوپی اوڑھتے تھے، لیکن اکثر جلوس یا خاص موقعوں پر سبز عمامہ باندھ کر جاتے تھے—خواجہ غلام الثقلین کا یہ حلیہ ان کے ایک دوست سید کلب عباس نے لکھا تھا جسے غلام السیدین نے اپنے مضمون میں نقل کیا۔'' (آندھی میں چراغ، ۱۹۸)

اور خود سیدین صاحب نے کچھ چشم دید باتیں اپنے والدِ بزرگوار کے بارے میں تحریر فرمائی ہیں:

''مطالعہ کے شوق میں اکثر کھانا بھول جاتے، یا بعض وقت ایسا ہوتا کہ کھانا سامنے رکھا ہے، کتاب پڑھ رہے ہیں اور اس میں اتنے محو ہیں کہ روٹی کو خالی پلیٹ میں چھو کر کھاتے جاتے ہیں اور کچھ خبر نہیں کہ کیا کھا رہے ہیں، اگر باورچی نے کبھی کھانا بدمزہ پکایا یا پانی کے مزے کا شوربا تیار کر دیا تو وہ اس میں بہت سا نمک اور سادہ مرچ ڈال کر بغیر کسی شکایت کے کھا لیتے۔ اگر مرچیں مصالحہ بہت زیادہ ہوتا تو بلا تکلف سالن میں پانی ڈال کر (اپنے خیال میں) اس کا مزہ درست کر لیتے۔ غرض ان کی روزمرّہ کی زندگی میں بھی درویشی تھی جو مغربی تعلیم یافتہ طبقے میں بہت کم پائی جاتی تھی۔'' (ص ۹۹)

خواجہ غلام الثقلین کی ''کچھ آپ بیتی کچھ جگ بیتی'' کے مطابق ان کی شخصیت پر تین حضرات کا بطورِ خاص اثر پڑا۔ ان میں سے پہلا ان کے والد خواجہ غلام عباس کا مذہبی اثر تھا، دوسرا زبردست اثر ان کی طبیعت پر ان کے نانا میر محمد حسین کا پڑا جن میں دو نمایاں خصوصیات تھیں۔ ایک مطالعہ کا شوق، دوسرے روپیہ پیدا کرنے کے معاملہ میں بے پروائی۔ مطالعہ کے شوق کا یہ عالم تھا کہ علی گڑھ کالج کے لائبریرین علامہ شبلی نعمانی سے روز ایک کتاب لاتے اور اسی باعث شبلی سے ان کی قربت ہوئی۔ سیدین صاحب نے لکھا ہے کہ ان کی طبیعت کو قومی کام کی طرف مائل کرنے میں سب سے زیادہ اثر مولانا حالی کا تھا۔ انھوں نے گیارہ اور سولہ برس کے بیچ کا اثر پذیر زمانہ مولانا حالی کی انسان ساز صحبت اور تربیت میں بسر کیا۔

سیدین صاحب نے اپنے والد کی شان میں مختصر لفظوں میں کس قدر معنی خیز خیالات کا اظہار کیا ہے۔ ان لفظوں میں ان کی عقیدت سے زیادہ شخصیت شناسی کا رنگ ہے:

''ان کی زندگی اور اس سے زیادہ ان کے انداز فکر کا مطالعہ کرنے سے خیال ہوتا ہے کہ ان کی فطرت کی تعمیر بھی اسی مٹی سے ہوئی تھی جو سقراط یا گیلیلیو یا جون آف ارک جیسے لوگوں کے ذہنی خمیر میں شامل تھی۔'' (آدمی میں چراغ، ص ۱۵۲)

خواجہ غلام السیدین نے اپنی تحریروں میں اپنے بھائی بہنوں کا ذکر بے حد محبت سے کیا ہے۔ خاص طور پر بھائی خواجہ اظہر عباس اور بہن صالحہ عابد حسین کا۔ ایسا محسوس ہوتا ہے کہ ان کے پاس محبت کا ایک بے بہا خزانہ ہے جسے وہ بے حد فراخ دلی سے بانٹ رہے ہیں۔ ان کے تین مضامین — عزیز سیدین، شبنم (مجھلی خاتون) اور شعلۂ مستعجل (سیدہ خاتون) قلم کے آنسوؤں سے لکھے گئے ہیں اور ان میں مرثیہ کا رنگ نمایاں ہے۔ عزیز ان کی شریکِ حیات تھیں۔ ان کی یادوں کو انھوں نے ایک خط کے انداز میں لکھا ہے۔ انشا پردازی کا یہ اسلوب مولانا ابوالکلام آزاد نے ''غبار خاطر'' میں پیش کیا تھا۔ سیدین صاحب نے اس اسلوب میں دل کی دھڑکن بھی شامل کر دی ہے:

''عزیز من! تم مجھے چھوڑ کر چلی گئیں۔ ایسا معلوم ہوتا ہے جیسے زندگی میں سے لطف اور معنی، محبت اور روشنی، سکون اور اعتماد جاتے رہے ہوں، جیسے دِل کی دنیا خلا سے بھر گئی ہو۔''

ایک جگہ بڑے پیارے انداز میں اپنے اور عزیز کے خاندان کا فرق واضح کیا ہے:

''اور تمھاری شادی ہوئی ایک متوسط خاندان میں، جہاں صرف یہی نہیں کہ دولت نہیں تھی، بلکہ دولت جمع کرنے کا نہ سلیقہ تھا نہ خواہش، نہ اس کی قدر، شاید یہ کہنا غلط نہ ہو کہ وہ لوگ اس کو ایک حد تک حقیر سمجھتے تھے۔ تمھیں یاد ہوگا کہ ایک شخص نے تمھاری شادی کا ذکر سن کر کہا تھا — 'ارے وہاں شادی ہوئی ہے، وہ لوگ تو لڑکی کے پاندان کا خرچ بھی نہیں اُٹھا سکتے۔'' (مجھے کہنا ہے کچھ اپنی زباں میں، ص ۲۹۵)

ایک اور مختصر اقتباس:

''تمھاری پہلی بات جس نے مجھے متاثر کیا، جانتی ہو کیا تھی؟ محبت کرنے کی اتھاہ

صلاحیت۔ شاید اس کے اعجاز نے رفتہ رفتہ ان تمام گتھیوں کو سلجھا دیا جو دنیا میں بیشتر لوگوں کی زندگی کو دوزخ بنا دیتی ہیں۔"

سیّدین صاحب نے اس خط نما مضمون میں بہت سی یادوں کو تازہ کیا ہے۔ بہت سے بیتے لمحوں کو اپنے لفظوں سے مجسم کیا ہے:

"۱۹۴۷ء کی قیامت میں تم نے پردہ چھوڑا، لیکن اس شان کے ساتھ کہ ہندوستانی وضعداری اور اسلامی شرم اور حیا کا تصور تمہارے لباس، تمہارے میل جول، تمہاری بات چیت، ہر چیز میں جاری وساری رہا۔"

رقت آمیز لہجے میں یہ الفاظ بھی سیّدین صاحب کے ہیں:

"اور پھر وہ منحوس دن آیا جب تم پر ایک شدید غفلت طاری ہوگئی۔ جب تم میرے سامنے تھیں لیکن میرے پاس نہ تھیں، جب دُنیا کو چھوڑنے سے پہلے ہی تم اپنے خالق کے حضور میں پہنچ چکی تھیں — جب رات کی تنہائی اور سناٹے میں اسپتال کے گھنٹے کی ٹک ٹک میری اس دنیا کو جس کا نام خلا تھا، وقت کے دُکھ بھرے لمحوں سے بھرتی رہی۔" (مجھے کہنا ہے کچھ اپنی زباں میں، ص ۳۱۴)

اپنی رشتے کی بہن اور خواجہ احمد عباس کی اہلیہ مجی یعنی مجتبائی عباس کی کم عمری میں موت پر سیّدین صاحب نے اظہارِ غم کرتے ہوئے اس کی ہردلعزیزی، خوش مزاجی اور محبت کو یاد کیا ہے:

"جب تک وہ زندہ رہی بڑی بہادری اور خاموشی سے موت سے لڑتی رہی۔ دل کی بیماری سے جس نے اس کی زندگی کو پر پیچ کر دیا تھا، میں نے کسی کو اس بہادری، خندہ پیشانی اور کرامت کے ساتھ یہ لڑائی لڑتے ہوئے نہیں دیکھا — اس نے ہر قسم کی تکلیفوں اور آزمائشوں میں صبر کی وہ شان دکھائی جو مومنوں اور خدا کے خاص بندوں کا حصہ ہے۔" (آندھی میں چراغ، ص ۲۰۷)

اپنی بہن سیدہ خاتون جن کا انتقال بائیس سال کی عمر میں ہوگیا، سیّدین صاحب نے جس رقت کے ساتھ ماتم کیا ہے اس کیفیت کو بیان نہیں کیا جا سکتا۔ غم کی دبی دبی چنگاریاں ایک ایک لفظ کے پہلو میں چمکتی ہیں۔ اس کا ذکر کرتے ہیں تو حرفِ بیان کو حرفِ معنی بنا دیتے ہیں:

"اس کی شخصیت میں ایک ایسی ہم آہنگی اور موزونی تھی جو صرف آرٹ کے

شہکاروں کے حصے میں آتی ہے،اس کی تمام قوتوں نے اس طرح تناسب کے ساتھ نشوونما پائی تھی جس طرح گلاب کی پنکھڑیاں اپنی ترتیب اور موزونیت سے ایک دوسرے کے حسن میں اضافہ کرتی ہیں اور پھول میں دل فریبی اور حسن پیدا کرتی ہیں۔اس کا مطالعہ وسیع تھا۔میں نے اس عمر میں کسی کا مطالعہ اس قدر وسیع نہیں پایا......میری زندگی کی سب سے پرمسرت گھڑیاں وہ ہوتی تھیں جب میں دن بھر کے کام کاج اور مشاغل سے فارغ ہوکر اس کے ساتھ باتیں کرتا۔اس دن جو واقعات اور ناگوار یا دلچسپ باتیں پیش آتیں،اس کو سناتا اور وہ اپنے دلفریب انداز میں تبصرہ کرتی......میں جب کوئی اچھی کتاب یا رسالہ یا مضمون پڑھتا تو سب سے پہلا خیال میرے دل میں یہ پیدا ہوتا کہ میں اس کو اپنی بہن کے لیے لے جاؤں گا اور اس کے ساتھ مل کر پڑھوں گا۔"

ایک ایک لفظ سے محبت ٹپکتی ہے اور غم کی خلش پڑھنے والے کے دل میں بھی سوز پیدا کردیتی ہے۔۔۔ایسی بہن کا بچھڑ جانا جب وہ عین عالمِ شباب میں ہے،قیامت ہے:

جاتے ہوئے کہتے ہو قیامت میں ملیں گے
کیا خوب، قیامت کا ہے گویا کوئی دن اور

"آندھی میں چراغ" دراصل ان شخصیات کی زندگی اور عمل کی روشنی کو عام کرنے کے لیے رقم کی گئی ہے جو مختلف زمانوں میں انسانیت کی فلاح کے لیے کام کرتی رہی ہیں اور تہذیبِ انسانی کے ایوان میں چراغ سے چراغ جلتے رہے ہیں۔مہاتما بدھ سے لے کر خواجہ غلام الثقلین تک، سب زندگی،امن ومساوات اور انسانیت اور عبد و معبود کے مابین رشتوں کے متلاشی ہیں۔اور بہتر سے بہتر اقدار کو فروغ دینا ہی ان کا نصب العین ہے۔

شخصیات کے حوالوں سے اپنی بات کہنے کے بعد اس کتاب کے مصنف نے آزادانہ طور پر کچھ بنیادی سوالوں پر غور وخوض کیا ہے اور اپنے عمیق مطالعے کی روشنی میں نتائج اخذ کرنے کی کوشش کی ہے۔ سیدین صاحب کی مساعیٔ جمیلہ کچھ حقائق کے پردے اُٹھاتی ہیں،مگر زندگی کی طرح یہ سفر بھی ناتمام ہے،فکرِ انسانی کتنی ہی بلند پروازی کرلے،مگر ستاروں سے آگے جہاں،اور جہانوں کے آگے اور

جہان ہیں جو اس خاک کے پتلے کے جذبۂ عشقِ حقیقی کے امتحان لیتے ہی رہیں گے۔

کتاب کے آخری حصے کے یہ مضامین انشاپردازی کے اعلیٰ نمونے ہیں اور سیدین صاحب کی فکرانگیز لیکن سلیس اور رواں دواں طرزِ تحریر کے شاہد۔ پہلا مضمون ہے— "آدمی سے انسان" فوری طور پر فلسفی شاعر غالب کے اس مصرعے تک ذہن جاتا ہے:

آدمی کو بھی میسر نہیں انساں ہونا

لیکن کیوں میسر نہیں؟ یہی سوال میرے خیال میں اس مضمون کا محرک ہے۔ ظاہر ہے آدمی ترقی کر کے ہی انسان بن سکتا ہے۔ اس مضمون میں سیدین صاحب نے تین سوال اُٹھائے ہیں۔ پہلا یہ کہ ترقی کا صحیح مفہوم کیا ہے۔ اس بحث کو پھیلایا جائے تو شاید دُنیا کے تمام علوم، اس کی تاریخ اور فلسفہ و مذہب اور مذہب کے بہت سے مسائل اس میں سمٹ آئیں گے— خواجہ صاحب اس بحث سے گریز کرتے ہوئے لکھتے ہیں کہ سوچنا یہ ہے کہ ترقی دراصل جسم کی ہے یا رُوح کی، مادّی ہے یا اخلاقی یا تمدّنی، اس موضوع پر مفکرانہ انداز میں بحث کرتے ہوئے مصنف اپنی بات کو یہاں تک لے آتا ہے کہ:

"انسان کی زندگی اس کی مادّی ضرورتوں تک محدود نہیں، بلکہ اس کے بہت سے اور اہم تقاضے بھی ہیں جو اس کو معنویت بخشتے ہیں۔ لہٰذا جب ہم انسان کی ترقی کا ذکر کرتے ہیں تو اس میں دونوں پہلوؤں کو شامل کرنا ضروری ہے۔"

دوسرا سوال خواجہ صاحب نے یہ قائم کیا ہے کہ آیا آدمی نے گذشتہ پانچ ہزار سال میں ترقی کی ہے یا نہیں؟ اس سوال کا جواب دیتے ہوئے خواجہ صاحب تاریخ سے پہلے آدمی کا تصور کرتے ہوئے تہذیب کی تاریخ سے پردے اُٹھاتے ہیں، اور سائنس کے حوالے سے جدید علوم کی گرہ کشائی کرتے ہیں اور طب، فلسفہ، تاریخ، جغرافیہ اور ریاضی کا ذکر کرتے ہیں۔ فلکیات کے علم تک پہنچنے کی کوششوں کا ذکر کرتے ہیں۔ گویا ترقی کی، لیکن شاید یہ "ترقیِ معکوس" بھی ہے کیونکہ انھیں ترقیوں کا کرشمہ ہے کہ دُنیا نے دو عظیم جنگوں کا عذاب جھیلا ہے، اور اس کے بعد "سرد جنگ" کی اصطلاح ایجاد کی جس کی عملی اور ذہنی تباہیوں کی داستان "گرم جنگ" سے کم نہیں۔ اس زمانے میں رنگ و نسل کے تعصب نے ایسی شدید صورت اختیار کی جس کی مثال تاریخ میں نہیں ملتی—

اس اہم موضوع پر روشنی ڈالتے ہوئے خواجہ صاحب نے سوال اُٹھایا ہے:

> ''سوال اُٹھایا جاسکتا ہے کہ کیا ایک امیر اور غریب شخص میں، ایک 'اُونچی' ذات کے مرد اور 'نیچ' ذات کی عورت میں، ایک فرانسیسی اور ایک حبشی میں دوستی یا محبت نہیں ہوسکتی؟ یقیناً ہوسکتی ہے، لیکن اگر وہ محض جنسی کشش نہیں، عارضی اور دکھاوے کی دوستی نہیں تو دونوں کو انفرادی حیثیت سے ان غلط قدروں کو رد کرنا ہوگا جو مروّجہ اختلافات کی تہہ میں کارفرما ہیں۔ یہی اصول جماعتوں اور قوموں کے بارے میں بھی لاگو ہوتا ہے۔'' (ص ۳۰۸)

خواجہ صاحب نہایت واضح الفاظ میں عالمی پیمانے پر پھیلی ہوئی عصبیت، نفرت اور بین الاقوامی سطح پر جڑ پکڑتی ہوئی معاشرتی اور سیاسی منافرت کا حل پیش کیا ہے۔

اپنے اس فکر انگیز مضمون 'آدمی سے انسان' میں سیدین صاحب نے تیسرا سوال یہ اُٹھایا ہے کہ ترقی کی جو رفتار اور روش رہی ہے وہ اطمینان بخش ہے یا نہیں۔ اس سوال کے جواب میں انھوں نے پتھر کے زمانے سے لے کر آج ایٹم کے زمانے تک سیر کی ہے۔ اور ان ہستیوں کا ذکر کیا ہے جو مختلف زمانوں میں ہادیانِ بنی نوعِ آدم بن کر آتے رہے اور نئی نئی روشنیاں اور راہیں دکھاتے رہے، مگر دوسرا پہلو یہ ہے کہ (خواجہ صاحب کے الفاظ میں):

> ''ان مہاپرشوں اور نیک انسانوں کی حیثیت روشنی کے میناروں کی سی ہے۔ یہ وہ پہاڑ ہیں جو زندگی کی شاہراہ پر جابجا کھڑے ہیں، اور زبانِ حال سے کہتے ہیں کہ زمین پر رینگنے یا گڑھے میں گرنے کے بجائے اس بلندی کی طرف آؤ جس کی جڑیں زمین پر قائم ہیں اور چوٹی آسمان کی طرف نگراں — ان کے برخلاف بیشتر انسانوں کا قد اس قدر چھوٹا، ان کے دل و دماغ اس قدر تنگ، ان کی حرکتیں ابھی تک بربریت کے اس درجہ نزدیک کہ شاعر حیران ہوکر پوچھتا ہے:
>
> ہو نقش اگر باطل تکرار سے کیا حاصل
> کیا تجھ کو خوش آتی ہے آدم کی یہ ارزانی
>
> (آدمی میں چراغ، ص ۳۱۰)

اس کے بعد خواجہ صاحب نے قوموں کے عروج و زوال اور تہذیبوں کے بننے اور بگڑنے کے

بارے میں معلومات کے دریا بہائے ہیں، اور آخر میں اس نتیجہ پر پہنچے ہیں کہ:

''انسان کے لیے نہ قارون کی دولت درکار ہے، نہ افلاطون کا علم، نہ یوسف کا حسن، نہ سکندر کی حکومت، اس کا سرمایۂ حیات اقبالؔ کے نکتہ رس الفاظ میں محض: 'ضمیر پاک ونگاہِ بلند و مستیٔ شوق' ہوگا اور بس۔'' (ص ۳۴۴)

''ہندوستان کا مستقبل'' بھی انشا پردازی کا اچھا نمونہ ہے۔ اس مضمون میں خواجہ صاحب نے ہندوستان کی قدیم تہذیب اور پھر تاریخی اُتار چڑھاؤ، قدرتی وسائل، عوام الناس کی بے عملی، مغرب کی غلامی اور آزادی کی جدوجہد ـــــ اور اس جدوجہد میں گاندھی جی کی حکمتِ عملی اور اقبالؔ کے فکرانگیز پیغام کو مؤثر انداز میں دہرایا ہے:

ترى خودی میں اگر انقلاب ہو پیدا
عجب نہیں ہے کہ یہ چار سو بدل جائے
یہی شراب، یہی ہائے ہو رہے باقی
طریقِ ساقی و رسمِ کدو بدل جائے

خواجہ صاحب نے اپنے مضمون میں کسی مبصر کا قول نقل کیا ہے کہ ''ہندوستان ایک دولت مند ملک ہے مگر اس کے باشندے مفلس ہیں۔'' اس کا مطلب یہی ہے کہ انھوں نے ابھی تک اپنے اندر اور باہر کی دولت یعنی اپنی صلاحیتوں اور وسائل سے پوری طرح کام لینا نہیں سیکھا اور دونوں بڑی حد تک بیکار جارہے ہیں۔

گویا عمل اور صرف عمل میں ہی ہندوستان کا روشن مستقبل مضمر ہے۔ ''قوموں کا مستقبل'' عنوان سے جو مضمون خواجہ صاحب نے قلم بند کیا ہے اس کا لبِ لباب بھی یہی ہے کہ:

''قوموں اور افراد کی زندگی میں امن اور خوشی صرف اس صورت میں راہ پاسکتی ہے جب وہ اخلاق اور شرافت کے بنیادی اصولوں کو برتنا سیکھیں۔ کوئی دوسری چیز بھی، قوت ہو یا دولت یا سائنس اس کا بدل نہیں ہوسکتی۔ اقبالؔ نے لکھا ہے:

میں تجھ کو بتاتا ہوں تقدیرِ امم کیا ہے
شمشیر و سناں اوّل طاؤس و رباب آخر

(آندھی میں چراغ، ص ۳۶۹)

"آدمی میں چراغ" ان روشن لفظوں کا مجموعہ ہے جو ہزاروں سال سے آدمی کی تاریک راہوں میں مشعلیں جلاتے رہے ہیں، ان اعلیٰ اقدار کی بازیافت ہے جنھوں نے مختلف عنوانات اور شخصیات کے حوالے سے مصنف نے اپنے مافی الضمیر کو صفحۂ قرطاس پر پیش کیا اور آج ان کے یہ مضامین بھی ان کے کارناموں کی طرح تاریخ کا ایک وقیع حصہ ہیں۔ موجودہ دُنیا کے گوناگوں مسائل کا حل بہت کچھ اہلِ قوت و سیاست کے ہاتھوں میں ہے لیکن خواجہ صاحب ان کو پوری ذمہ داری سونپنے کو بھیانک غلطی تصور کرتے ہیں۔ اہلِ قوت و سیاست ایک سازگار ماحول پیدا کر سکتے ہیں مگر بہ قول سیدین صاحب:

> "بنیادی طور پر یہ ذمہ داری عالموں، ادیبوں، شاعروں، معلموں اور دوسرے اہلِ فکر کی ہے...... میں اس حقیقت پر زور دینا چاہتا ہوں کہ انسانی فکر میں جنگ کے مہلک ترین ہتھیاروں سے کہیں زیادہ قوت ہے، اور انسانوں کے مسئلوں کا آخری فیصلہ انسان کی قوتِ فکر ہی کر سکتی ہے، نہ کہ وہ آلات جو اس نے ایجاد کیے ہیں۔"

(آدمی میں چراغ، ص ۳۶۵)

فکرِ انسانی پر اس قدر اعتماد ایک معلّمِ انسانیت اور روشن ضمیر شخص کو ہی ہو سکتا ہے اور اسی کا نام ہے — خواجہ غلام السیدین:

زباں پہ بارِ خدا یہ کس کا نام آیا
کہ بوسے نطق نے بڑھ کر مری زباں کے لیے

OO

(۳ راگست ۲۰۰۳ء)

دریائے سخن: جوش ملیح آبادی

چشمہ اپنی باطنی قوت کے زور پر زمین کی تہوں سے اُبھرتا ہے اور سخت چٹانوں کے جگر کو چیر کر اُبل پڑتا ہے۔ وہ اپنے وجود کے اظہار کے لیے بیقرار رہتا ہے، اُچھلتا ہے، اور اپنی بے پناہ قوت کے باعث پہاڑوں میں اپنی گزرگاہ بناتا ہے، اپنا راستہ خود متعین کرتا ہے اور پٹھاروں، وادیوں اور سنگلاخ چٹانوں سے کھیلتا ہوا کھلے میدان میں آ کر انگڑائی لیتا ہے، ٹھاٹھیں مارتا ہے اور راستے کی دُشواریوں پر قہقہے لگاتا ہوا بڑھتا چلا جاتا ہے۔ بڑھتا چلا جاتا ہے، اپنی منزل کی طرف۔ چشمے کا شفاف پانی سب کی پیاس بجھاتا ہے، اور جب میدان میں آ کر دریا کی شکل اختیار کرتا ہے تو اس سے سب اس طرح سیراب ہوتے ہیں جیسے وہ ان کے لیے زندگی کا پیغام ہو ـــ اور جہاں ہزاروں لوگ اس کے والا و شیدا ہوتے ہیں وہاں کچھ عناصر اسے آلودہ بھی کرتے ہیں ـــ مگر وہ اُن آلودگیوں کو بھی خس و خاشاک کی طرح اپنے ساتھ بہا لے جاتا ہے۔ اس کی روانی میں کوئی چیز حائل نہیں ہو سکتی۔

جوش ملیح آبادی ایک ایسے ہی دریائے سخن تھے جو اپنی بے پناہ قوت کے باعث اُبھرے، میدانِ شعر میں وارد ہوئے اور عمر بھر ان کے گرد استفادہ کرنے والوں کا جمگھٹا لگا رہا۔ وہ اپنی ذات و صفات سے ہزاروں کو سیراب کرتے رہے۔ ان سے فیض پانے والوں میں شعرا کی کئی نسلیں تھیں۔ ان کی وادی کی فضا عجیب فرحت بخش تھی۔ انھوں نے جن شعرا کو متاثر کیا ان میں نمایاں

نام ہیں روش صدیقی، اسرارالحق مجاز، جاں نثار اختر، معین احسن جذبی، مسعود اختر جمال، سردار جعفری، علی جواد زیدی، سید مطلبی فریدآبادی اور کیفی اعظمی وغیرہ۔ جوش جیسے دریائے سخن کو کچھ نقادوں نے آلودہ بھی کیا، مگر تنقید ان کا کچھ نہیں بگاڑ سکی۔ دریائے سخن ساری تنقیدوں کو خس وخاشاک کی طرح بہا کر لے گیا۔ یہ دریا بہت دشوار گزار راستوں سے ہوکر گزرا، مگر اس کے صد سالہ جشنِ ولادت کے موقع پر ہم جائزہ لیتے ہیں تو محسوس ہوتا ہے کہ جوش کی عظمت مسلّم ہے، اور وہ اقبال کے بعد بیسویں صدی کا سب سے بڑا شاعر ہے۔ ان کے اس شعر کی صداقت کا احساس آج ہوتا ہے:

اپنے الفاظ کی میت کو سرِ دوش اُٹھائے
محوِ فریاد ہے سلمائے زباں میرے بعد

اُردو زبان کو ایسا بھرپور شاعر اور لفظوں کا ایسا قدر شناس اور مسیحا صدیوں میں میسر آئے گا۔

جوش ملیح آبادی 'بیداری' اور 'روانی' کے شاعر ہیں۔ غفلت، ست روی، اضمحلال، انجماد اور تھکن ان کی شعری لغت میں نہیں۔ وہ تو خوابیدہ قوموں کو جگانے اور مردوں کو زندگی کا نیا سبق دینے والے شاعر ہیں:

تجھ کو یقیں نہ آئے گا اے دائمی غلام
میں جا کے مقبروں میں سناؤں اگر کلام
خود موت سے حیات کے چشمے اُبل پڑے
قبروں سے سر کو پھوڑ کے مردے نکل پڑیں

خواب کو جذبۂ بیدار دیے دیتا ہوں
قوم کے ہاتھ میں تلوار دیئے دیتا ہوں

صبح ان کی شاعری میں بیداری کا استعارہ ہے۔ صبح کی عظمت پر جس قدر خوبصورت اشعار جوش نے کہے ہیں اتنے شاید کسی نے نہیں کہے۔ کتنا بلیغ شعر ہے:

ہم ایسے اہلِ نظر کو ثبوتِ حق کے لیے
اگر رسول نہ ہوتے تو صبح کافی تھی

وہ صبح کے شیدائی ہیں۔ صبح ان کے سینے میں زندگی کی حرارت اور ذہن میں تخلیقیت پیدا کرتی ہے:

منہ اندھیرے میں اُٹھا ہوں شعر کہنے کے لیے
تیرگی میں حسن کے دریا میں بہنے کے لیے

اس موضوع پر ان کی نظموں میں ''نغمۂ سحر''، ''کلیوں کی بیداری''، ''مکالمہ صبح وشاعر'' اور ''البیلی صبح'' جیسی لازوال نظمیں ہیں:

نظر جھکائے عروسِ فطرت جبیں سے زلفیں ہٹا رہی ہے
سحر کا تارا ہے زلزلے میں، اُفق کی لو تھر تھرا رہی ہے
روش روش نغمۂ طرب ہے، چمن چمن جشن رنگ و بو ہے
طیور شاخوں پہ ہیں غزل خواں، کلی کلی گنگنا رہی ہے
ستارۂ صبح کی رسیلی، جھپکتی آنکھوں میں ہیں فسانے
نگار مہتاب کی نشیلی نگاہ جادو جگا رہی ہے
طیور بزمِ سحر کے مطرب، لچکتی شاخوں پہ گا رہے ہیں
نسیم، فردوس کی سہیلی گلوں کو جھولا جھلا رہی ہے

نظموں کی طرح ان کی رُباعیوں میں بھی صبح کا حسن بکھرا پڑا ہے۔ وہ صبح سے درسِ انقلاب بھی لیتے ہیں، اور ملک وقوم کی بیداری کا حسین خواب وہ صبح کے دلفریب منظر اور کلیوں کے چٹکنے کے نغمے کے ساتھ دیکھتے ہیں:

ہشیار کہ آفتاب ہونا ہے تجھے
پیغمبرِ انقلاب ہونا ہے تجھے
ہر صبح کو آتی ہے یہ ساقی کی صدا
بیدار کہ خود شراب ہونا ہے تجھے

زندگی ان کے لیے دجلۂ جاں ہے۔ وہ قوم کو بیدار کرتے ہوئے زندگی کی عظمت کے گیت گاتے ہیں:

اُٹھ کہ حریمِ کیف میں عطرِ چکاں ہے زندگی
عطر چکاں و گل فشاں، رقص کناں ہے زندگی

ان کی طبعِ رواں زندگی کے ہر منظر سے استفادہ کرتی ہے اور وہ زندگی کو جاوداں سمجھتے ہیں۔ مناظرِ قدرت ان کے دل میں نئی ترنگ پیدا کرتے ہیں:

طبعِ شاعر کو روانی کا اشارہ کر کے
نہر شاخوں کے گھنے سائے میں سو جاتی ہے

اور اس شاعرِ حیات کی طبیعت جب جولانی پر آتی ہے تو وہ ایک بے قرار نغمے کے روپ میں اُبل پڑتا ہے:

کام ہے میرا تغیر، نام ہے میرا شباب
میرا نعرہ انقلاب و انقلاب و انقلاب

وہ اپنے ذہن کے آسمان کی بلندیوں سے پکارتا ہے:

سنو ! اے بستگانِ زلفِ گیتی
ندا کیا آ رہی ہے آسماں سے
کہ آزادی کا اِک لمحہ ہے بہتر
غلامی کی حیاتِ جاوداں سے

اور جب وہ یہ دیکھتا ہے کہ خود اس کا ملک خوابِ غفلت میں ہے، غلامی کی زنجیروں میں جکڑا ہوا —— تو وہ جھلا اُٹھتا ہے۔ جھنجھوڑتا ہے اس قوم کو:

تجھ پر مرے کلام کا ہوتا نہیں اثر
چونکا رہا ہوں کب سے میں شانے جھنجھوڑ کر
حالانکہ میرا شعر ہے وہ حرفِ تند و تیز
طوفاں بدوش، صاعقہ پا و حشر خیز
ضد پر جو آئے بات میں پتھر کو توڑ دے
بس اِک صدا میں گنبدِ بے در کو توڑ دے

میرے رَجز سے لرزہ براندام ہے زمیں
افسوس تیرے کان پہ جوں رینگتی نہیں

ایک ایک لفظ میں درد ہے، کسک ہے، ہم وطنوں کو بیدار کرنے کی اُمنگ ہے۔ایسے اشعار کو نعرہ بازی کہہ کر ٹال دینا خود اپنی کج فہمی کا اعتراف ہے۔ جوشؔ شاعر تھے اور آزاد ذہن رکھنے والے شاعر۔ وہ کسی سیاسی پارٹی یا مخصوص نظریے کا آلہ کار نہیں بنے۔انھوں نے وہی کہا جو ان کے مزاج نے ان سے کہلایا۔ وہ تو ایک دریائے رواں تھے۔اس کے شفاف پانی میں جو چاہے اپنا منہ دیکھ لے، اور جو چاہے وہ بہ قدر ظرف اپنی پیاس بجھالے۔

جوشؔ کی شاعری پر کوئی لیبل نہیں لگایا جاسکتا۔انھوں نے اپنے غلام ملک میں شکستِ زنداں کا خواب دیکھا تھا اور جب اس خواب کی تعبیر کے آثار نظر آنے شروع ہوئے، اور آزادی کے متوالوں کی جدوجہد قوم کو اس راستے پر لے آئی جہاں سے آزادی کی جھلک دیکھی جاسکتی تھی تو جوشؔ نے اپنی بھرپور آواز میں اس پر ردِ عمل کا اظہار کیا:

کیا ہند کا زنداں کانپ رہا ہے گونج رہی ہیں تکبیریں
اُکتائے ہیں شاید کچھ قیدی اور توڑ رہے ہیں زنجیریں
دیواروں کے نیچے آ آ کر یوں جمع ہوئے ہیں زندانی
سینوں میں تلاطم بجلی کا ، آنکھوں میں جھلکتی شمشیریں
بھوکوں کی نظر میں بجلی ہے، توپوں کے دہانے ٹھنڈے ہیں
تقدیر کے لب کو جنبش ہے دَم توڑ رہی ہیں تدبیریں
کیا ان کو خبر تھی ہونٹوں پر جو قفل لگایا کرتے تھے
اِک روز اسی خاموشی سے ٹپکیں گی دہکتی تقریریں
سنبھلو کہ وہ زنداں گونج اُٹھا، جھپٹو کہ وہ قیدی چھوٹ گئے
اُٹھو کہ وہ بیٹھیں دیواریں، دوڑو کہ وہ ٹوٹیں زنجیریں

جوشؔ نے زنداں کی دیواریں بیٹھنے اور دھیرے دھیرے زنجیریں ٹوٹنے کا منظر اپنی آنکھوں سے دیکھا، اور حصولِ آزادی سے پہلے ایسٹ انڈیا کمپنی کے فرزندوں کو خطاب کر کے ان کے مظالم کا

آئینہ دکھا کر یہ پیشین گوئی کی تھی:

خیر، اے سوداگرو! اب ہے تو بس اس بات میں
وقت کے فرمان کے آگے جھکا دو گردنیں
اِک کہانی وقت لکھے گا نئے مضمون کی
جس کی سرخی کو ضرورت ہے تمھارے خون کی

وقت کا فرمان ہندوستان کی آزادی تھا۔ ملک آزاد ہوا، مگر کس طرح! اور جوش کے حساس ذہن پر کیا گزری اور وہ اس مفلوج آزادی سے بغل گیر ہو کر کتنے مجروح ہوئے۔ یہ ایک طویل داستان ہے۔ اسے دہرانے کی یہاں کوئی ضرورت نہیں:

ہمیں نہیں ہے کچھ اعمالِ جوش سے مطلب
کہ ہم تو صرف متاعِ ہنر کو دیکھتے ہیں

جوش کا ہنر شاعری اور صرف شاعری تھا اور ان کی شاعری محض خیالی نہیں۔ انھوں نے اپنی سرزمین، اپنی مٹی، اپنی آب و ہوا اور اپنے ماحول سے عشق کیا، اور اس مٹی کی خوشبو، اس کے رنگ اور اس کا حسن ان کی شاعری کی رُوح ہے۔ ان کی ابتدائی نظموں میں ''الوداع'' محض نظم نہیں ہے۔ ان کی مجروح روح کی آواز ہے۔ ''الوداع'' کہہ رہے ہیں اپنے مولد ملیح آباد کو — اور لمحہ ہے حیدرآباد کو بہ سلسلۂ ملازمت روانگی کا۔ ان کے اشعار میں ان کی روح کا کرب کھنچ آیا ہے اور ایک ایک لفظ سے وطن کی محبت پھوٹتی پڑتی ہے، ایک ایک شعر میں ملیح آباد کی تہذیب اور تمدن کی جھلک ہے:

اے ملیح آباد کے رنگیں گلستاں الوداع
الوداع اے سرزمینِ صبحِ خنداں الوداع
الوداع اے کشورِ شعر و شبستاں الوداع

تیرے گھر سے ایک زندہ لاش اُٹھ جانے کو ہے
آ گلے مل لیں کہ آوازِ جرس آنے کو ہے

آم کے باغوں میں جب برسات ہوگی پرخروش
میری فرقت میں لہو روئے گی چشم مے فروش
اُس کی بوندیں جب اُڑا دیں گی گلستانوں کے ہوش
کنجِ رنگیں میں پکاریں گی بہاریں جوش! جوش!

سن کے میرا نام موسم غمزدہ ہو جائے گا
ایک محشر سا گلستاں میں بپا ہو جائے گا

صبح جب اس سمت آئے گی براگندہ نقاب
آہ کون اس دلکشا میداں میں چھیڑے گا رباب
اس اُفق پر شب کو جب انگڑائی لے گا ماہتاب
چاندنی کے فرش پر لہرائے گا کس کا شباب

جگمگائے گی چمن میں پنکھڑی کس کے لیے
رنگ برسائے گی ساون کی جھڑی کس کے لیے

مناظرِ قدرت کو جوشؔ نے اپنی روح میں جذب کرلیا تھا۔ وہ صرف مصورِ فطرت نہیں تھے، بلکہ قدرتی مناظر میں ڈوب کر ان میں نئی معنویت پیدا کرتے تھے۔ ان کے الفاظ کی تہوں میں معانی کے دفتر پوشیدہ ہوتے تھے:

الفاظ کے سر پر نہیں اُڑتے معنی
الفاظ کے سینوں میں اُتر کر دیکھو

معنی خیز تصویر کشی میں نظیرؔ اکبرآبادی کے بعد جوشؔ اپنی مثال آپ ہیں۔ جس طرح نظیرؔ نے ''بنجارہ نامہ'' میں لفظوں کو بکھرا کر نظم کا تانا بانا تیار کیا ہے، اس کی مثال صرف جوشؔ کے یہاں ملتی ہے۔ نظیرؔ نے کہا ہے کہ:

کیا بدھیا، بھینسا، بیل، شتر، کیا گونی، پلا، سر بھارا

اور دُنیا کی ہر چیز:

سب ٹھاٹھ پڑا رہ جائے گا جب لاد چلے گا بنجارا

نظیر کی اس نظم کے صوفیانہ رنگ سے الگ ــــ جوش نے دیہاتی بازار کی جو تصویر کھینچی ہے اس کی مثال اردو شاعری میں نہیں ہے۔ایسے ایسے 'غریب الفاظ' کو بہ ظاہر بے ترتیبی سے ترتیب دے کر ان میں جان ڈال دی ہے،اور اُردو شاعری کو ان لفظوں سے مالا مال کیا ہے۔''گرمی اور دیہاتی بازار' میں ہندوستان کی دیہاتی زندگی کے ایک اجتماعی پہلو کی بھر پور عکاسی ہے۔یہ نظم ادب اور ساجیات کے طالب علموں کو دعوتِ فکر دیتی ہے۔اس نظم کو جوش کی قادر الکلامی کی دلیل کہا جا سکتا ہے:

دوپہر ، بازار کا دن ، گاؤں کی خلقت کا شور
خون کی پیاس شعاعیں ، رُوح فرسا لُو کا زور
شور ، ہلچل ، غلغلہ ، ہیجان ، لُو ، گرمی غبار
بیل ،گھوڑے ، بکریاں ، بھیڑیں قطار اندر قطار
مکھیوں کی بھنبھناہٹ ،گڑ کی بو،مرچوں کی دھاس
خربزے ، آلو ، کھلی ، گیہوں ، کدو ، تربوز ، گھاس
دھوپ کی شدّت ، ہوا کی یورشیں ،گرمی کی رَد
کملیوں میں سرخ چاول، ٹاٹ کے ٹکڑوں پہ جو
گرم ذرّوں کے شدائد ، جھکڑوں کی سختیاں
جھکڑوں میں کھانستے بوڑھوں کی چلموں کا دھواں
ماؤں کے کاندھوں پہ بچے گردنیں ڈالے ہوئے
بھوک کی آنکھوں کے تارے، پیاس کے پالے ہوئے

کیا رواں دواں نظم ہے اور کتنی سچی، کتنی حقیقت آفریں اور کتنی اثر انگیز۔منظر نگاری جوش کی شاعری کا اہم جزو ہے۔انھوں نے بھر پور زندگی جی، زندگی کو پوری ادبی ایمانداری کے ساتھ اپنی شاعری میں پیش کیا چاہے ان کی انسان دوستی ہو یا حب الوطنی، خودداری و تمکنت ہو یا خاندانی وقار، شراب نوشی ہو یا عشق کی گرم بازاری ــــ جوش کی شاعری کے تنوع اور ان کی ہمہ جہت شخصیت پر ہزاروں صفحات بھی سپردِ قلم کیے جائیں تو بھی ہم جوش کی عظمت کا حق ادا نہیں کر سکتے۔ان کی عشقیہ نظموں میں سے ان کی ایک نمائندہ نظم ''کیا گل بدنی ہے'' کے کچھ اشعار:

کس درجہ فسوں کار وہ اللہُ غنی ہے
کیا موجۂ تابندگی و سیم تنی ہے
انداز ہے یا جذبۂ گردوں زدنی ہے
آواز ہے یا بربطِ ایماں شکنی ہے
جنگل کی سیہ رات ہے یا زلف گھنی ہے
کیا گل بدنی، گل بدنی، گل بدنی ہے

عشوے ہیں کہ اِک فوج کھڑی لوٹ رہی ہے
چھل بل ہے کہ چھاتی کوز میں کوٹ رہی ہے
انگڑائی کا خم ہے کہ دھنک ٹوٹ رہی ہے
مکھڑا ہے کہ پربت پہ کرن پھوٹ رہی ہے
قامت ہے کہ برنائی سروِ چمنی ہے
کیا گل بدنی، گل بدنی، گل بدنی ہے

اس بن میں بھی پڑتی ہیں حسینوں پہ نگاہیں
قدموں کے تلے اب بھی جوانی کی ہیں راہیں
اب بھی یہ تمنا کہ ملیں پھول سی باہیں
اصنام کو ممکن ہے کہ ہم جوشؔ نہ چاہیں
گھٹی میں پڑی عاشقی و برہمنی ہے
کیا گل بدنی، گل بدنی، گل بدنی ہے

جوشؔ ملیح آبادی اس وقت میدانِ شعر میں وارد ہوئے جب اقبالؔ کا سکہ رواں ہو چکا تھا۔ جوشؔ نے نیا لہجہ، نئی لفظیات اور اظہار کے نئے اسالیب اپنائے اور ابتدا سے ہی ان کی آواز الگ پہچانی جانے لگی۔ انھوں نے قدامت سے یکسر گریز کیا اور بہ بانگِ دہل کہا:

دل رسم کے سانچے میں نہ ڈھالا ہم نے
اسلوبِ سخن نیا نکالا ہم نے

ذرّات کو چھوڑ کر حریفوں کے لیے
خورشید پہ بڑھ کے ہاتھ ڈالا ہم نے

اور وقت نے ثابت کر دیا کہ ان کا بیان صحیح تھا۔ انھیں فخرِ بے جا نہیں تھا۔ انھوں نے اپنی نظم ''اعترافِ عجز'' میں کہا ہے:

فکر میں کامل نہ فنِ شعر میں یکتا ہوں میں
کچھ اگر ہوں تو نقیبِ شاعرِ فردا ہوں میں

اس نظم میں اگرچہ انھوں نے کسرِ نفسی سے کام لیا ہے، مگر اس امر کا اظہار بھی کیا ہے کہ ان کے نقشِ قدم پر چل کر اس شاعر کی تخلیق ہوگی جو ہنوز ان کے تصوّر میں ہے۔ اس اندازِ فکر سے ان کی عظمت کو اور چار چاند لگتے ہیں۔ وہ اس وقت ہم میں نہیں ہیں مگر ان کا شعر ہم سے ہم کلام ہے:

اے لمحۂ موجود ادب سے پیش آ
آئندہ زمانے کی امانت ہوں میں

OO

(اکتوبر ۱۹۹۸ء)

جشنِ حیات کا استعارہ: شمیم کرہانی

جشنِ حیات ہو چکا، جشنِ ممات اور ہے
ایک برات جا چکی، ایک برات اور ہے

اس آگ کا اِک شعلہ، دُنیا کے لیے کافی
اِک عمر سے جلتے ہیں جس آگ میں ہم تنہا

آدابِ جنوں مانگے، آئینِ وفا مانگے
کیا دل ہے کہ اِک دُنیا، دنیا سے جدا مانگے

ان اشعار کے خالق کے ''جشنِ ممات'' کو چھبیس سال گزرے، مگر یہ آواز اور اشعار آج بھی اُردو شاعری کے متوالوں اور بالخصوص مشاعروں کے شائقین کے ذہنوں میں محفوظ ہوں گے۔ شمیم کرہانی جب اپنی پرسوز اور پرسکون آواز میں غزل سرا ہوتے تھے تو ایک عالَم گوش بر آواز ہو جاتا تھا۔ ان کے یہاں یہ سوز محض غمِ ذات کا نہیں تھا بلکہ یہ سوغات انھیں غمِ دوراں نے بخشی تھی۔ وہ شعرائے اُردو کی اس نسل سے تعلق رکھتے تھے جس نے اپنے حرف ولفظ کو جدوجہدِ آزادی کے لیے وقف کر دیا تھا۔ ان کے ہمعصروں میں علی جواد زیدی، علی سردار جعفری، اسرار الحق مجاز،

جاں نثار اختر، احتشام حسین رضوی وغیرہ تھے جن کے انقلابی نغموں اور شعلہ بار نظموں نے قصرِ بکنگھم میں شگاف ڈال دیئے تھے۔ یہ وہی زمانہ ہے جب لکھنؤ میں انجمن ترقی پسند مصنفین کی بنیاد پڑی تھی اور ہر محبِ وطن شاعر اپنے آپ کو ترقی پسند کہنا فخر سمجھتا تھا ـــــ کچھ ہی عرصہ بعد دوسری عالمگیر جنگ شروع ہوگئی تھی۔ سپاہی مورچہ پر جا رہے تھے اور شاعروں نے اپنے پر جوش ترانوں سے ان کی ہمت افزائی اور فاشزم کی مذمت میں کوئی کسر نہ اُٹھا رکھی تھی۔ ایک فوجی کے جذبات کو شمیم نے خوبصورت ترانے میں اس طرح ڈھالا:

طوفان میں کشتی کھیتے ہیں، کہسار سے ٹکر لیتے ہیں
ہم جنگ میں سر دے دیتے ہیں، ہم پاؤں ہٹانا کیا جانیں

شمیم کرہانی کی نظمیں کیا تھیں، شعلۂ جوالہ تھیں:

افلاس کے سینے سے شعلے جو لپکتے ہیں
محلوں میں امیروں کے وہ آگ لگا دیں گے

(جوان جذبے)

شاید آج کے قاری کو یہ پڑھ کر تعجب ہو کہ شمیم کرہانی ایک کمیٹیڈ شاعر تھے۔ اشتراکی جھنڈے کی شان میں ان کی نظم ایک ترانہ ہے اور شمیم کے ترقی پسندانہ خیالات کی ترجمان:

یہ پردۂ حرم نہیں، یہ پیکرِ جلال ہے
یہ دامنِ صنم نہیں، یہ نقشۂ جدال ہے
ہلال کا یہ خم نہیں، یہ محضر قتال ہے
صلیب کا علم نہیں، یہ شیر کی ایال ہے
بغاوتوں کے دوش پر، بغاوتوں کے دوش پر
یہ امن کا نشان ہے، یہ امن کا نشان ہے

اس نظم کا ہر بند اسی کیفیت میں ڈوبا ہوا ہے۔ ''لال جھنڈے'' کی شان میں اس سے بہتر اُردو نظم میری نظر سے نہیں گزری۔ وہ میدانِ جنگ میں جانے والے نوعمر سپاہی کی ہمت افزائی کرتے ہوئے نغمہ زن ہیں:

ظلم کی آندھی، غم کا اندھیرا
بحر پہ ہے طوفان کا ڈیرا
موت کا منہ ہر موج کا گھیرا
قوم کی ناؤ سنبھال
جاگ مرے نو عمر سپاہی
جاگ بھی میرے لال

شمیم کرہانی کی نظموں میں جو غنائیت ہے وہ ان کو ایک امتیازی شان بخشتی ہے۔

شمیم صاحب کی کتاب (روشن اندھیرا، مطبوعہ نومبر ۱۹۴۶ء) پڑھ کر اندازہ ہوتا ہے کہ ۱۹۴۲ء کی ''ہندوستان چھوڑو'' تحریک نے ان کے روح وضمیر کو اس قدر بیدار کر دیا تھا کہ وہ ہر لحہ جنگِ آزادی کی اس نئی کروٹ کو محسوس کرتے تھے اور روز تیسرے دن نظمیں کہتے تھے ـــ ایک دو نہیں، پچیس نظمیں کہی ہیں اس ایک موضوع اور قحطِ بنگال پر۔ اس قدر پُرگوئی اور تنوّع ان کے کسی ہم عصر کے یہاں نہیں ہے۔ ۹ راگست ۱۹۴۲ء کو گاندھی جی کو اسیرِ زنداں کیا جاتا ہے اور ۱۰ راگست کو شمیم کرہانی ان کو خراجِ عقیدت پیش کرتے ہیں:

زنداں کی بھیانک راتوں میں جو ظلم پڑے سہنا ہوگا
طوفانِ ستم میں ٹوٹی ہوئی کشتی کی طرح بہنا ہوگا
آزاد گھڑی کی حسرت میں بے خواب اسے رہنا ہوگا
کچھ دیر ذرا سو لینے دو
ہم اس کے عزیز سپاہی ، وہ سردار ہمارا ہے سن لو
کل ہند فدا ہے اس پر، وہ کل ہند کا پیارا ہے سن لو
جس موج کو چھیڑ رہے ہو تم، وہ آگ کا دھارا ہے سن لو
کچھ دیر اسے سو لینے دو

ظاہر ہے یہ نظم فوری تاثر کے تحت کہی گئی ہے۔ اس مجموعے میں ''طوفان''، ''جاگا ہندوستان''، ''جنگل کی آگ''، ''شوخ اُجالا''، ''اے جنونِ زندگی''، ''سرخ لکیر'' وغیرہ ایسی نظمیں ہیں جن

میں ۱۹۴۲ء کی تحریک اور اس سے پیدا شدہ حالات کی نغماتی تصویریں ہیں۔ نظم "شاعر کا سلام" کا یہ شعر سنئے:

سلام ہند کے شاعر کا ان شہیدوں کو
پڑے ہیں خاک پہ جو خون میں نہائے ہوئے

"سپاہی کا رقص" کا ایک بند:

گر کے لہریں لاشیں ناچیں
دل کی جگر کی قاشیں ناچیں
پھوٹے دل کے چھالے ناچے
خوں بھرے فوارے ناچے
دیوانو ساغر چھلکاؤ!
ناچو گاؤ دھوم مچاؤ

نگاہِ شوق میں فضائے گلستاں لیے ہوئے
ضمیرِ خلق میں بنائے کہکشاں لیے ہوئے
نئی زمین پر نیا اِک آسماں لیے ہوئے
نہادِ غم پہ رکھ رہے ہیں طرحِ خوشگوار ہم
بنا رہے ہیں زندگی کا قصرِ زرنگار ہم

(قصرِ زرنگار)

قحطِ بنگال پر ان کی نظم "گنگا کے دھارے" اپنے موضوع پر اُردو کی بہترین نظموں میں سے ہے:

گھر شمشان، کھنڈر ہیں گلیاں، بستی ہے یا پرتی
تو نے اب جو دیر لگائی جل جائے گی دھرتی
تجھ کو پیاسے نینوں سے تکتے ہیں تیرے پیارے
بڑھ گنگا کے دھارے
جھوم کے آنچل سے برسا دے ساون کی ہریالی

کوئل کوکے، گائے پپیہا، جھومے ڈالی ڈالی
چھاؤں بڑھے، ہریالی پھیلے، پیڑ اُگیں چھتنارے
بڑھے گنگا کے دھارے

ان نظموں میں قوم کا درد ہے، آزادی کی تڑپ ہے اور کچھ کر گزرنے کا جذبہ ہے۔ اور محاسنِ شعری کے ساتھ جو چیز سب سے زیادہ متاثر کرتی ہے وہ ان کی بے پناہ غنائیت ہے۔ اکثر نظمیں ترانے کے انداز میں ہیں۔ وہ شمیم صاحب کی نوجوانی تھی مگر کلام میں اس قدر پختگی کہ رشک آئے۔ شمیم صاحب کو خود اپنی نظموں پر ناز تھا۔ چنانچہ گرمِ سخن ہیں:

شمیم وہ دن قریب ہے جب قبول میرا کلام ہوگا
تمام نظموں کا مصرع مصرع زباں زدِ خاص و عام ہوگا

قابلِ غور بات یہ ہے کہ ''تمام نظموں'' کہا ہے ''غزلوں'' نہیں کہا — دراصل شمیم کرہانی انقلابی اور پرجوش آہنگ کے شاعر تھے۔ میں پروفیسر حنیف کیفی کے اس خیال سے متفق نہیں کہ ''شمیم کرہانی بنیادی طور پر غزل کے شاعر تھے۔'' (شمیم کرہانی، ص ۸)

جیسا کہ عرض کیا جا چکا ہے، شمیم صاحب اپنے دَور کے انقلابی شاعروں کے ہم قدم تھے۔ سراسر ترقی پسند، پھر ترقی پسندوں میں نظریاتی اختلافات پیدا ہوئے اور علی جواد زیدی اور شمیم کرہانی اس دھارے سے کٹ گئے جس میں احتشام حسین اور سردار جعفری وغیرہ تھے۔ اس مختصر مضمون میں ان تضادات کو پیش کرنا ممکن نہیں ہے جو اس ''دراڑ'' کو واضح کرسکیں۔ بہرحال شمیم صاحب نظمیں کہتے رہے۔ ان کی مشہور نظم — ''جگاؤ نہ باپو کو نیند آ گئی ہے'' گاندھی جی کا مشہور مرثیہ ہے، ان کی نظمیں ''بھولا ہوا راستہ''، ''روشنی تیز کرو''، ''خضرِ حیات''، ''راہگور'' وغیرہ قابلِ ذکر نظمیں ہیں۔ میں نے خود ان سے ایک بار ایک منظوم فیچر لکھوایا — ''فرات گریہ کناں ہے''، جس میں فرات کی موجوں سے ترنم پیدا کیا گیا تھا اور پس منظر سے موسیقی نہیں بلکہ صرف بہتے پانی کی لہروں کا زیر و بم تھا۔ ایک قادرالکلام شاعر کی طرح وہ جملہ اصنافِ شعری پر قادر تھے۔ انھوں نے کئی طویل نظمیں اور مسدس لکھے۔ احتشام صاحب کی وفات پر ''جانِ برادر'' جیسی طویل نظم کہنا کسی ''بنیادی طور پر غزل کے شاعر'' کے بس کی بات نہیں۔

دراصل ماحول بدلنے کے ساتھ اندازِ سخن میں بھی ضرور تبدیلی آ جاتی ہے۔ شمیم صاحب

۱۹۵۰ء میں دہلی آ گئے تھے۔ اس وقت دہلی میں اساتذۂ کرام کا اجتماع تھا۔ بیخود دہلوی، زار دہلوی، بسمل سعیدی، محروم صاحب، منور لکھنوی، امن لکھنوی، عرش ملسیانی ـــــ یہاں کا ماحول ہی غزل زدہ تھا۔ ظاہر ہے دہلی کی محفل میں بار پانے کے لیے غزل کی طرف توجہ فرمائی اور ان کے گرد شاعروں کا حلقہ بن گیا۔ میں نے ۱۹۳۶ء میں کانپور میں ہونے والے ایک مشاعرہ کا ''گلدستہ'' بچپن میں پڑھا تھا۔ اس میں دیگر انقلابی شعرا کے ساتھ شمیم کرہانی کا کلام بھی شامل تھا۔ اور جب میں بمبئی سے دہلی (۱۹۵۸ء) آیا اور شمیم صاحب سے ملا تو تعجب ہوا کہ ان سے غزلیں ہی سنیں۔ مگر یہ شمیم صاحب کی شاعری کا ایک رُخ تھا۔ اور یہ بھی سب جانتے ہیں کہ ۱۹۵۰ء کے بعد ترقی پسند شعرا بھی غزلیں کہنے لگے تھے۔ بساطِ ادب پر فیض کی غزل نے پانسہ پلٹ دیا تھا۔ بہر حال شمیم صاحب کی غزل میں بھی ان کے ترقی پسندانہ خیالات کی عکاسی ہے۔ نہ ان کا لہجہ روایتی ہے، نہ لفظیات اور نہ روایتی خیالات۔ انھوں نے اپنی غزل کا آہنگ زندگی کی رزم گاہ سے کشید کیا ہے اور بھر پور توانائی کے ساتھ اسے بزمِ سخن میں لائے ہیں۔ پامال اور فرسودہ ترکیبوں، تشبیہوں اور استعاروں سے گریز کر کے انھوں نے غزل کو بھی نیا حسن بخشا ہے:

دنیا کو شمیم آج کے اندازِ غزل میں
کچھ زندہ مسائل کے اشارے بھی ملے ہیں

مسائلِ حیات سے جوجھتی ہوئی ان کی غزلوں کے کچھ اشعار:

سمجھ رہا ہوں سحر کے فریب رنگیں کو
نیا لباس شبِ غم بدل کے آئی ہے

—

خزاں کی وادیٔ غربت گزار لیں تو شمیم
ملیں دیار بہاراں کے کج کلاہوں سے

—

غمِ سفر سے نہ گھبرا، قدم بڑھا کے چل
کہ یہ غبار ہے منزل کی مانگ کا صندل

—

موجِ غمِ جاناں ہو یا موجِ غمِ دوراں
آنے دو مرے دل تک ہر موج کا ساحل ہوں

—

جلتا تھا جو گھر میرا کچھ لوگ یہ کہتے تھے
کیا آگ سنہری ہے کیا آنچ سہانی ہے

—

ظلمتِ وقت سے کہو، حسرتِ دل نکال لے
ظلمتِ وقت کے لیے آج کی رات اور ہے

—

چہرے جلے جلے ہیں تو گلیاں بجھی بجھی
آخر ہمارے شہر نے کیا کر دیا گناہ

ان اشعار میں آزادی کے بعد کا ماحول سمویا ہوا ہے اور یہ شکوہ کہ وہ صبح ہنوز دُور ہے جس کے لیے قربانیاں دیں۔ وہ نئی زندگی کے متلاشی ہیں۔ قسیم صاحب کی غزل کا اپنا آب و رنگ ہے، ان کی نظر پورے ماحول پر ہے، سب کچھ بیان کرتے ہیں مگر نپے تلے انداز میں:

کون لکھے وقت کی درد بھری داستاں
جادوئے شب چل گیا، اہلِ قلم سو گئے

—

ہر آشیاں کو جو بانٹے گی زندگی کی کرن
مرے چمن میں وہ صبحِ عوام کب ہوگی

ایک عجیب کیفیت کا شعر ہے:

مرے ساتھ ساتھ رواں تو ہے کوئی سایہ سا کسی یاد کا
ہے وہی شریکِ سفر مرا، جو مرا شریکِ سفر نہیں

—

اے گردشِ دوراں تو اس وقت کی ساتھی ہے
جب ہم نے زمانے میں رکھا تھا قدم تنہا

اس سلسلے کا اختتام میں شمیم صاحب کے ایک ایسے شعر سے کرتا ہوں جہاں یادِ وطن کی چٹیلی کیفیت ہے:

شمیم دل نہیں لگتا دیارِ دلّی میں
غزالِ وادیٔ کرہان یاد آتے ہیں

شمیم کرہانی بیسویں صدی کے اہم شاعر ہیں۔ اس صدی کے ادبی مورخ کا فرض ہے کہ وہ شمیم کی بازیافت کرے اور انھیں محض غزل گو کہہ کر آگے نہ بڑھ جائے۔ ضرورت ہے کہ شمیم صاحب کا کلیات تاریخ وار ترتیب دیا جائے تاکہ ان کے تخلیقی سفر کی سمت اور پڑاؤ طے کیے جائیں اور انھیں ان کا جائز مقام مل سکے۔

OO

(۸؍مارچ ۲۰۰۱ء)

نوائے خلیل الرحمٰن اعظمی

بس ایک شعلے کی روشنی سے چراغ سینے کے جل اُٹھے ہیں
کیا ہے دامن کو چاک میں نے تو آج ہر سمت روشنی ہے

—

چلو کہ اب غم کی وادیوں میں طلوعِ مہتاب کا سماں ہے
جہاں جہاں میرے اشک برسے وہاں کی مٹی سنور گئی ہے

—

میں شہیدِ ظلمتِ شب سہی، مری خاک کو یہی جستجو
کوئی روشنی، کوئی روشنی، کوئی روشنی، کوئی روشنی

خلیل الرحمٰن اعظمی (۱۹۲۷ء-۱۹۸۸ء) کے یہ اشعار غم کی جس بھٹی سے تپ کر نکلے ہیں وہ ہمارے ملک کا وہ گلا سڑا جاگیردارانہ معاشرہ ہے جو سسک سسک کر دَم توڑ رہا ہے۔ اس دَور کے بیشتر اُردو شعرا زندگی کے اس دہکتے دوزخ سے برہنہ پا سفر کرتے ہوئے نئے ماحول کی طرف آئے ہیں اور اپنی بساط کے مطابق نئے گھروندے بناتے رہے ہیں:

کٹی پھٹی سی یہ روحیں، گلے سڑے یہ بدن
بس اور کچھ نہیں، اب ڈھونڈتے ہیں پیراہن

ان سب کو بلا استثنا اپنے وطن کی مٹی سے پیار ہے اور ہزار اختلافات کے باوجود وہ اپنے وطنِ عزیز سے رشتہ استوار رکھنا چاہتے ہیں:

یہ اور بات ہمارے لہو کی پیاسی ہے
مگر زمینِ چمن پھر بھی ہے زمینِ چمن

خلیل الرحمن اعظمی مشرقی یوپی کے ضلع اعظم گڑھ کے ایک گاؤں سیدھا سلطان پور کے ایک مولوی گھرانے میں پیدا ہوئے۔ یہ گاؤں دریائے ٹونس کے کنارے آباد ہے۔ خلیل صاحب کے بچپن کا بازیچہ کئی ایکڑ زمین میں پھیلا ہوا وہ باغ ہے جوان کے والد نے لگوایا تھا اور جس میں خلیل صاحب نے بیلا، چنبیلی، گیندا اور گلاب کی کیاریاں بنائی تھیں۔ ان کی تعلیم اس زمانے کے رواج کے مطابق مکتب سے شروع ہوئی اور پرائمری اسکول اور مڈل اسکول کے امتحانات پاس کرنے کے بعد وہ ہائی اسکول پہنچے۔ اور ہائی اسکول سے علی گڑھ مسلم یونیورسٹی پھر وہ علی گڑھ کے ہی ہو رہے اور یہیں یکم جون ۱۹۷۸ء کو انھوں نے آخری سانس لی۔

حالات نے انھیں پابہ زنجیر کر دیا تھا کیونکہ ہائی اسکول کے امتحان کے دوران ہی ان کے والد مولوی محمد شفیع کا انتقال ہو گیا۔ آبائی گاؤں میں بکھرتی ہوئی زمینداری کے بے مقصد اور دل آزار بکھیڑوں کے سوا کچھ نہ رہا اس لیے انھوں نے علی گڑھ کو ہی اپنا مستقر بنا لیا۔ ان کے سوانح نگار ڈاکٹر اخلاق احمد خاں نے ان کے حالات کافی تفصیل سے لکھے ہیں۔ مجھے کچھ ایسا محسوس ہوا کہ میں اپنے ہی حالات زندگی پڑھ رہا ہوں ــــ البتہ علی گڑھ کی جگہ میرے اعمال نامے میں دہلی اور بمبئی ہے۔

اس زمانے کا نظامِ تعلیم کچھ ایسا تھا کہ مڈل اسکول میں بچوں کو بہت محنت کرائی جاتی تھی اور مادری زبان کے علاوہ حساب، تاریخ اور جغرافیہ پر بھی طالب علم کی گرفت مضبوط ہو جاتی تھی اور پھر ہائی اسکول میں پہنچنے کے بعد ان مضامین پر دسترس کے باعث دوسری سرگرمیوں کے لیے بہت وقت ملتا تھا، اور ہم جیسے ماحول کے لوگوں کے لیے سب سے اہم مصروفیت اور دلچسپی ہوتی تھی دارالمطالعہ میں مطالعہ۔ اور شعر و شاعری، جس میں جوہرِ ذاتی ہو وہ بھیڑ میں سے بھی اُبھر کر آجاتا تھا ــــ خلیل صاحب ۱۹۴۵ء میں علی گڑھ آئے، ۱۹۴۷ء میں انٹرمیڈیٹ کرنے کے بعد گرمیوں کی چھٹیوں میں جامعہ ملیہ اسلامیہ دہلی کے شعبۂ تعمیرات میں عارضی ملازمت کر رہے تھے کہ آزادی

وطن تقسیم کی لعنت اور فسادات کی قیامت لے کر آئی۔ خلیل صاحب فسادیوں کی گرفت میں آ گئے اور انھیں اُدھ مرا کر کے ریل گاڑی سے باہر پھینک دیا گیا۔ ان کے بدن پر آٹھ زخم تھے۔ مگر زندگی کو ابھی ان سے بہت کام لینا تھا۔ جامع مسجد دہلی کے ریلیف کیمپ، اور جامعہ ملیہ میں زخموں کے اندمال کے بعد واپس علی گڑھ آ گئے:

یوں تو مرنے کے لیے زہر سبھی پیتے ہیں
زندگی تیرے لیے زہر پیا ہے میں نے

اس واقعہ بلکہ اس تجربے نے ظاہر ہے خلیل صاحب کو جھنجھوڑ دیا ہوگا اور اس آگ میں تپ کر ان کی شاعری کا سونا اور کھرا ہو گیا۔ اور زندگی کے پیار کے ساتھ غم کی گھلاوٹ اور سوزِ دروں کی تمازت آ گئی جو تا حیات ان کے لہو کو گرماتی رہی:

شمع جلتی ہے تو اِک رات میں جل جاتی ہے
یاں تو اِک عمر اسی طرح سے جلتے گزری
کونسی خاک ہے، یہ جانے کہاں کا ہے خمیر
اِک نئے سانچے میں ہر روز ہی ڈھلتے گزری

(آپ بیتی)

ٹھنڈی ٹھنڈی سی ہواؤں میں وہ غربت کی تھکن
در و دیوار پہ تاریک سے سائے لرزاں
کتنی کھوئی ہوئی بیمار فسردہ آنکھیں
ٹمٹماتے سے دیے چار طرف نوحہ کناں
مضمحل چہرے مصائب کی گرانباری سے
دلِ مجروح سے اُٹھتا ہوا غم ناک دھواں

اس نظم میں اختر الایمان کے لہجے کی بازگشت سنائی دیتی ہے۔

خلیل الرحمن اعظمی نے جب ہوش سنبھالا اس وقت ترقی پسند تحریک اپنے عروج پر تھی، اور ۱۹۴۵ء (حیدرآباد کانفرنس) کے بعد تو اس کی ہمہ گیری کا یہ عالم تھا کہ ہر بالغ نظر آدمی اپنے آپ کو ترقی پسند کہنے پر فخر کرتا تھا۔ شہروں شہروں انجمن ترقی پسند مصنّفین کی شاخیں قائم ہو گئی تھیں اور

بمبئی کی طرح ہر جگہ پابندی سے ہفتہ وار نشستیں منعقد ہوتی تھیں ــــ اس تحریک سے وابستہ ہونے والوں میں سیاسی یا ذہنی طور پر اشتراکی نظریہ رکھنے والوں کے علاوہ ایسے لوگ بھی تھے جو بچپن سے عسرت اور سماجی استحصال کی گود میں پلے تھے، جن کے دل زخموں سے چور تھے، اور جن کے سوالوں کا جواب ترقی پسند تحریک میں ملتا نظر آتا تھا، جن کے کچلے ہوئے خوابوں کی تعبیر ترقی پسند نظریات ہی پیش کر سکتے تھے۔ خلیل الرحمٰن اعظمی نے بھی اپنے آپ کو ترقی پسند تحریک سے وابستہ کر دیا، اور اس حد تک کہ اس سلسلے میں وہ قید و بند کی صعوبتوں سے بھی گذرے، میرے پیشِ نظر ان کی کلیات نہیں ہے بلکہ ان کے کلام کا محتاط انتخاب ہے، پھر بھی اس کتاب 'آسماں اے آسماں' میں ان کی شاعری کے سب نقوش مل جاتے ہیں۔ ڈسٹرکٹ جیل لکھنؤ (۱۹۴۹ء) کی ایک نظم ''شامِ اودھ'' ان کے رجحانات کی بھرپور عکاسی کرتی ہے:

ہیں زہر خند لبوں پر لیے یہ دیواریں
انھیں کی اوٹ میں شاید وہ اپنی دنیا ہے
جہاں اِک اور اُفق ہے، اِک آسماں ہے اور

(شام اودھ)

یہاں تو شامِ اودھ بھی اسیر ہے جیسے
نہ جانے کیا ہے کہ بے کیف سی فضاؤں میں
ترا خیال بھی اب رنگ بھر نہیں سکتا
مری نگاہ میں اب بھی ہیں وہ ترے گیسو
مگر ابھی تو یہ منظر سنور نہیں سکتا

یہاں وہی رویہ ہے کہ ''مجھ سے پہلی سی محبت مرے محبوب نہ مانگ'' (فیض)

یا: مجھے نفرت نہیں ہے عشقیہ اشعار سے لیکن
ابھی ان کو غلام آباد میں میں گا نہیں سکتا (سلام مچھلی شہری)

یا: میں تجھ کو بھول گیا اس کا اعتبار نہ کر
مگر خدا کے لیے مرا انتظار نہ کر (سردار جعفری)

اس کتاب کا پہلا حصہ ''کاغذی پیرہن'' ۱۹۴۷ء سے ۱۹۵۵ء تک کی نظموں اور غزلوں پر

مشتمل ہے۔ ۱۹۵۵ء تک آتے آتے ترقی پسند مصنفین کی صفوں میں (تنظیم کی حد تک) انتشار پیدا ہونے لگا تھا، اور اس میں سب سے بڑا ہاتھ ان چند سربراہوں کا تھا جنھوں نے جارحانہ رویہ اپنایا تھا، اور چند مقربین کے علاوہ اکثر ادیبوں اور شاعروں کا کورٹ مارشل کردیا تھا۔ (حوالہ: دار و رسن، نیا ادب) اس بکھراؤ کی وجہ سے انجمن کمزور تر ہوتی گئی، مگر جن ادیبوں، شاعروں اور دانشوروں نے ذہنی طور پر ترقی پسند نظریات کو قبول کیا تھا وہ بنیادی نظریات پر قائم ہے۔ بہ قول احمد ندیم قاسمی:

کپڑے تو نہیں میرے عقائد کہ بدل لوں

یہی وہ زمانہ ہے جب براہ راست اور اکہری شاعری سے اجتناب کا دور آیا اور تحریک ردّ و قبول کی منزل سے گزری۔ بہت سے لوگ "ہائی کمانڈ" سے بد دل ہو گئے اور دوسرے خیموں کی تلاش میں سرگرداں رہے — پھر نئی ہوا چلی اور "جدیدیت" نے پر و بال نکالے — اور — زندگی میں بے اطمینانی، بے چارگی، بے سمتی، بیزاری اور غمِ ذات موضوعاتِ سخن ٹھہرے۔

خلیل الرحمن اعظمی ان شاعروں میں ہیں جنھوں نے زندگی کے مثبت رویئے سے اجتناب نہیں کیا، اور اپنے آپ کو وقت کے اندھیروں اور قنوطیت کے ظلمات میں کھونے نہیں دیا۔ وہ ثابت قدم رہے:

اتنا باہر نہ قدم سرحدِ ادراک سے رکھ
تجھ کو ڈس لیں نہ کہیں تیرے جنوں کے لمحات

خلیل کی شاعری کا دوسرا دور — "نیا عہد نامہ" ۱۹۵۶ء سے ۱۹۶۵ء تک ہے۔ ان کے یہاں شکست خوردگی اور مایوسی کا گذر نہیں۔ شاید یہ کہنا غلط نہ ہوگا کہ — "اور بھی غم ہیں زمانے میں محبت کے سوا" کی صدائے بازگشت خلیل کی غزلوں میں سنائی دیتی ہے:

نشّۂ مے کے سوا کتنے نشے اور بھی ہیں
کچھ بہانے مرے جینے کے لیے اور بھی ہیں
غمِ دوراں مرے بازوئے شکستہ سے نہ کھیل
مشغلے میری جوانی کے لیے اور بھی ہیں

وہ نئی حیات کے نغمہ گر ہیں اور ایک باہمت انسان کی طرح زہرِ غم پی کر مسکرانے کا ہنر جانتے ہیں:

شیرینیوں کو زہر کے داموں میں بیچ کر
نغمے حیاتِ نو کے سناتے رہے ہیں ہم
تیرے لیے تو رات بھر اے صبحِ زرنگار
تاریکیوں کے ناز اُٹھاتے رہے ہیں ہم

—

تو ساتھ چل سکے گی اے گردشِ زمانہ
اب اِک نئے سفر پر جانا ہے آدمی کو

—

ہے آج کون سا دن، آنکھوں کو کیا ہوا ہے
آواز دے رہی ہیں ہر سمت روشنی کو

—

بارہا دستِ ستمگر کو قلم ہم نے کیا
بارہا چاک اندھیرے کی قبا ہم سے ہوئی

ایسے اشعار کی کہکشاں ان کے مخصوص مزاج کی جھلملاہٹوں کی نمائندگی کرتی ہے۔ ان اشعار میں جذبات کی شدّت ہے، بہتر زندگی کے لیے جدوجہد اور ظلمتوں سے روشنی کی طرف بڑھنے کا حوصلہ ہے — نہیں ہے تو افسردگی، نہیں ہے تو شکست خوردگی، نہیں ہے تو مسائل سے فرار — ان کی شاعری کا تیسرا دور "زندگی اے زندگی!" (۱۹۶۶ء تا ۱۹۷۸ء) میں نظموں کی بہ نسبت غزلیں زیادہ ہیں۔ ان غزلوں میں دروں بینی، مسائلِ تصوّف، اپنی ذات سے مکالمہ اور خود شناسی کی کوشش ہے، لیکن زندگی سے محبت اور مثبت رویّہ کا تسلسل بھی ہے:

ساری ساری رات جلے ہیں جو اپنی تنہائی میں
ان کی آگ سے صبح کا سورج اپنا دیا جلاتا ہے

—

دُنیا داری تو کیا آتی ، دامن سینا سیکھ لیا
مرنے کے تھے لاکھ بہانے ، پھر بھی جینا سیکھ لیا

—

یہ دل کا درد تو ساتھی تمام عمر کا ہے
خوشی کا ایک بھی لمحہ ملے تو اس سے ملو

زندگی کے رموز سے آشنائی کی تڑپ انھیں خود شناسی کے نہاں خانے میں لے گئی، مگر وہ اپنی افتادِ طبع سے خوش نظر نہیں آتے۔ شاید اس لیے کہ جوں جوں وہ اپنی ذات کے نہاں خانے میں اُترتے ہیں، انھیں تحیرات کی دُنیا ملتی ہے۔ یہ اندرونی اُتھل پتھل انھیں مضطرب رکھتی ہے:

اُسی کی ضد پہ پیا زہر خود شناسی کا
یہ زندگی ہمیں لے جائے گی کہاں، دیکھو

خودشناسی کا یہ سفر انھیں تحت الشعور کی نیم روشن اور پیچ در پیچ وادیوں میں لے جاتا ہے۔ اور اس سفر میں ان کے ساتھ کوئی اور نہیں۔ وہ خود ہیں — مگر ایک سائے کی طرح۔ سایہ، عکس آئینہ ان کی شاعری میں ایک نیا استعاراتی نظام تخلیق کرتے ہیں اور ان کی شاعری کا یہ پہلو انھیں اپنے ہمعصروں میں ممتیز کرتا ہے۔

آئینہ اُردو شاعری کا محبوب استعارہ ہے:

منہ تکا ہی کرے ہے جس تس کا
آئینہ ہے یہ حیرتی کس کا

(میر)

آئینہ دیکھ اپنا سا منہ لے کے رہ گئے
صاحب کو اپنے حسن پہ کتنا غرور تھا

(غالب)

حیرت ہے کہ جب آئینہ میں دیکھتا ہوں
بوڑھا سا کوئی اور نظر آتا ہے

(جوش)

خلیل صاحب آئینے سے ہم کنار ہوتے ہیں تو ان پر عجیب عجیب کیفیات گزرتی ہیں:

آج آئینہ جو دیکھا تو ہوا یہ محسوس
جانے یہ کون ہے میں ایسا تھا، یہ میں تو نہیں

آئینے میں یہ کون ہے ہم جانتے نہیں
صورت ذرا ذرا سی ہمیں آشنا لگی

—

ہر گھڑی عمرِ فرومایہ کی قیمت مانگے
مجھ سے آئینہ مرا میری ہی صورت مانگے

اس طرح کے بہت سے اشعار ہیں خلیل کی غزلوں میں، بعض اشعار میں انھوں نے آئینے کو زیادہ بلیغ معنوں میں استعمال کیا ہے:

لے مجھ کو سنبھا گردشِ وقت
ٹوٹا ہوا تیرا آئینہ ہوں

—

مجھ سے نہ پوچھ نام مرا روحِ کائنات
اب اور کچھ نہیں ہوں ترا آئینہ ہوں میں

ایک مضمون کو کئی کئی رنگ سے باندھنے کی مثالیں بھی خلیل کے یہاں موجود ہیں۔

خودشناسی کے عمل میں کبھی ایک سایہ ان کا تعاقب کرتا نظر آتا ہے۔ کبھی وہ خود سایے کے ساتھ چلتے نظر آتے ہیں۔ کبھی سائے سے ڈر جاتے ہیں۔ یہ دراصل ان کے تحت الشعور میں بیٹھا ہوا ایک انجانا خوف ہے— سایہ کبھی ان کی نامکمل آرزوؤں سے عبارت ہے، تو کبھی ان کی شخصیت کے مخفی گوشوں سے۔ یہ ان کا لاشعور ہے جو کبھی کبھی ان کی پرچھائیں بن کر رقص کرتا نظر آتا ہے۔ یہ رقصِ آگہی خلیل کو محویت کے عالم میں چھوڑ کر، نظروں سے، حواس سے، ان کے شعور سے اوجھل ہو جاتا ہے۔ اور یوں ان کے کلام کی اسراریت بڑھ جاتی ہے۔ ان کیفیات کا اظہار غزل میں ہی ہوا ہے۔ مثال کے طور پر چند اشعار:

دور سے اِک پرچھائیں دیکھی اپنے سے ملتی جلتی
پاس سے اپنے چہرے میں بھی اور کوئی چہرہ دیکھا

—

میں تو گھر میں اپنے آپ سے باتیں کرنے بیٹھا تھا
اَن دیکھا سا اِک چہرہ دیوار پہ اُبھرا آتا ہے

—

خود اپنا عکس ہوں کہ کسی کی صدا ہوں میں
یوں شہر تا بہ شہر جو بکھرا ہوا ہوں میں

—

کوئی مل جائے تو رستہ کٹ جائے
ایک پرچھائیں ڈراتی ہے مجھے

—

پھر مری روح میرے گھر کا پتہ
میرے سائے سے پوچھتی ہوگی

—

ہمارے پاس سے گزری تھی ایک پرچھائیں
پکارا ہم نے تو صدیوں کا فاصلہ نکلا

شاید خود شناسی کی اَن جانی ڈگر پر چلتے چلتے شاعر ماضی بعید کی گہری وادیوں میں پہنچ جاتا ہے، اور اسے محسوس ہوتا ہے کہ بیتی صدیوں سے اس کا خون کا رشتہ ہے:

مری صدا کا ہے صدیوں سے انتظار مجھے
مرے لہو کے سمندر ذرا پکار مجھے

خلیل کی غزلوں میں تجربات کا ایک نگار خانہ ہے، جس کی سیر کے لیے نگہِ نکتہ رس شناس کی ضرورت ہے:

میں دیر سے دھوپ میں کھڑا ہوں
سایہ سایہ پکارتا ہوں میں

—

دن ڈھلنے پر نس نس میں جب گرمی سی جمنے لگتی ہے
کوئی آ کر میرے لہو میں مجھ کو پھر نہلاتا ہے

—

دیکھ آئے ہیں ہم جا کے کئی کوچہ و بازار
بس اپنے ہی غم خانے میں تھوڑی سی اماں ہے
بس کہ پابندئ اربابِ وفا ہم سے ہوئی
یہ اگر کوئی خطا ہے تو خطا ہم سے ہوئی

—

ترتیب دے رہا ہوں دیوانِ عاشقی کو
لکھ لکھ کے کاٹتا ہوں عنوانِ زندگی کو

مگر خلیل صاحب چاہتے ہوئے بھی عنوانِ زندگی کو نہ کاٹ سکے، بلکہ بہ آوازِ بلند زندگی کو پکارتے رہے۔ وہ زندگی کی نیرنگیوں کے گرویدہ رہے۔ ان کی یہ غزل زندگی نامہ بھی ہے اور زندگی کا مرثیہ بھی۔ یہ دو آتشہ اور متضاد کیفیت خلیل صاحب ہی پیش کر سکتے تھے:

میں کہاں ہوں! کچھ بتا دے زندگی! اے زندگی
پھر صدا اپنی سنا دے زندگی ! اے زندگی
وہ بساطِ شعر و نغمہ ، رَت جگے وہ چہچہے
پھر وہی محفل سجا دے زندگی ! اے زندگی
اب تو یاد آتا نہیں کیسا تھا اپنا رُوپ رنگ
پھر وہی صورت دکھا دے زندگی ! اے زندگی
رچ گیا ہے نس نس میں مری راتوں کا زہر
میرے سورج کو بلا دے، زندگی! اے زندگی

خاکِ وطن ہمیشہ پاؤں سے لپٹی رہتی ہے۔ کتنی ہی مسافت طے کرلو، سات سمندر پار چلے جاؤ، مگر وطن کی یاد دل میں کسک پیدا کرتی ہے، اور روح کو تڑپاتی رہتی ہے۔ وقت کے ساتھ یہ احساس شدید تر ہوتا جاتا ہے۔ خلیل صاحب اگرچہ سیدھا سلطان پور سے سیدھے علی گڑھ آئے مگر ایسے

آئے کہ ایک آدھ بار ہی جانا ہوا۔مگر سیدھا سلطان پور اور اس کے قرب و جوار کی یادیں ان کی شاعری میں کہکشاں کی طرح جھلملا رہی ہیں:

اے وطن! تیرے مرغزاروں میں
میرے بچپن کے خواب رقصاں ہیں
مجھ سے چھٹ کر بھی وادیاں تیری
کیا اسی طرح سے غزل خواں ہیں

(یاد)

میرے اجداد کی میراث یہ ویران سا گھر
جس کو گھیرے ہوئے ہر سمت تباہی کے بھنور
جس کی چھت گرتی ہوئی، ٹوٹا ہوا دروازہ
ہر طرف جیسے بکھرتا ہوا اِک شیرازہ

(آپ بیتی)

کہاں کہاں لے کے پھر رہا ہوں میں اپنے خوابوں کی سرزمیں کو
نہ جانے کیوں اس کو الفت ہے، یہ مجھے چھوڑتی نہیں ہے
یہ میری چھاتی سے لپٹتی رہتی ہے جیسے ماؤں سے ان کے بچے

(میرے خوابوں کی سرزمین)

یاد کرتے ہوئے اِک یوسفِ گم گشتہ کو
کچھ دنوں روئی تو ہوگی مرے گھر کی دیوار
کچھ دنوں گاؤں کی گلیوں میں اُداسی ہوگی
کچھ دنوں کھل نہ سکے ہوں گے مرے ہارسنگھار

(بن باس)

ان کی نظمیں ''پیمانِ وفا''، ''آنچل کی چھاؤں''، ''تسلسل'' وغیرہ بچپن اور گھر کی یادوں کی خوشبو میں بسی ہوئی ہیں —— ''سایۂ دیوار'' ایک خوبصورت نظم ہے جس میں شادی خانہ آبادی کی مسرت اور چھوٹے سے گھر کی خوبصورت جذباتی تصویر ہے۔''اپنے بچے کے نام'' ہلکی پھلکی خوبصورت نظم

ہے:

میری مریم کے سایۂ شاداب
صبحِ تخلیق کا سلام تجھے
زندگی تجھ کو کہتی ہے آداب

خلیل صاحب کی آزاد نظمیں تاثر کے اعتبار سے ان کی پابند نظموں کے ہم پلہ نہیں ہیں، ان نظموں میں ایک قابلِ ذکر نظم ہے۔ ''میں گوتم نہیں ہوں'' ۔۔۔ یہ نظم آج کے انسان کا المیہ ہے۔ وہ گھر سے چلتے وقت سوچتا ہے کہ مجھے بھی گوتم کی طرح گیان مل جائے گا ۔۔۔ مگر یہ ''گوتمیت'' تقاضائے وقت کے منافی ہے۔۔۔ آج کے گوتم کا جو تلخ تجربہ ہے اسے خلیل صاحب نے یوں الفاظ کا پیکر دیا ہے:

مگر جسم کی آگ
جو گھر سے لے کر چلا تھا
سلگتی رہی
گھر سے باہر ہوا تیز تھی
اور بھی یہ بھڑکتی رہی
اور اِک ایک پیڑ جل کر ہوا راکھ
میں ایسے صحرا میں اب پھر رہا ہوں
جہاں میرا سایہ ہے
سایے کا سایہ ہے
اور دُور تک
بس خلا ہی خلا ہے

خلیل صاحب کے آخری دن کینسر جیسے موذی مرض میں گزرے۔ آخر آخر میں وہ ہر لمحہ اپنی موت کا انتظار کر رہے تھے۔ انھوں نے ایک دو نہیں، اپنی قبر کے لیے چھ کتبے لکھے۔ کتبے کیا ہیں، عبرت ناک تحریریں ہیں۔ مرنے سے پہلے آدمی نے اپنے بارے میں کیا کیا سوچا، وہ اپنے خدا کے حضور میں جاتے وقت کیا محسوس کر رہا ہے، زندگی کے بارے میں اس کا تصور کیا ہے جواب

سپرد خاک ہونے والی ہے۔ آخری کتبہ بہت معنی خیز ہے، موت سے پہلے کس عنوان سے انھوں نے اپنے والدین کو یاد کیا ہے، یہ ایک مجسّس اور آرزوؤں بھری زندگی کا اختتامیہ ہے — کتبہ:

میرا پیارا ننھا یہاں سو رہا ہے
اسے پھول سے پیار تھا
وہ خود پھول تھا
ہر صبح آتا ہوں پھول لے کر
اسے تازہ پھولوں کی چادر سے ڈھک کر
چلا جاتا ہوں
تا کہ کل صبح تک اس کی معصوم رُوح
اپنے پھولوں کی آغوش میں
مسکراتی رہے!

OO

(۲۲ر فروری ۲۰۰۱ء)

مجروح سلطان پوری: کچھ یادیں

میں اکیلا ہی چلا تھا جانبِ منزل مگر
لوگ ساتھ آتے گئے اور کارواں بنتا گیا
دہر میں مجروحؔ کوئی جاوداں مضموں کہاں
میں جسے چھوتا گیا، وہ جاوداں بنتا گیا

—

ستونِ دار پہ رکھتے چلو سروں کے چراغ
جہاں تلک یہ ستم کی سیاہ رات چلے

—

مجھے سہل ہو گئیں منزلیں کہ ہوا کے رُخ بھی بدل گئے
ترا ہاتھ ہاتھ میں آ گیا تو چراغ راہ میں جل گئے

اُردو غزل کے سینکڑوں سال کے انمول سرمائے میں ایسے بلیغ اشعار کا اضافہ کرنے والا شاعر، شعوری طور پر غزل کو ترقی پسند تحریک سے ہم آہنگ کرنے والا شاعر، اور زندگی کے گرم و سرد کا مردانہ وار مقابلہ کرنے والا شاعر — مجروح سلطان پوری بھی دُنیا سے اُٹھ گیا اور سوگوار کر گیا اپنے ہزاروں لاکھوں شائقین کو، اور سونی کر گیا غزل کی فضا کو۔

۲۴ اور ۲۵ رمئی کی درمیانی شب میں اس شاعر نے آخری سانس لی، کبھی جس کا نفس نفس نغمہ تھا اور جس کی آواز میں لحنِ داؤدی سرایت کرگئی تھی۔

ذہن ماضی کے نہاں خانوں میں جاتا ہے، اور مجھے یاد آرہے ہیں بہت سے ایسے لمحے جو مجروحؔ کی ہم نفسی اور رفاقت میں گزرے ___ اوائل ۱۹۴۵ء کی کوئی شام ___ اُردو بازار (دہلی) مولانا سمیع اللہ کے کتب خانہ عزیزیہ کے باہر رکھی ہوئی لکڑی کی وہ بنچیں جن پر ہندوستان کے سینکڑوں علماء، شعراء، دانشور، فقیر اور تونگر بیٹھے ہوں گے۔ میں اپنی قیام گاہ واقع گلی خان خاناں (اُردو بازار) سے نکلا، اور حسبِ معمول ٹہلتا ٹہلتا کتب خانہ عزیزیہ پہنچا۔ یہاں مولانا کی باغ و بہار شخصیت ہر شخص کا استقبال کرتی تھی۔ ایک بینچ پر ایک خوش شکل اور خوش لباس، شیروانی میں ملبوس نوجوان کو بیٹھے دیکھا۔ مولانا نے تعارف کرایا ___ یہ ہیں مجروحؔ سلطان پوری ___ میں نے مجروحؔ کا نام مشاعروں کے حوالوں سے سنا تھا۔ میں نے بڑھ کر ہاتھ ملایا۔ مولانا نے میرا تعارف بھی بحیثیت شاعر کرایا۔ میں نے اپنی نظم 'مداوا' سنائی اور مجروحؔ نے وہ غزل جس کا مشہور مصرعہ ہے ___

''رقص کرنا ہے تو پھر پاؤں کی زنجیر نہ دیکھ'' ___ اور وہ خوبصورت گیت جس کا ٹیپ کا مصرعہ ہے:

کیا کہیے مجھے کیا یاد آیا

اس گیت میں گاؤں کی زندگی اور قصباتی رومان اور ماحول کا ذکر ہے۔

مجروحؔ کا ترنم بے مثال تھا۔ ایک عجیب خستگی دل کو چھوتی ہوئی ___ ان دنوں مجازؔ اور جذبیؔ کے علاوہ نخشب جارچوی اور شکیل بدایونی مقبول نوجوان شعرا تھے۔ مجروحؔ کا ترنم بہت پرسوز اور پرسکون تھا ___ پرسکون میں نے اس لیے کہا کہ ساغرؔ نظامی اور مجازؔ کا ترنم نہایت رواں دواں تھا، جیسے تیز رو دریا ہو شعر و نغمہ کا۔ اس وقت تک مجروحؔ کا کلام صفِ اوّل کے ادبی رسائل میں نظر نہیں آتا تھا۔ مجھ سے کہنے لگے کہ رسائل میں چھپنے کے لیے ایسی نظمیں ہونی چاہئیں جیسی آپ کی ہیں۔ (اُن دنوں میری نظمیں 'ہمایوں'، 'ادبی دُنیا'، 'نیرنگِ خیال' اور 'شاہکار' وغیرہ لاہور کے ادبی رسالوں میں چھپتی تھیں)

تو یہ تھی مجروحؔ سلطان پوری سے میری پہلی ملاقات۔ ایک خوبصورت شام مجروحؔ کی غزل اور گیت کے ساتھ گزری۔

اس زمانے کے اُبھرتے ہوئے اور مترنم غزل گو شعرا کو جگر مرادآبادی سرپرستی حاصل تھی۔

چاہے شکیل ہوں، راز مرادآبادی ہوں یا خمار بارہ بنکوی اور مجروح سلطانپوری ــــ یا بعد میں قتیم جے پوری ــــ جگر صاحب اپنے ساتھ نوجوان شعرا کو لے جاتے تھے اور انھیں نمایاں ہونے کا موقع مل جاتا تھا۔ بمبئی میں پنجاب مسلم ایسوسی ایشن کے سالانہ مشاعرے 'اقبال ڈے' کے موقع پر ہوتے تھے۔ ایسے ہی ایک مشاعرے میں ایک سال جگر صاحب ساتھ خمار بارہ بنکوی بمبئی پہنچے اور کاردار فلم پروڈکشنز میں بحیثیت شاعر ملازم ہو گئے۔ اگلے سال مجروح سلطان پوری پہنچے اور وہ بھی کاردار صاحب کی فلم کمپنی میں ملازم ہو گئے ــــ کاردار کی مشہور فلم ''شاہجہاں'' میں ان دونوں شعرا کا کلام شامل ہے ــــ مجروح کی بمبئی میں آمد کے سلسلے میں سید سجاد ظہیر (بنّے بھائی) نے اپنی خودنوشت 'روشنائی' میں لکھا ہے کہ مجروح سلطان پوری جگر صاحب کے ساتھ لگے لگے بمبئی آئے، ترقی پسندوں سے ملے اور پھر ترقی پسند مصنفین کے لیڈروں میں شامل ہو گئے۔

مجروح کی عملی وابستگی انجمن ترقی پسند مصنفین سے شروع شروع میں بالکل نہیں تھی۔ وہ ترقی پسند مصنفین کی دو کانفرنسوں ــــ حیدرآباد اور رائے پور میں دُور دُور تک نہیں تھے، حالانکہ اُن دنوں وہ بمبئی میں موجود تھے ــــ پھر بنّے بھائی کے گھر پر انجمن کی ہفتہ واری نشستوں میں آنے لگے۔ جب وہ پہلی بار نشست میں آئے تھے تو انھوں نے وہ غزل پڑھی تھی جس کی زمین ہے ــــ شمعِ سرخ کا پروانہ برسوں سے ــــ میں اس امر کا عینی شاہد ہوں کہ میٹنگ کے بعد سردار جعفری کو الگ لے جا کر مجروح نے ان سے کہا کہ اگر آپ مناسب سمجھیں تو اس غزل کو اپنے رسالے ''نیا ادب'' میں شائع کر دیں۔ سردار نے بخوشی شائع کرنے کی حامی بھر لی اور پھر مجروح کا کلام 'نیا ادب' میں چھپنے لگا۔ اور وہ آہستہ آہستہ انجمن کے سرگرم رکن بن گئے۔ وہ غزل کے کٹر حامی تھے۔ چنانچہ ایک بار سید ذوالفقار علی بخاری کی تجویز پر انجمن کی ایک نشست میں ''غزل بہ مقابلہ نظم'' پر مناظرہ ہوا۔ اس مناظرے میں جس صدق دلی سے مجروح نے غزل کی موافقت کی تھی اسی شدومد سے اختر الایمان نے غزل کی مخالفت کی۔

اُن دنوں مدن پورے (بمبئی) کے ایک علاقے 'منگلی کدوری' میں انقلابی مشاعرے ہوتے تھے۔ ان مشاعروں کا ذکر بنّے بھائی کی کتاب ''روشنائی'' میں موجود ہے۔ انھوں نے کہا ہے کہ ان مشاعروں میں سردار جعفری، کیفی اعظمی، رفعت سروش اور نیاز حیدر پابندی سے شرکت کرتے تھے۔ بعد میں مجروح سلطان پوری بھی حصہ لینے لگے تھے۔

غرض مجروح کی وابستگی انجمن ترقی پسند مصنفین سے بڑھتی گئی اور انھوں نے اپنے خوبصورت روایتی انداز کو چھوڑ کر غزل میں ایسے اشعار نکالے جو اگرچہ فنی طور پر غزل کا منہ چڑاتے تھے، مگر ان دنوں ان کی شہرت انھیں اشعار کے حوالے سے ہوگئی:

آ نکل کے باہر اب دو رُخی کے خانے سے
کام چل نہیں سکتا اب کسی بہانے سے
اہلِ دل اُگائیں گے کھیت میں مہ و انجم
اب گہر سبک ہوگا ایک جو کے دانے سے

امن کا جھنڈا اس دھرتی پر کس نے کہا لہرانے نہ پائے
ہے یہ کوئی ہٹلر کا چیلا، مار لے ساتھی جانے نہ پائے

اتفاق سے یہی وہ غزل ہے جو انھوں نے بلاسس روڈ کے چوراہے پر پروفیسر سامری کے مشاعرے میں پڑھی اور مائک کے استعمال کی مدت (رات گیارہ بجے) ختم ہوجانے کی وجہ سے امتناعی حکم کی خلاف ورزی کرنے کے جرم میں مجروح سلطان پوری اور نیاز حیدر کی گرفتاری کا وارنٹ جاری ہوگیا۔ نیاز حیدر نے اپنی نظم "رقصِ بغاوت" پڑھی تھی اور وہیں پولیس کے ہتھے چڑھ گئے تھے اور کئی ماہ جیل میں رہے ــــ مجروح بہت دن تک انڈر گراؤنڈ رہے۔ آخر تقریباً گیارہ مہینے بعد ناگپاڑے (بمبئی) کے ایک مشاعرے میں انھوں نے شرکت کی اور مشاعرے کے فوراً بعد سی آئی ڈی انسپکٹر مسٹر شیخ نے ان کو گرفتار کرتے ہوئے کہا:

ترا ہاتھ ہاتھ میں آ گیا تو چراغ راہ میں جل گئے

مجروح نے کئی ماہ کی جیل کاٹی۔ اس زمانے میں ان کی پریشانیاں بہت بڑھ گئی تھیں۔ یہاں تک ہوا کہ انھوں نے اپنی نئی شادی شدہ بیگم کو بطور امداد کچھ روپے بھیجنے کے لیے اپنے کچھ دوستوں کے ناموں کی لسٹ بھیجی جس میں راقم الحروف کا نام بھی شامل تھا۔ ایک دو ماہ بعد راجندر سنگھ بیدی نے مجروح کی مدد کی اور جب تک وہ جیل میں رہے ان کے اخراجات اپنے ذمے لے لیے۔ بیدی صاحب کو فلموں میں خاصا کام ملنے لگا تھا۔

یہ دَور بمبئی کے ترقی پسند مصنفین کے لیے سخت آزمائش کا دَور تھا۔ مجروح کی گرفتاری کے کچھ

دن بعد ایک دن پولیس سردار جعفری کو ان کے گھر سے گرفتار کر کے لے گئی۔ ظ۔ انصاری اور بلراج ساہنی بھی گرفتار ہو گئے۔ یہ دونوں کچھ دن بعد مشروط طور پر رہا کر دیئے گئے تھے، مگر رہائی کے بعد ان کا ''تزکیہ نفس'' ہو چکا تھا۔ بلراج ساہنی اپٹا کی سرگرمیوں سے الگ ہو کر فلمی دنیا میں جا پہنچے، اور ظ۔ انصاری کمیونسٹ پارٹی کے ہفتہ وار اخبار ''نیا زمانہ'' سے بے ضرر اخبار ''انقلاب'' کی طرف مراجعت کر گئے۔ تقریباً یہی وہ زمانہ ہے جب مجھے ہوش آیا کہ انقلابی مشاعروں سے باز آ جاؤں۔ پھر بنے بھائی کی بات یاد آتی ہے، انھوں نے ''روشنائی'' میں لکھا ہے کہ رفعت سروش اپنی ریڈیو کی نوکری کو خطرے میں ڈال کر انجمنوں کے جلسوں میں آتے تھے—— وہ زمانہ تھا آزادی سے پہلے کا، اور آزادی کے بعد تو بائیں بازو پر سخت حملہ تھا—— مجھے میرے ایک ہمدرد نے بتایا کہ تمھارا فائل بھی تیار ہے، تمھاری نظمیں—— ''انقلاب روس کی بتیسویں سالگرہ پر'' اور ''ہڑتال'' بالکل اوپر لگی ہوئی ہیں—— یہ دونوں ''گرم اور سرخ نظمیں'' کمیونسٹ پارٹی کے ترجمان ہفتہ وار ''محاذ'' میں شائع ہوئی تھیں۔ ''چراغ'' حیدرآباد اور ''شاہراہ'' دہلی میں میری دو مطبوعہ نظموں پر نزلہ گر چکا تھا۔ اور میں نے ان دنوں بہت سی ایسی نظمیں کہی تھیں اور جلسوں میں پڑھی تھیں جو ''خوف فساد خلق'' سے غیر مطبوعہ رہ گئی تھیں—— اب اس کو مصلحت پسندی کہیے یا دوراندیشی، کہ جب میں نے دیکھا کہ گرفتاروں کے ساتھ ''ہم نفسوں'' کو کوئی خاص ہمدردی نہیں ہوتی ہے تو میں نے دھیرے دھیرے اپنی روش بدلی۔ ڈائریکٹ نظمیں کہنا بند کیں اور جلسوں میں شرکت کرنے میں بھی احتیاط برتی۔ یہی وجہ ہے کہ میں بھوپال، بھیمڑی اور کلکتہ کی کانفرنسوں میں شریک نہیں ہوا۔ ورنہ ایک زمانے میں میری شامیں کمیونسٹ پارٹی کے دفتر میں گزرتی تھیں اور اسی جھکاؤ کو دیکھتے ہوئے ایک بار مجھ سے سلطانہ بیگم نے کہا تھا کہ تم پارٹی کے ممبر کیوں نہیں بن جاتے اور میں نے کہا تھا کہ میں اتنا ڈسپلن برداشت نہیں کر سکتا۔

اس پس منظر میں اگر جائزہ لیا جائے تو مجروح سلطان پوری کا یہ عمل دانش مندانہ تھا کہ وہ رہائی کے بعد فکرِ معاش میں گرفتار ہو گئے۔ اب انھیں فلموں میں اپنا مقام حاصل کرنے کے لیے شدید جدوجہد سے دوچار ہونا پڑا، فلمی شاعری کا منظر نامہ یہ تھا کہ نوشاد تو صرف شکیل بدایونی سے گانے لکھواتے تھے، اور ایس ڈی برمن صرف ساحر لدھیانوی سے۔ نخشب جارچوی کا اپنا مارکیٹ تھا۔ وہ تو شاعر سے فلم ساز بن گئے تھے۔ مجروح کو زیادہ کام ملا او پی نیّر سے۔ اور ان کی کامیابی کی

ضمانت ہیں ایسے گانے ــــ ''سی اے ٹی کیٹ، کیٹ معنی بلی'' ــــ اور ــــ ''کبھی آر، کبھی پار، لگا تیرِ نظر'' ــــ بہرحال مجروحؔ نے فلموں میں اپنا مقام بنالیا۔ یہ ایک طویل داستان ہے، اور اس داستان کا آخری سرا یہ ہے کہ انھیں دادا صاحب پھالکے ایوارڈ سے نوازا گیا، جو ہندوستانی فلم انڈسٹری کا سب سے بڑا اعزاز ہے۔

ادب سے ان کی غیر حاضری تاریخ میں درج ہے۔ سجاد ظہیر نے پاکستان سے واپس آنے کے بعد شبِ افسانہ و مشاعرہ کا ایک سلسلہ شروع کیا تھا جس میں بمبئی کے بہت سے اہم ادیبوں اور شاعروں نے شرکت کی۔ ان جلسوں میں مجروحؔ کہیں نظر نہیں آئے۔ پہلا شبِ افسانہ و مشاعرہ پروگرام ۱۹۶۰ء کے آس پاس دہلی کے ٹاؤن ہال میں منعقد ہوا تھا۔ اس پروگرام میں ساحر لدھیانوی، جاں نثار اختر، راجندر سنگھ بیدی، عصمت چغتائی، پرکاش پنڈت، انور عظیم، فراقؔ گورکھپوری، راقم الحروف، رضیہ سجاد ظہیر اور واجدہ تبسم وغیرہ شامل تھیں۔ اس پروگرام میں مجروحؔ سلطان پوری نہیں آئے تھے۔ یہی وہ تاریخی جلسہ تھا جس میں واجدہ تبسم نے اپنے افسانے کے بجائے فلم ''مغلِ اعظم'' کی نعت ترنم سے پڑھنی شروع کردی تھی اور سجاد ظہیر حیرت سے جاں نثار اختر کو دیکھ رہے تھے کہ کس کا نام تجویز کیا تم نے! ــــ اور یہی وہ ہنگامہ خیز جلسہ تھا جس کی مذمت کرتے ہوئے فراقؔ گورکھپوری نے کہا تھا کہ ایسا دنیا میں کہیں نہیں ہوا کہ افسانے یوں سرِ جلسہ پڑھے گئے ہوں۔ اور کچھ مخالفین نے ان کی تقریر کا فائدہ اُٹھاتے ہوئے جلسے میں ''کرسیوں کا کھیل شروع'' کردیا تھا۔

اس طرح کا ایک اور بڑا جلسہ آگرہ میں منعقد کیا گیا تھا جس میں خواجہ احمد عباس اور ساحرؔ لدھیانوی تو آگئے تھے مگر مجروحؔ نے یہ کہہ کر (بہ قول سجاد ظہیر) معذرت کرلی تھی کہ بمبئی سے ذرا ہٹنے پر میرے مارکیٹ پر اثر پڑنے کا اندیشہ ہے۔ شبِ افسانہ و مشاعرہ پروگرام دراصل پارٹی کے غیر سرکاری اخبار کی مالی امداد کے لیے منعقد کیے جاتے تھے، اور ان کے انعقاد میں ''ہمدردانِ پارٹی'' ہاتھ بٹاتے تھے۔ ان لوگوں سے بنّے بھائی امدادی رقم ایڈوانس لے لیتے تھے اور وہ اپنے اثر ورسوخ کی بنا پر ادیبوں اور شاعروں کو اس شرط پر مدعو کرتے تھے کہ وہ شرکت کا معاوضہ نہیں لیں گے۔

غرض مجروحؔ سلطان پوری آہستہ آہستہ انجمن ترقی پسند مصنفین سے عملی طور پر دُور ہوتے چلے گئے۔ اور خود انجمن بھی کم فعال رہ گئی تھی ــــ نام کو اب بھی ہے، مگر اس طرح جیسے ایک ماہر

غوطہ خور کبھی کبھی تہہ دریا سے سطح آب پر آ جائے اور پھر غوطہ زن ہو جائے۔

مجروح سلطان پوری ان خوش نصیب شعرا میں سے ہیں جنھوں نے کم سے کم کہا، اور زیادہ سے زیادہ شہرت حاصل کی ـــــ جب فلمی دُنیا کے رنگ ڈھنگ بدلنے لگے تو اس چمکتی چمکھاڑتی دُنیا میں ''طوطیٔ مجروح'' کی ضرورت کم ہونے لگی اور انھوں نے پھر ادبی دُنیا کی طرف سبقت کی۔ وہ واپس آئے اپنی ایک نظم ـــ ''قلم گوید'' کے ساتھ۔ مگر اب زمانہ بہت آگے نکل چکا تھا۔ انھوں نے کچھ دن فیض احمد فیض کی غزل اور اپنی غزل گوئی کے مابین مکالمہ چھیڑا، مگر ادب کی دُنیا میں ایسے مکالمے اور مناظرے بے سود ثابت ہوتے ہیں۔ آسمانِ ادب پر ہر ستارے کی اپنی جگہ ہوتی ہے، فیض، فیض ہی رہے اور مجروح، مجروح ـــــ مجروح نے اپنے پرانے سرمایۂ غزل میں بہت کم اضافہ کیا اور ان کی شہرت کا ضامن دراصل ان کا نوجوانی کا کلام ہی ہے ـــــ بہر حال چند سال پیشتر انھیں غالب ایوارڈ اور پھر اُردو کا سب سے بڑا انعام ''اقبال سمان'' بھی پیش کیا گیا اور وہ آخر دم تک شہرت کی بلند ترین چوٹیوں پر متمکن رہے۔ ان کی اس شہرت میں سیاسی جوڑ توڑ اور کتر بیونت کا کوئی دخل نہیں۔ وہ ایک کھرے انسان اور کھرے شاعر تھے۔ کینہ پروری، بغض وحسد، غیبت اور اس طرح کی دوسری خباثتوں سے ان کا ذہن پاک تھا۔ وہ اپنے کام سے کام رکھتے تھے۔ انھوں نے طویل عمر پائی اور آخر وقت تک کام کرتے رہے۔

ترقی پسندی کا جوہر ان کی فکر میں پیوست تھا جو بہترین اشعار کی صورت میں جلوہ گر ہوتا رہا اور عزم و استقلال اور رجائیت ان کی شاعری کی پہچان بن گئی:

ہم کو جنوں کیا سکھلاتے ہو ہم تھے پریشاں تم سے زیادہ
چاک کیے ہیں ہم نے عزیزو، چاک گریباں تم سے زیادہ

—

سر پر ہوائے ظلم چلے سو جتن کے ساتھ
اپنی کلاہ کج ہے اسی بانکپن کے ساتھ

میں محسوس کرتا ہوں کہ تاریخ اپنے آپ کو کسی نہ کسی شکل میں دہراتی ہے۔ انیسویں صدی میں غزل کا البیلا شاعر حکیم مومن خاں مومن پیدا ہوا تھا جس کا اس کے رنگ میں کوئی ثانی نہیں، اور جو رکھ رکھاؤ اور خود اعتمادی مومن کے یہاں تھی وہ غالب کو بھی نصیب نہ تھی ـــــ بیسویں صدی میں حکیم اسرار

احمد خاں مجروح پیدا ہوئے۔ جس طرح مومن کی شاعری ان کی حکمت پر غالب آگئی تھی وہی صورت مجروح کے ساتھ ہوئی۔ اور مزاج کی سادگی، فراخ دلی اور انسانیت کی اعلیٰ اقدار سے متصف مجروح اپنی جولانی طبع دکھا کر اٹھ گئے، مگر ان کا جواب پیدا ہونا مشکل ہے۔ مجروح کے اشعار بیسویں صدی کی غزل کی آبرو ہیں۔ وہ غزل کا زبردست حامی تھا اور ایک زمانے میں وہ اکیلا تھا غزل کو ترقی پسندی کے منظرنامے میں ـــ کیا کیا شعر دے گیا ہے وہ اُردو کو:

ہم ہیں متاعِ کوچہ و بازار کی طرح
اُٹھتی ہیں ہر نگاہ خریدار کی طرح

—

بے تیشۂ نظر نہ چلو راہِ رفتگاں
ہر نقشِ پا بلند ہے دیوار کی طرح
مجروح لکھ رہے ہیں وہ اہلِ وفا کا نام
ہم بھی کھڑے ہوئے ہیں گنہگار کی طرح

مجروح نے بیشک غزل سے وفا کی اور غزل کا حق ادا کردیا۔ وہ مردانہ وار زندگی کا مقابلہ کرتا تھا:

فسانہ جبر کا یاروں کی طرح کیوں مجروح
مزا تو جب ہے کہ جو کہئے برملا کہئے

مجروح اپنے ناقدوں کے لیے ایک سوال چھوڑ گئے ہیں اور یہ سوال ان کی انفرادیت پر دلالت کرتا ہے:

صحرا میں بگولہ بھی ہے مجروح صبا بھی
ہم سا کوئی آوارۂ عالم تو نہیں ہے

مجروح کی خود اعتمادی اور انفرادیت کی اس سے بڑی مثال اور کیا ہوگی:

دہر میں مجروح کوئی جاوداں مضموں کہاں
میں جسے چھوتا گیا وہ جاوداں بنتا گیا

OO

(۲۵ مئی ۲۰۰۰ء)

درد کا ساحل

(بہ یاد علی سردار جعفری)

باعثِ رشک ہے تنہا روئی رہروِ شوق
ہم سفر کوئی نہیں دوریٔ منزل کے سوا

—

ہر منزل اک منزل ہے نئی، اور آخری منزل کوئی نہیں
اک سیلِ رواں دردِ حیات اور درد کا ساحل کوئی نہیں

ان اشعار کا خالق سید علی سردار جعفری ایک شعلۂ رقصاں بروز جمعہ ۲۹ر نومبر ۱۹۱۳ء ریاست بلرام پور کی ایک عالیشان کوٹھی میں پیدا ہوا جہاں ہاتھی جھومتے تھے اور یکم اگست ۲۰۰۰ء کو بمبئی کے ایک ہسپتال میں دو ماہ تک بسترِ علالت پر موت سے نبرد آزما ہونے کے بعد خاموش ہو گیا۔ اس نابغۂ روزگار نے چار ماہ کم ۸۷ سال کی عمر پائی۔ اور عمرِ عزیز کا ایک ایک لمحہ علم کے حصول، فروغ اور انسانیت کے لیے بہتر سے بہتر کی جستجو اور جدوجہد میں گزارا۔ سردار جعفری کی زندگی بیسویں صدی کے ایک مردِ مجاہد اور انقلاب کے لیے چومکھی لڑائی لڑنے والے انقلابی کی داستان ہے۔ اس داستان کو کسی دور سے شروع کیجیے سردار جعفری جدوجہد کرتا نظر آتا ہے۔ ابتدا میں اپنے روایتی اور مذہبی ماحول سے، اسٹوڈنٹس فیڈریشن کے اسٹیج سے انگریزوں کے خلاف پرچم بغاوت بلند کرنے

اور حصولِ آزادی کے لیے ترقی پسند مصنّفین کی صفوں کو منظم کرنے اور ہمعصروں اور نئی نسلوں کو دقیانوسیت اور گلی سڑی روایتوں کے خلاف قلم اُٹھانے اور نئی دنیا سے ہم آہنگ کرنے کے لیے:

اُٹھو، اور اُٹھ کے انھیں قافلوں میں مل جاؤ
جو منزلوں کو ہیں گردِ سفر بنائے ہوئے

وہ سرگرمِ عمل رہا ملکی سیاست کے اسٹیج پر سمجھوتہ بازی، سرمایہ داری اور فاشزم کی طرف جھکاؤ کے خلاف پرچمِ بغاوت بلند کرتے ہوئے اور قید و بند کی صعوبتیں جھیلتے ہوئے ہم چشموں کی تنقید ناروا سے ہنس کر آنکھ ملاتے ہوئے اور اپنی آواز صداقت کا پرچم اور بلند کرتے ہوئے یعنی زبان کے دشمنوں، متحدہ قومیت اور سیکولر تہذیبی روایات کے حریفوں سے جم کر معرکہ لیتے ہوئے، ملکوں ملکوں اُردو، ہندوستانیت اور انسانیت کا پرچم لہراتے ہوئے، اور فکرِ معاش میں سرگرداں بہتر سے بہتر زندگی کے لیے عملی جدوجہد کرتے ہوئے، اور آخر دم تک دل و دماغ کی ہر بیماری سے لڑتے ہوئے:

ہتھیلیوں پہ لیے آفتاب اور مہتاب
بغل میں کرۂ ارضِ حسیں دبائے ہوئے

میں موسمِ گرما ۱۹۴۵ء میں جب پہلی بار سردار جعفری سے ملا تو ان کی زندگی کا آفتاب نصف النہار پر تھا — میں انھیں کی تلاش میں کیمونسٹ پارٹی کے دفتر ہنڈ ھرسٹ روڈ (بمبئی) کے دروازے پر کھڑا تھا کہ ایک نوجوان زینہ پھلانگتا ہوا اوپر چڑھتا نظر آیا۔ میں نے مخاطب کر کے کہا۔ ’’مجھے علی سردار جعفری صاحب سے ملنا ہے۔‘‘

اس نوجوان نے کہا۔ ’’فرمایئے، میرا ہی نام سردار جعفری ہے۔‘‘

میں نے حیرت سے دیکھا۔ مجازؔ نے دہلی میں مجھ سے کہا تھا کہ علی سردار جعفری ترقی پسندوں کا ظفر علی خاں ہے — اور یہ لڑکا!! — سردار جعفری کو میں نے مجازؔ کا تعارفی خط دیا۔ وہ مجھے اوپر اپنے دفتر لے گئے اور فرداً فرداً سب لوگوں سے ملوایا — یہ ہیں سید سجاد ظہیر، یہ سبطِ حسن، یہ کیفی اعظمی، یہ ضیاء الحسن وغیرہ وغیرہ۔ اور میں سردار جعفری کی معرفت اس وقت کے اہم لوگوں سے ملا جن کی قربت، دوستی اور شفقت نے میری زندگی پر ایسے اثرات ڈالے جو آج تک ہیں۔ ڈاکٹر کنور محمد اشرف، پریم ساگر گپتا، مہیش سنہا، رومیش چندر، ہیرین مکھرجی، ہاجرہ بیگم — کیمونسٹ پارٹی اور ’’نیا زمانہ‘‘ اور ’’نیا ادب‘‘ کا دفتر مجھے ایک علمی گھرانا لگا اور اس معنوی گھر میں میں روز تیسرے

دن جانے لگا۔ سردار جعفری نے بہ طور خاص مجھ سے شفقت کا برتاؤ کیا۔ میری نظمیں "نیا زمانہ" اور "نیا ادب" میں چھاپنی شروع کر دیں۔ اُن دنوں وہ "سرخ ستارہ" نام کی ایک کتاب مرتب کر رہے تھے جس میں دوسری جنگِ عظیم کے بارے میں نظمیں تھیں ـــــ میں نے ایک نظم "کامرانی" کہی تھی۔ وہ بھی اس میں شامل کی۔ میں اُن دنوں بمبئی میں پاؤں جمانے کی کوشش کر رہا تھا۔ ایک دفتر، دوسرا دفتر، تیسرا دفتر ـــــ ان دنوں میں مسلم لیگ کے دفتر میں کام کر رہا تھا۔ اکتوبر ۱۹۴۵ء کی ابتدائی تاریخیں تھیں۔ سردار جعفری نے کہا۔ "حیدرآباد میں انجمن ترقی پسند مصنفین کی کانفرنس ہے، چلو گے؟"

میں نے کہا "ضرور ـــــ" رختِ سفر باندھا اور بمبئی سے ایک بڑا قافلہ اس کانفرنس میں شرکت کے لیے روانہ ہوا۔ سجاد ظہیر، سردار جعفری، کیفی اعظمی، کرشن چندر، مہندر ناتھ، عادل رشید اور دانیال لطیفی ـــــ حیدرآباد پہنچے تو وہاں ملک کے دیگر شہروں سے مندوبین آ چکے تھے۔ فراق گورکھپوری، ساحر لدھیانوی، وامق جونپوری، حسرت موہانی ـــــ اور بہت سے لوگ ـــــ حیدرآباد کی نمائندگی قاضی عبدالغفار، عابد علی خاں، مخدوم محی الدین، راج بہادر گوڑ، افسر حیدرآبادی اور دیگر نوجوان کر رہے تھے۔ اس وقت فہرست مرتب کرنا مقصود نہیں ہے۔ سردار جعفری کے حوالے سے یہ عرض کرنا ہے کہ اس کانفرنس کے دیگر اجلاسوں میں سردار جعفری کی اہمیت کا اندازہ ہوا اور میں نے انھیں ہر اجلاس میں بے تکان، رواں دواں اور پُرمغز تقریریں کرتے سنا۔ اور وہیں کے مشاعرے میں انھوں نے اپنی طویل نظم ـــــ "نئی دُنیا کو سلام" کا ایک حصہ سنایا۔ ان دنوں سردار کی عادت تھی کہ نظم پڑھنے سے پہلے ایک مختصر سی تقریر ضرور کرتے تھے ـــــ ۱۹۴۵ء کی کانفرنس کی کامیابی میں سردار جعفری کا بڑا ہاتھ تھا۔ اپنے رپورتاژ "پودے" میں کرشن چندر نے صحیح لکھا تھا کہ

آپ سردار جعفری سے بات کیجیے تو معلوم ہوتا ہے کہ ایک تحریک سے مل رہے ہیں۔

حیدرآباد سے بمبئی آ کر کارکردگی کا جائزہ لیا گیا اور انجمن اور فعال ہو گئی۔ جلسے، تقریریں، مشاعرے، رسالے، ہر جگہ سردار جعفری جلوہ گر ـــــ اگست ۱۹۴۷ء تک، دو سال کا یہ عرصہ سردار جعفری کی تشکیل کا اہم دور ہے۔ پرواز (۱۹۴۳ء) کے بعد ان کی اہم کتاب "نئی دُنیا کو سلام" آئی جو یقیناً اُردو شاعری میں طویل نظم کے حوالے سے کامیاب اور اپنی قسم کا پہلا تجربہ تھا جس پر اقبال کی چھاپ ضرور تھی مگر موضوع سردار کا اپنا تھا۔ یہ فکرِ اقبال سے آگے کی چیز ہے اور اسے اقبال کی

توسیع نہیں کہہ سکتے۔

میرے سامنے علی سردار جعفری کی تقریباً پوری زندگی ہے۔ان کی ذہانت کی تفہیم کے لیے ان کا جائزہ تین زاویوں سے لینا ضروری ہے — شاعری، صحافت اور خطابت۔ سردار جعفری کی زندگی اور ان کا کام اسی مثلث سے عبارت ہے۔اور لطف کی بات یہ ہے کہ کہیں کہیں یہ تینوں اجزائے ترکیبی ایک دوسرے میں ضم ہو جاتے ہیں۔

سب سے پہلے سردار جعفری کو جس خصوصیت نے انھیں چمکایا وہ ان کا زورِ خطابت تھا۔اچھا مقرر ہونا ایک ایسی نعمت ہے جو انسان کو ہزاروں لاکھوں میں امتیازی شان بخشتی ہے۔کالج کے زمانے سے ہی سردار ایک ماہر ڈبیٹر کی حیثیت سے ملکی شہرت کے مالک ہو چکے تھے اور ان کی ولولہ انگیز انقلابی تقریروں نے ہی اس وقت کی حکومت کے کان کھڑے کر دیے تھے اور انھیں ۱۹۴۰ء میں ہی جیل کی سلاخوں کے پیچھے ڈال دیا تھا۔یہ زمانہ ہماری جنگِ آزادی کے عروج کا زمانہ ہے۔ ہندوستان کے اس سرے سے اُس سرے تک آزادی کی آگ دہک رہی تھی اور ملک کے سیاسی اسٹیج پر ایک سے ایک بڑا مقرر موجود تھا۔کیا زمانہ تھا — مولانا ابوالکلام آزاد، جے پرکاش نرائن، ارونا آصف علی، کنور محمد اشرف، عطاء اللہ شاہ بخاری — ایسے ایسے مقرر جن کے الفاظ شعلے بن کر انگریزی سامراج کے قصر پر گرتے تھے — اس منظر نامے میں سردار جعفری نے ایک نوخیز اور نوجوان لیڈر کی حیثیت سے دھوم مچا دی تھی اور ان کی پرمغز تقریروں نے بشارت دی تھی کہ یہ مقرر صرف جذبات سے کھیلنے والا نہیں ہے، بلکہ اس کا زورِ خطابت سماج، انسانیت، ادب و تہذیب — ہر شعبۂ حیات کو اپنے لفظ سے آبِ حیات عطا کرے گا — چنانچہ آخر وقت تک سردار نے اپنے نظریات کو پر اثر انداز سے پیش کیا اور ترقی پسند فکر کی بھرپور وکالت کی۔ملک میں بھی اور بیرونِ ملک بھی۔

سردار جعفری نے اپنے حسنِ خطابت کے جواہر پاروں کو جہاں جہاں ضرورت ہوئی اپنی شاعری میں بھی سجایا اور اس طرح اپنا ایک الگ رنگِ سخن اردو شاعری کو دیا۔

شاعری کے ذکر سے پہلے دو لفظ ان کی صحافت کے بارے میں — جب سردار نے قلم اُٹھایا اس وقت صحافت بچوں کا کھیل نہیں تھی۔اس دَور کے صحافیوں کے نام لیجیے تو ساعت روشن ہو جاتی ہے۔مولانا ظفر علی خاں، قاضی عبدالغفار، حسرت موہانی، مولانا محمد علی جوہر، پھر ادبی منظر نامے میں

شاہد احمد دہلوی، علامہ تاجور نجیب آبادی، صلاح الدین احمد، گویا ایک صحافی، ایک بحر عالم تھا۔ سیاست کے ساتھ ادب و ثقافت کے نکات اس کی نوک قلم پر تھے۔ آسان نہیں تھا اس دور میں کوچۂ صحافت میں قدم رکھنا جب سردار جعفری اور سبطِ حسن نے مل کر لکھنؤ سے "نیا ادب" نکالا، ایک ایسا ادبی پرچہ جو Trend Setter ثابت ہوا —— اور پھر اس وقت کی بڑی پارٹیوں میں سے ایک کمیونسٹ پارٹی کے سرکاری اخبار "قومی جنگ" اور "نیا زمانہ" کے ادارتی بورڈ کا رکن ہونا۔ ان دنوں اخبار و رسائل کے ایک ایک لفظ کی پکڑ ہوتی تھی اور اخبار نویس کو بار بار عوام کی عدالت کے سامنے آنا پڑتا تھا۔ مئے صحافت کا ذائقہ سردار عمر بھر نہیں بھولے:

چھٹتی نہیں ہے منہ سے یہ کافر لگی ہوئی

انھوں نے "نیا ادب" کی ادارت کے دور کے ایک عرصہ بعد "گفتگو" جیسا ادبی مجلّہ جاری کیا جو اُردو صحافت کا ایک اور سنگِ میل ہے —— اور اگر میں یہ عرض کروں تو شاید غلط نہیں کہ ان کے صحافتی تجربات نے ہی انھیں "کتب پبلشرز" کی چھوٹی بڑی کتابیں شائع کرنے پر اکسایا اور ان کے ادبی اداریوں نے آگے چل کر "ترقی پسند ادب" جیسی مفید کتاب کی شکل اختیار کر لی —— ان کی نثر کا دو ٹوک لہجہ صحافت کی کوکھ سے ہی پھوٹا ہے، ان کے یہاں "پیشہ ور نقادوں" جیسا تذبذب نہیں ہے جو ہر وقت اپنے قلم کی باگیں کسے رہتے ہیں کہ کہیں زیادہ تعریف نہ ہو جائے یا کھل کر مذمت کا پہلو سامنے نہ آ جائے۔ سردار جعفری کی نثر ایک بالغ اور صاف ذہن کی نثر ہے اور ان کے جملوں کے پیچھے ان کا علم اور تجربہ بولتا ہے۔

شاعری سردار جعفری کا طرۂ امتیاز ہے۔ انھیں ایسا زمانہ ملا جو آزادی سے قبل اُردو شاعری کا زرّیں دور ہے۔ یعنی علامہ اقبالؔ اپنی شاعری کا جادو جگا چکے ہیں۔ جوشؔ ملیح آبادی کی شاعری شباب پر ہے، اور جگرؔ، فانیؔ اور حسرتؔ موہانی زندہ ہیں۔ اور وہ شہر جہاں ان کی شاعری پروان چڑھی لکھنؤ ہے۔ عزیزؔ لکھنوی اور جعفر علی خاں اثرؔ کا لکھنؤ —— سردار جعفری عنفوانِ شباب میں اپنے اس شعر کے ساتھ مطلعِ شاعری پر طلوع ہوتے ہیں:

دامن جھٹک کے منزلِ غم سے گزر گیا
اُٹھ اُٹھ کے دیکھتی رہی گردِ سفر مجھے

یہ شعر سردار جعفری کی زندگی کا اشاریہ بھی کہا جا سکتا ہے۔ مگر وہ غزل کے کوچے میں نہیں گئے بلکہ ان

کے شعور آزادی نے انھیں جوش کے انقلابی اور باغیانہ رنگِ سخن کی طرف مائل کیا۔ ان کے پہلے مجموعۂ کلام "پرواز" (مطبوعہ ۱۹۴۳ء) میں سب سے نمایاں نظم "بغاوت" ہے:

بغاوت میرا مذہب ہے بغاوت دیوتا میرا
بغاوت میرا پیغمبر، بغاوت ہے خدا میرا

اس نظم میں پرانی تہذیب، سرمایہ داری، اساطیری افسانوں، موجودہ حکومت، مسخ شدہ مذہب، ہر چیز سے بغاوت کا اعلان ہے۔ بغاوت صرف انسان سے نہیں ہے۔ ترانۂ بغاوت کو وہ عصرِ حاضر کا ترانہ قرار دیتے ہیں ___ دوسری قابلِ ذکر نظم "خواب و خیال" ہے۔ اس نظم کا ذیلی عنوان ہے "زمانہ ماقبلِ تاریخ کے انسان کا ذہنی تجزیہ" ___ اس نظم میں وقت، فکرِ انسانی اور ارتقا، تین کردار الگ الگ ہیں۔ اس نظم پر اقبال کی چھاپ ہے۔ فکری اعتبار سے بھی اور لفظیات کے اعتبار سے بھی:

ٹوٹتی ہے کیوں شعاعِ مہرِ تاباں کی کمند
شب اُٹھالیتی ہے کیوں ناہید و پرویں کا ستار

"پرواز" کے بعد سردار جعفری کی کتاب "نئی دُنیا کو سلام" سامنے آئی، جو شائع تو ہوئی ۱۹۴۷ء میں، مگر وہ طویل نظم انھوں نے ۱۹۴۵ء میں کہنی شروع کی تھی اور ۲۸ دسمبر ۱۹۴۶ء کو ختم کر لی تھی۔ سردار جعفری کی یہ نظم ایک طویل تمثیلی نظم ہے جس میں ۱۸۴۰ مصرعے ہیں۔ مریم اور جاوید اس کے بنیادی کردار ہیں۔ پھر وقت ہے، انگریز ہے۔ نظم کا موضوع بہتر مستقبل کی تلاش ہے۔ یہ نظم بجائے خود شعری تجربات کا نگار خانہ ہے۔ پابند، آزاد، معریٰ، قطعہ بند سب اصنافِ سخن موجود ہیں۔ یہ نظم اقبال کے مطالعے کے بغیر نہیں کہی جا سکتی تھی، مگر یہ اقبال کی صدائے بازگشت نہیں ہے، بلکہ سردار جعفری کی انفرادیت پر دلالت کرتی ہے ___ تجرباتی شاعری کے حوالے سے یہ دور وہ ہے جب ن۔م۔راشد، میرا جی، فیض اور اختر الایمان اور ان کے ہم نواؤں کی معریٰ اور آزاد نظمیں آ چکی ہیں۔ سردار جعفری نے پہلی بار اسی نظم میں آزاد نظم کی صنف کو اپنایا ہے اور اسے ایک نیا آہنگ دیا ہے۔ راشد اور میرا جی کی آزاد نظمیں رُکی تھمی، دھیمی دھیمی، سوچتی ہوئی شاعری کے نمونے ہیں، مگر سردار نے آزاد نظم کو مکالموں کے لیے بھی استعمال کیا اور کہانی کے بیان کے لیے ان کے حسنِ خطابت نے اس صنف میں ایک نیا رنگ بھر دیا ہے اور عوامی ذہن و فکر سے قریب تر کر دیا ہے۔ "نئی دُنیا کو سلام" ایک الگ مضمون کی متقاضی ہے۔ اس طویل تمثیلی نظم میں سردار جعفری کی

بہت سی ایسی نظمیں لکھی ہوئی ہیں جنھیں وہ الگ الگ سناتے رہے ہیں اور جو بہت مشہور ہیں مثلاً "زندگی کا ترانہ"، "یہ آب و خاک و باد کا جہاں بہت حسین ہے"، "اگر کوئی بہشت ہے تو بس یہی زمین ہے" یا وہ ٹکڑا:

"روٹیاں شاخِ طوبیٰ پہ پھلتی نہیں ہیں
روٹیاں بادلوں سے برستی نہیں ہیں
روٹیاں وحی و الہام بن کر اُترتی نہیں ہیں
...... یہ ہیں انسان کے ہاتھوں کی تخلیق
اس کی صدیوں کی محنت کا پھل

انسان کی جدوجہد اور بالخصوص ہندوستان کی آزادی کی جدوجہد کے رنگ کو اُبھارتی ہوئی یہ نظم جن اشعار پر ختم ہوتی ہے وہ بہت بلیغ ہیں:

یہ آدمی کی گزرگاہ شاہراہِ حیات
ہزاروں سال کا بارِ گراں اُٹھائے ہوئے
نئے شفق سے نئے قافلوں کی آمد ہے
چراغ وقت کی رنگین لو بڑھائے ہوئے
بغاوتوں کی سپہ، انقلاب کے لشکر
زمیں پہ پاؤں، فلک پر نظر جمائے ہوئے

۳۰ر جنوری ۱۹۴۸ء کو سردار جعفری کی شادی سلطانہ بیگم سے ہوئی۔ اور زندگی میں اس خوشگوار تبدیلی کا اثر سردار جعفری کی شاعری پر پڑا — آزادی کے بعد ملک کے بدلتے حالات کے مطابق سردار کی شاعری میں احتجاج کا لہجہ بہت نمایاں ہے۔ حکومتِ وقت نے انھیں ۲۰ر جنوری ۱۹۴۹ء کو گرفتار کرلیا اور آٹھ ماہ کی عرصہ انھوں نے ناسک جیل میں گزارا۔ قید و بند کی صعوبتوں کے قطع نظر یہ عرصہ سردار جعفری کی شاعری کا ایک اہم موڑ ہے — ان کی اس دور کی نظمیں "خون کی لکیر" (۱۹۴۹ء) اور "پتھر کی دیوار" (مطبوعہ اگست ۱۹۵۳ء) میں موجود ہیں۔ اگر چہ انھوں نے "ایشیا جاگ اُٹھا" جیسی طویل نظم جیل ہی میں لکھی جو ان کی شاعری کے انقلابی آہنگ کی امین ہے — مگر ناسک جیل میں جو نظمیں انھوں نے اپنی بیوی اور بچے کی یاد میں لکھی ہیں وہ ان کی شاعری میں ایک

نئی جہت کا اضافہ کرتی ہیں۔ جیل کا ماحول دیکھئے:

جیل کی خاک سے آہوں کا دھواں اُٹھتا ہے
اور لوہے کی سلاخوں میں بدل جاتا ہے
بیڑیاں روتی ہیں، زنجیریں فغاں کرتی ہیں
کوڑے بج اُٹھتے ہیں جلاّدوں کی خونخواری پر
کتنی صدیوں سے ہے قائم یہ تشدد کا نظام

(جیل "خون کی لکیر" سے)

بچے کی یاد میں:

نیند میری آنکھوں سے
بے وفائی کرتی ہے
مجھ کو چھوڑ کر تنہا
جیل سے نکلتی ہے
بمبئی کی بستی میں
میرے گھر کا دروازہ
جا کے کھٹکھٹاتی ہے
ایک ننھے بچّے کی
انکھڑیوں کے بچپن میں
میٹھے میٹھے خوابوں کا
شہد گھول دیتی ہے
اک حسیں پری بن کر
لوریاں سناتی ہے
پالنا ہلاتی ہے
رات خوبصورت ہے
نیند کیوں نہیں آتی (نیند: جیل کی دیوار)

بیوی کی یاد میں:

میں لکھ رہا ہوں
تمھاری آنکھیں سفید کاغذ پہ اپنی پلکوں سے چل رہی ہیں

میں پڑھ رہا ہوں
تمھاری آنکھیں ہر اک سطر کی سلوٹوں کے نیچے لرز رہی ہیں

میں سو رہا ہوں
تمھاری آنکھیں، تمھاری پلکیں کہانیاں سی سنا رہی ہیں

(تمھاری آنکھیں: پتھر کی دیوار)

"پتھر کی دیوار" کے بعد "ایک خواب اور" (مطبوعہ مارچ ۱۹۶۵ء) سردار جعفری کی شاعری کا عروج ہے۔ یہاں تک آتے آتے سردار کی شاعری کا آہنگ سڈول اور لہجہ زیادہ غنائیہ ہو گیا ہے۔ کہیں کہیں لگتا ہے کہ ان کی اور فیض احمد فیض کی آواز کی جیسی ہے:

آہ پتھر کی لکیریں ہیں کہ یادوں کے نقوش
کون لکھ سکتا ہے پھر عمرِ گزشتہ کی کتاب
بیتے لمحات کے سوئے ہوئے طوفانوں میں
تیرتے پھرتے ہیں پھوٹی ہوئی آنکھوں کی حباب
تابشِ رنگِ شفق، آتشِ روئے خورشید
مل کے چہرے پہ سحر آئی ہے خونِ احباب
دربدر ٹھوکریں کھاتے ہوئے پھرتے ہیں سوال
اور مجرم کی طرح ان سے گریزاں ہیں جواب

(ایک خواب اور)

سردار جعفری کے اس مجموعۂ کلام میں غزلیں بھی ہیں، اگرچہ غزل گوئی سردار کا مزاج نہیں:

شکستِ شوق کو تکمیلِ آرزو کہیے
جو تشنگی ہو تو پیمانہ و سبو کہیے

مہک رہی غزل ذکرِ زلفِ خوباں سے
نسیم صبح کی مانند کو بہ کو کہئے

"ہاتھوں کا ترانہ" جیسی مشہور نظم بھی اسی مجموعۂ کلام میں ہے:

تاریخ کے اور مشینوں کے پہیوں کی روانی ان سے ہے
تہذیب کی اور تمدن کی بھر پور جوانی ان سے ہے
دنیا کا فسانہ ان سے ہے، انساں کی کہانی ان سے ہے
ان ہاتھوں کی تعظیم کرو، ان ہاتھوں کی تکریم کرو
دنیا کے چلانے والے ہیں ان ہاتھوں کو تسلیم کرو

سردار جعفری کی اہم اور دیرپا نظموں میں "میرا سفر" ہے۔ اور آج جبکہ ان کا انتقال ہو چکا ہے، اس نظم کی معنویت اور بڑھ گئی ہے۔ یہ نظم دراصل کسی ایک انسان کی نہیں، زندگی کی نظم ہے۔ زندگی جو کبھی نہیں مرتی، زندگی جو اپنا روپ بدلتی رہتی ہے۔ غالب نے اس بات کو یوں کہا تھا:

سب کہاں کچھ لالہ و گل میں نمایاں ہو گئیں
خاک میں کیا صورتیں ہوں گی کہ پنہاں ہو گئیں

رومی کا یہ مصرعہ خود سردار جعفری نے ذیلی عنوان کے طور پر لکھا ہے۔ "ہم چو سبزہ بارہا روئیدہ ایم" یہ خیال بہت بڑا نہیں ہے، مگر جس شگفتگی اور فنی مہارت سے سردار جعفری نے اسے اپنی نظم میں سمویا ہے اس نے اس نظم کو بڑا بنا دیا ہے اور یہی سردار کا کارنامہ ہے۔ نظم اس دن کے تصور سے شروع ہوتی ہے جو ۱۲ راگست ۲۰۰۰ء کو آ چکا:

پھر اک دن ایسا آئے گا
آنکھوں کے دیے بجھ جائیں گے
ہاتھوں کے کنول کمھلائیں گے
اور برگ زباں سے نطق و صدا
کی ہر تتلی اُڑ جائے گی

ان مصرعوں میں موت کو کتنا خوبصورت اور ہلکا پھلکا بنا دیا ہے۔ پھر موت کے بعد بھلا دیے جانے

کی منزل کا ذکر کرتے ہوئے سردار حیات نو کی بشارت دیتے ہیں۔ ان مصرعوں کا حسن، روانی، سادگی، لطافت سب کچھ ایک بڑی شاعری کی پہچان ہے:

لیکن میں یہاں پھر آؤں گا
بچوں کے دہن سے بولوں گا
چڑیوں کی زباں سے گاؤں گا
جب بیج ہنسیں گے دھرتی میں
اور کونپلیں اپنی انگلی سے
مٹی کی تہوں کو چھیڑیں گی
میں پتی پتی، کلی کلی
اپنی آنکھیں پھر کھولوں گا
سرسبز ہتھیلی پر لے کر
شبنم کے قطرے تولوں گا
میں رنگِ حنا، آہنگِ غزل
اندازِ سخن بن جاؤں گا
رخسارِ عروسِ نو کی طرح
ہر آنچل سے چھن جاؤں گا

کتنا حسن اور رومانس ہے مرنے کے بعد اس طرح دوبارہ جینے میں۔ زندگی کے حسن سے بھرپور یہ نظم حیاتِ انسانی کی اس حقیقت کے اظہار کے بعد ختم ہوتی ہے:

میں ایک گریزاں لمحہ ہوں
ایام کے افسوں خانے میں
میں ایک تڑپتا قطرہ ہوں
مصروفِ سفر جو رہتا ہے
ماضی کی صراحی کے دل سے
مستقبل کے پیمانے میں

میں سوتا ہوں اور جاگتا ہوں
اور جاگ کے پھر سو جاتا ہوں
صدیوں کا پرانا کھیل ہوں میں
میں مر کے امر ہو جاتا ہوں

اگر سردار جعفری یہی ایک نظم لکھتے تو بھی وہ اُردو شاعری کے نگار خانے میں امر ہو جاتے۔ مگر ایسی خوبصورت اور بصیرت افروز نظم لکھنے کے لیے زندگی کا وہ سفر ضروری ہے جو سردار جعفری نے سرانجام دیا۔

سردار جعفری بنیادی طور پر انقلابی شاعر تھے۔ محبِ وطن تھے، عالمی بھائی چارے کے تصور کو عام کرنے میں انھوں نے اپنی عمر کا بیشتر دور گزارا۔ وہ عالمی امن کے سپہ سالاروں میں تھے، اور ہر اس جنگ سے نفرت کرتے تھے جس کی بنیاد تعصب اور نفاق پر ہو۔ وہ ہمارے ان شاعروں میں تھے جو ادبی محفلوں، گروہوں اور طبقوں میں اتنے ہی مقبول تھے جتنے عوام میں، مشاعروں میں، انھیں ہزاروں لاکھوں کے مجمع کو خطاب کرنے کا ڈھنگ آتا تھا اور ان کے اس فن نے انھیں تحت اللفظ اشعار پڑھنے کے باوجود ساری عمر مقبول بنائے رکھا جبکہ اُردو شاعری کی عوامی مقبولیت ننانوے فیصد ترنم پر ہے۔ سردار جعفری شاعری برائے شاعری کے قائل نہیں تھے۔ وہ مقصدیت کو اوّلیت کا درجہ دیتے تھے اور ان کا مقصد اپنی ذات کی تشہیر نہیں، بلکہ ان اقدار کی تشہیر تھی جو انسان کو ارفع و اعلیٰ بناتی ہیں۔ سوویت لینڈ نہرو ایوارڈ، غالب ایوارڈ، اقبال سمان اور گیان پیٹھ تک ان کی مقبولیت کا ایک بہت طویل سفر ہے۔ وقت کے ساتھ حکومتوں نے بھی ان کی ذہانت اور فن کی عظمت کا لوہا مان لیا تھا۔ وہ پدم شری بنا دیے گئے تھے۔ پنڈت جواہر لال نہرو سے لے کر اندرا گاندھی، اندر کمار گجرال اور اٹل بہاری باجپئی جیسے ملک کے پرائم منسٹروں نے سردار جعفری کو وقعت کی نگاہ سے دیکھا۔ وہ ہندو پاک دوستی کے بہت بڑے علمبردار تھے۔ ۱۹۶۵ء کی ہندو پاک جنگ کے موقع پر ان کی نظم ''صبحِ فردا'' محبت کی نئی کرن کی طرح طلوع ہوئی تھی۔ وہ نظم ایک تاریخی اہمیت کی حامل ہے اور گزشتہ پینتیس سال سے عوام کی فرمائش پر انھوں نے یہ نظم سینکڑوں بار سنائی ہوگی۔ اس نظم کی مقبولیت کی وجہ یہی ہے کہ یہ ایک ایسے شخص کے دل سے نکلی جس نے جنگِ آزادی میں قربانیاں دیں اور اپنی زندگی کو امن و محبت کے فروغ کے لیے وقف کر دیا۔ اس نظم کی اہمیت یوں اور بڑھ گئی

جب دو سال پیشتر "لاہور ملاقات" کے موقع پر نظم "صبحِ فردا" پرائم منسٹر شری اٹل بہاری باجپئی نے پاکستان کے پرائم منسٹر جناب نواز شریف کو تحفہ کے طور پر پیش کی۔ یہ نظم سردار کی شاعرانہ عظمت اور مقصدیت کے امتزاج کا خوبصورت اظہار ہے:

اسی سرحد پہ کل ڈوبا تھا سورج ہو کے دو ٹکڑے
اسی سرحد پہ کل زخمی ہوئی تھی صبحِ آزادی
یہ سرحد خون کی، اشکوں کی، آہوں کی، شراروں کی
جہاں بوئی تھی نفرت اور تلواریں اُگائی تھیں

تقسیم وطن کے ہولناکیوں کا ذکر کرتے ہوئے یہ نظم ہندو پاک کے عوام کے دلوں کی ترجمانی اس طرح کرتی ہے کہ آج جب یہ تقسیم تاریخی حقیقت بن چکی ہے تو یہ تقسیم اب ایسی ہے جیسے سیندور کی لکیر بالوں کو دو حصوں میں بانٹتی ہے ــــ باہمی محبت کا اظہار اس سے خوبصورت ممکن نہیں ہے۔

ان اشعار پر نظم ختم ہوتی ہے:

یہ سرحد کج کلاہوں کی، یہ سرحد کج اداؤں کی
یہ سرحد امن و آزادی کے دل افروز خوابوں کی
یہ سرحد ڈوبتے تاروں، اُبھرتے آفتابوں کی
یہ سرحد خوں میں لتھڑے پیار کے زخمی گلابوں کی
میں اس سرحد پہ کب سے منتظر ہوں صبحِ فردا کا (۲۵ ستمبر ۱۹۶۵ء)

یہ صبحِ فردا ضرور طلوع ہوگی، اور اس صبحِ فردا کا سورج سردار جعفری کی روح کو صحیح خراجِ عقیدت پیش کرے گا۔

سردار جعفری کا موت کے ہاتھوں بے بس ہوکر ہمارے درمیان سے اٹھ جانا، اُردو والوں کا تو ناقابلِ تلافی نقصان ہے ہی، یہ برصغیر کا نقصان ہے، پوری عالمِ انسانیت کا نقصان ہے۔ ایسا ہمہ جہت اور اولوالعزم فنکار اور یار طرحدار صدیوں میں پیدا ہوتا ہے۔ سردار جعفری خاک و خون سے کھیلتے درد کے ساحل تک جا پہنچے۔ مگر وہ بھی ان کی آخری منزل نہیں کیونکہ وہ ــــ ایک گریزاں لمحہ ہیں اور ایام کے افسوں خانے میں پھر آئیں گے ــــ فطرت نے ان کی معرفت اپنا پرانا کھیل کھیلا ہے اور وہ جاگ کر پھر سو گئے ہیں۔

نومبر میرا گہوارہ

سردار جعفری کے آخری دور کی ایک طویل نظم میرے پیشِ نظر ہے — "نومبر - میرا گہوارہ" اگر چہ "افکار" کراچی کے خصوصی نمبر (نومبر - دسمبر ۱۹۹۱ء) میں مطبوعہ متن کے مطابق سردار نے اسے نامکمل لکھا ہے، لیکن جتنی بھی ہے وہ اپنے معنی کے حساب سے مکمل تصور کی جا سکتی ہے۔

یہ منظوم خود نوشت ہے، روایتی انداز میں نہیں ہے، بلکہ موضوعات بدلنے کے ساتھ ساتھ بحروں میں بھی تبدیلی کی گئی ہے اور پوری نظم بہ طور آزاد نظم کے سرانجام ہوئی ہے — یہ میرے نزدیک تمثیلی نظم ہے اور اس میں سردار خود تمثیل ہیں — یہ نظم سردار نے اس سال کہی جب ان کی عمر ستر سال ہوگئی۔ یہ نظم ۷۸۵ مصرعوں پر مشتمل ہے اور اسے سردار نے دس ٹکڑوں میں تقسیم کیا ہے:

۱۔ رقصِ تخلیق
۲۔ کھول آنکھ زمیں دیکھ فلک دیکھ فضا دیکھ
۳۔ اقراء
۴۔ فطرت کی فیاضیاں
۵۔ ذکر اس پری وش کا
۶۔ ورقِ ناخواندہ
۷۔ صحیفۂ کائنات
۸۔ حرفِ بد
۹۔ حسد
۱۰۔ قاتل کی شکست

ایسا لگتا ہے کہ سردار ہر عنوان کے تحت کچھ کچھ اور بڑھانا چاہتے تھے۔ شاید اسی لیے اسے نامکمل کہا۔ ورنہ اپنے متن کے اعتبار سے اب بھی یہ نظم ایک زندگی، اس کی تربیت، ارتقا، عشق، عمل، دیگر لوگوں کا ردِ عمل اور آخر میں زندگی کی فتح پر مشتمل ہے۔ اگر اس نظم کے اشعار کہیں اور نہیں ہیں (جو غیر مطبوعہ ہوں) تو اسے مکمل مان لینا چاہیے۔

دنیا کی تخلیق اور اس دنیا میں آدمی کا پیدا ہونا ہمیشہ سے ہی مفکروں، دانشوروں، فلسفیوں اور

شاعروں کے فکروفن کا موضوع رہا ہے۔ سردار نے اس موضوع پر صرف سات مصرعے کہے ہیں۔ وہ سات سو اشعار کہنے پر قادر تھے مگر چند مصرعے اور ان میں بھی یہ دو مصرعے سردار کے نقطۂ نظر کو واضح کرتے ہیں اور ان کی شناخت قائم ہو جاتی ہے:

دل یہ کہتا ہے حسیں ہے دنیا
چیتھڑوں میں ہی سہی ماہ جبیں ہے دُنیا

گویا اس بھری پری دنیا میں مال و دولت والے اور شان و شوکت والے لوگ قابلِ اعتنا نہیں، انھیں سروکار ہے ان لوگوں سے جو مفلوک الحال ہیں مگر زندگی کو گلے سے لگائے ہوئے ہیں۔ ان کی امیدیں وابستہ ہیں شکستہ حال اور دریدہ دامنوں والوں سے۔ غریب کسان اور محنت کشوں سے، جن کی مشقت سے ہی محلوں کی تعمیر ہوتی ہے۔ یہی وہ مخلوق ہے جو دنیا کو ماہ جبیں بنائے ہوئے ہے۔ اس عنوان کے تحت اگلے مصرعوں میں وہ اعتراف کرتے ہیں کہ:

دستِ صیاد بھی ہے، بازوئے جلاّد بھی ہے
رقصِ تخلیقِ جہانِ گزراں جاری ہے

گویا تخریبی قوتیں اور انسانوں کا قتل کرنے والا طبقہ ہمیشہ سے موجود رہا ہے اور آج بھی ہے۔ لیکن وہ زندگی کی رفتار کو نہیں روک سکا۔ رقصِ حیات جاری ہے اور اس رقصِ حیات کا ایک حصہ وہ بچہ ہے جس کی زندگی کی داستان علامتی انداز میں اس نظم میں اس طرح بیان کی گئی ہے کہ یہ کسی ایک شخص کی زندگی نہیں بلکہ ابنِ آدم کی داستان معلوم ہوتی ہے۔

نظم کا دوسرا حصہ "کھول آنکھ زمیں دیکھ......" اقبال کی اس نظم کی معنویت کے ساتھ شروع ہوتا ہے جس میں فرشتے آدمی کی آنکھ کھولنے پر آمادہ کرتے ہیں۔ اس حصہ نظم میں بچہ کی معصومیت بڑے ہی خوبصورت انداز میں نظم کا پیکر بنی ہے۔ ظاہر ہے یہ شاعر کا ذاتی تجربہ نہیں ہے، بلکہ تخیل کی فسوں کاری ہے:

میں ستر سال پہلے اس تماشا گاہِ عالم میں
اِک آفاقی کھلونا تھا
ہوا کے ہاتھ سہلاتے تھے میرے نرم بالوں کو
مری آنکھوں میں راتیں نیند کا کاجل لگاتی تھیں

سحر کی پہلی کرنیں چومتی تھیں میری پلکوں کو
مجھے چاند اور تارے مسکرا کر دیکھتے تھے
موسموں کی بارشیں جھولا جھلاتی تھیں

....

مری ماں اپنے آنچل میں چھپالیتی تھی ننھے سے کھلونے کو

بچہ کی معصومیت کا حسن سمٹ آیا ہے ان مصرعوں میں اور یہاں سے جو عظیم کردار اُبھرتا ہے وہ ماں کا کردار ہے۔ یہ ماں صرف شاعر کی ماں نہیں بلکہ ہر اس بچّے کی ماں ہے جس نے اس کارخانۂ قدرت میں آنکھیں کھولیں اور جسے ماں کی گود اور اس کی شفقت نصیب ہوئی۔ بچے کی پیدائش کے بعد ماں کا سب سے بڑا کارنامہ اُسے دودھ پلانا ہے۔ یہ ایسا تخلیقی عمل ہے جس پر آج تک اس انداز سے نہیں لکھا گیا جیسا سردار جعفری نے لکھا ہے۔ اور اسی دودھ کی دھاروں سے اس عظیم شاعر کی شخصیت کا انکر پھوٹتا ہے اور پروان چڑھتا ہے۔ ماں کے دودھ کی عظمت اس سے بہتر الفاظ میں بیان نہیں کی جاسکتی:

وہ پاکیزہ مقدس سینۂ زرّیں
وہ اس میں دودھ کی نہریں
وہ موجِ کوثر و تسنیم تھیں
یا شہد و شبنم تھیں
انھیں کی چند بوندیں آج اعجازِ سخن بن کر
انھیں کی چند بوندیں سحرِ حرف و جادوئے لفظ و بیاں بن کر
مرے ہونٹوں سے خوشبوئے زباں بن کر
سرِ لوح و قلم آتی ہیں تو شمشیر کی صورت چمکتی ہیں
حسینوں کے لیے وہ غازۂ رخسار و عارض ہیں
کھنکتی چوڑیوں، بجتی ہوئی پائل کو اِک آہنگ دیتی ہیں
زمیں کی گردشوں، تاریخ کی آوازِ پا میں ڈھلتی جاتی ہیں

ماں کی گود اور پالنے کے بعد بچّے کی دوسری منزل ہے مدرسہ۔ اس تیسرے باب "اسراء"

میں قلم اور علم کی عظمت ہے اور وہ منظر پیکرِ اشعار میں ڈھل گیا ہے۔ جب بچہ پہلا حرف لکھتا ہے۔ اس آپ بیتی میں بھی کتنی جگ بیتی ہے اور یہی سردار کا کمال ہے:

مری انگلی نے پہلے خاک کے سینے پر حرفِ اوّلیں لکھا
پھر اس کے بعد تختی پر قلم کا نقشِ ثانی تھا
قلم انگشت انسانی کا جلوہ ہے
عروجِ آدمِ خاکی کا دلکش استعارہ ہے

اس طویل نظم کا چوتھا باب "فطرت کی فیاضیاں" ہے۔ یہ اُس لڑکے کے کھلنڈرے پن کی تصویر ہے جسے قدرتی مناظر سے محبت ہے:

مجھے سورج نے پالا
چاند کی کرنوں نے نہلایا

یہ لڑکا چڑیوں، تتلیوں، جگنوؤں، پھولوں، درختوں، کیڑے مکوڑوں، ہر چیز سے محبت کرتا ہے اور وقت اس کی انگلی پکڑ کر اسے نوجوانی کی منزل تک لے آتا ہے۔ جوانی کا احساس ایک انوکھا تجربہ ہوتا ہے ـــ اس تجربہ کو چند مصرعوں میں سردار نے خوبصورتی سے شعری پیکر دیا ہے:

میں خود فطرت تھا، فطرت میری ہستی تھی
اسی فطرت نے میرے خوں میں لاکھوں بجلیاں بھر دیں
مسیں بھیگیں، رگ و پے میں جنوں کا بانکپن آیا
مرے آگے نئے رنگوں میں دنیا کا چمن آیا
ہر اک شمشاد پیکر لے کے فردوسِ بدن آیا

کتنی روانی اور بے تکلفی سے ہمارا شاعر "فردوسِ بدن" تک پہنچ گیا۔ شاید یہ ترکیب بھی نئی ہے اور جب سردار "ہر اک شمشاد پیکر" کہتے ہیں تو ان کی حسن پرستی ایک ایک حرف کے پردے میں مسکراتی ہے۔

پانچواں باب نظم "ذکر اس پری وش کا" سراسر عشق کی داستان ہے۔ یہ آزاد نظم کے پیکر میں "غزل" معلوم ہوتی ہے۔ وہی بدن کے پیچ و خم، وہی اضطراب، وہی لب و رخسار کی باتیں اور وہی ذکرِ وصال ـــ کہیں کہیں سے مصرعے ملاحظہ کریں:

کہاں سے آئی ہو
کون ہو تم
نہ گل نہ خوشبو
مگر تمھارا وجود خود روحِ گلستاں ہے

فقط تمھارے بدن کا موسم
جو میری نظروں کی نرم بارش میں
رنگ اور نور بن گیا ہے

تمھارے ہونٹوں کے خم میں جو لفظ بن رہے ہیں
وہ میرے سینے میں پھول کی طرح کھل رہے ہیں

اور راز و نیاز اور اقرار و انکار کی خوبصورت کیفیت بیان کرنے میں سردار نے کمالِ فن کا مظاہرہ کیا ہے:

تمھاری 'ہاں' اِک گلاب ہے تازہ و شگفتہ
کہ جس سے ایوانِ جاں معطر
'نہیں' یہ ننھی سی اِک کلی ہے
جو دل کی نازک سی شاخ پر سو رہی ہے خوابِ بہار بن کر

....

مجھے 'نہیں' کی کلی عطا ہو
کہ جس سے 'ہاں' کا گلاب مہکے

یہ نظم سردار جعفری نے ستر سال کی عمر میں کہی۔ مگر جولانیٔ طبع دیکھیے کہ نوجوانوں کو رشک آئے۔

خلوتِ ناز سے نکل کر جب سردار جلوت میں آتے ہیں تو ان کے قلم میں ایک نیا جوش، ولولہ، عزم اور تخلیقیت کا نور جھلکتا ہے۔ نظم کا چھٹا حصہ ''ورقِ ناخواندہ'' سردار جعفری کی علمی، ادبی، ثقافتی اور سیاسی فتوحات کے استعاروں سے مزین ہے۔ وہ اپنے احباب کے ساتھ سرگرمِ عمل ہیں، اپنے ہم عصروں کا ذکر لطیف اشاروں میں کرتے ہیں۔ یہ حصہ ان کی خلاقانہ طبیعت کی عکاسی کرتا ہے۔

مظاہرِ فطرت کو وہ ایک نئی نظر سے دیکھتے ہیں:

ہر اِک درخت اِک قلم ہے، ہر شاخ اِک قلم ہے
سمندروں کی دوات
ندیوں کی پگھلتی چاندی کی روشنائی
فضا کے سیال نیلگوں سے
ہواؤں کے ہاتھوں لکھ رہے ہیں
ستاروں کا نور لکھ رہا ہے
زمین کا رقص لکھ رہا ہے
زمین کی پشت سے نکلتا گلابی سورج
سنہری کرنوں سے لکھ رہا ہے
گزرتے لمحات اپنے تیروں سے لکھ رہے ہیں
گزرتی تاریخ اپنے نیزوں سے لکھ رہی ہے
تمام احباب لکھ رہے ہیں
تمام اغیار لکھ رہے ہیں
سیاستِ مکروفن کی تلوار لکھ رہی ہے

ساتواں باب ''صحیفۂ کائنات'' دراصل چھٹے باب کی توسیع ہے:

یہ دو ورق ہیں
زمین اور آسمان جن پر
صحیفۂ کائنات تحریر ہو رہا ہے

آٹھواں باب ''حرفِ بد'' میں ایک درد ہے، ایک کسک ہے، ایک شکوہ ہے۔ سردار جعفری ہمارے ادب کی متنازعہ شخصیت رہے ہیں۔ ان پر جا و بے جا تنقید بھی کی گئی اور نظریاتی اختلافات کے باعث ان پر سنگِ ملامت بھی اُچھالے گئے، مگر یہ بھی حقیقت ہے کہ سردار اپنی روش پر قائم رہے، وہ کبھی اپنے ناقدوں، بلکہ بدخواہوں کو خاطر میں نہیں لائے، اور آج جب وہ ہم میں نہیں ہیں تو ان کا کمال جرأت کے ساتھ اپنے مخالفوں سے لوہا لینا ایک سبق ہے، ان کم ہمت لوگوں کے

لیے جو خنجر تنقید کے آگے اپنا سر رکھ دیتے ہیں۔ سردار جعفری کا یہ بند ان کے مخالفوں کا منہ بند کرنے کے لیے کافی ہے:

مرے خلاف اُٹھایا قلم حریفوں نے
مرا غرور بڑھا اور سر بلند ہوا
یہی سلیقہ ہے بس حرفِ بد سے بچنے کا
کہ اپنی ذات کو اتنی بلندیاں دے دو
کسی کا سنگِ ملامت وہاں تک نہ آ سکے
صدائے کوئے ملامت تلاش کرتی رہے
مگر نوائے بہار آشنا کو پا نہ سکے
چراغ علم و ہنر کو کوئی بجھا نہ سکے

اس نظم کا نواں حصہ ہے—''حسد'' وہ حاسدوں کی مذمت کرتے ہیں اور فرماتے ہیں:

حسد کا مارا ہوا یہ بندہ غریبِ شہرِ دیار خود ہے
شرافتِ نفس مر چکی ہے، بچارہ خویش شنا نہیں ہے

یہ لمحۂ فکریہ ہے کہ اس دَور میں بدخواہوں اور حاسدوں کی بہتات ہے، قلم کار حسن کو اجاگر کرتا ہے، قلم کار بہتر زندگی کے خواب دیکھتا ہے۔ لیکن وہ قلم کار جن کا قلم حسد کا زہر اور بدخواہی کا سم علمی وادبی معاشرے میں پھیلائے، وہ صحیح معنوں میں قلم کار کہلانے کے حقدار نہیں۔ قلم کار تو وہ ہے کہ:

''جس کا پیغام محبت ہو جہاں تک پہنچے''

سردار جعفری کی اس طویل نظم کا آخری حصہ ''قاتل کی شکست'' بھی دراصل گذشتہ ابواب کی کڑی ہے۔ یہاں سردار جعفری ایک جری کی طرح للکار رہے ہیں اور اپنے حریفوں سے ہم کلام ہیں:

اس کمیں گاہ میں کتنے ہیں کماندار بتاؤ
تیر کتنے ہیں سیہ ترکش میں
گن کے دیکھو تو ذرا
کون سا تیر ہے مخصوص مرے دل کے لیے

اور پھر وہ تاریخی حوالوں سے بیان کرتے ہیں کہ اہلِ صداقت کو ہمیشہ دشواریوں کا سامنا ہوا:

ابنِ مریم کو کیا تم نے سرِ دار بلند

اور وہ زندہ ہے

تشنگی تم نے محمدؐ کے نواسے کو دی

چشمۂ فیضِ حسینؓ ابنِ علیؓ جاری ہے

ابنِ مریم نہ حسینؓ ابنِ علیؓ ہوں لیکن

خوں میں ہے خونِ شہادت کی حرارت پنہاں

وہ جو صدیوں سے دہکتا ہوا انگارہ ہے

یہاں سید علی سردار جعفری کی سیادت اور عظمت کا احساس شدید تر ہو جاتا ہے، آخر میں وہ اپنی اس آپ بیتی کو اس طرح جگ بیتی بنا دیتے ہیں کہ میرے سینے میں ہر دیس، ہر قوم اور ہر فرد کا دل ہے۔ اے انسانیت کے قاتلو! تم کس کس کو قتل کرو گے:

کتنے جلتے ہوئے تاروں کو بجھا سکتے ہو

کتنے خورشیدوں کو نیزوں پہ اُٹھا سکتے ہو

نظم یہاں اختتام پذیر ہوتی ہے اور واضح کرتی ہے کہ نیکی، سچائی، صداقت، جرأت ـــــ وہ اوصاف حمیدہ ہیں جو کسی فرد واحد کی نہیں، بلکہ انسانیت کی دولت میں اور جب تک روئے زمین پر ایک بھی انسان زندہ ہے، انسانیت کی تاریخ زندہ ہے۔ انسانیت کی روایت زندہ ہے۔ انسانیت کی اعلیٰ اقدار لازوال ہیں۔ ہاں سورج کی طرح غروب و طلوع ہوتی رہتی ہیں، لیکن ناپید نہیں۔

سردار جعفری نے جو روایت چھوڑی ہے وہ اب دُنیائے ادب و شعر کی وراثت ہے۔ اور جب تک یہ ادب پارے، یہ خیالات و تصورات زندہ ہیں، سردار جعفری کو کون فراموش کر سکتا ہے، اسی ایقان نے سردار جعفری سے یہ اشعار کہلائے تھے:

میں سوتا ہوں اور جاگتا ہوں

اور جاگ کے پھر سو جاتا ہوں

صدیوں کا پرانا کھیل ہوں میں

میں مر کے امر ہو جاتا ہوں

OO

(۱۸ اگست ۲۰۰۰ء)

میرا ہم عصر: کیفی اعظمی

کیفی کے انتقال کو اب دو ماہ سے زیادہ کا عرصہ گزر چکا ہے۔ میں نے ان کے انتقال کے فوراً بعد دو تین تاثراتی مضامین لکھے جو مختلف اخباروں میں شائع ہو چکے ہیں۔ ایک ایسے شخص کے بارے میں جس سے نصف صدی سے زیادہ قربت رہی ہو، اور ہمہ جہت فنکار ہو، اس کے فکروفن پر بھرپور انداز میں مقالہ لکھنے کے لیے کچھ اور عرصہ چاہیے تاکہ وہ ہنگامی تاثرات ایک کروٹ بیٹھ جائیں جو کسی ادیب و شاعر کا صرف ایک توصیفی گوشہ ہی اجاگر کرتے ہیں یا کرنا چاہتے ہیں۔ میری شاعری اور کیفی کی شاعری کی عمر تقریباً ایک ہے۔ وہ ۱۹۴۳ء میں بمبئی پہنچے تھے اور کیمونسٹ پارٹی سے منسلک ہو گئے تھے اور وہیں ان کی شاعری کا عروج ہوا۔ میں ۱۹۴۳ء میں اپنے آبائی قصبے نگینہ سے دہلی پہنچا تھا اور میں اس زمانے میں حلقہ ارباب ذوق سے متعلق شعرائے کرام سے متاثر تھا جن میں نمایاں نام ہیں ن۔م۔راشد اور اختر الایمان۔ میں ۱۹۴۵ء میں بمبئی پہنچا اور اگست ۱۹۴۵ء میں کیفی سے ملاقات ہوئی۔ انجمن ترقی پسند مصنفین سے میری وابستگی ہوئی اور کیفی اور سردار جعفری کے ساتھ ہر وقت کا اُٹھنا بیٹھنا تھا۔ میری شاعری بھی انقلابی اور سماجی رنگ و آہنگ میں ڈھلنے لگی اور ایسے انگنت مشاعرے پڑھے جن میں عام شعرا اپنی افتادِ طبع اور پولیس کے ڈر سے نہیں جاتے تھے۔ اس وقت کے بمبئی کے ''سرپھرے شاعروں'' میں چار پانچ نام تھے ــــ سردار جعفری، کیفی اعظمی، نیاز حیدر، مجروح سلطان پوری اور راقم الحروف رفعت سروش ــــ سید سجاد ظہیر نے اپنی کتاب

''روشنائی'' میں اُن دنوں کا تذکرہ کرتے ہوئے لکھا ہے رفعت سروش اپنی ریڈیو کی نوکری کو خطرے میں ڈال کر ہمارے جلسوں میں مسلسل آتے تھے۔ میں ۱۹۵۸ء تک بمبئی رہا اور میری روش میں کوئی فرق نہ آیا اور اس کے بعد دہلی میں اور جگہ جگہ مشاعروں اور سیمیناروں میں کیفی سے ملاقاتیں ہوتی رہیں۔ بحیثیت انسان کے کیفی بے حد مخلص تھے، کسی کی غیبت، ادبی چشمک اور ریشہ دوانیوں سے انھیں کوئی سروکار نہ تھا۔ وہ عمر بھر کمیونسٹ پارٹی کے ممبر رہے جبکہ علی سردار جعفری نے ۱۹۵۸ء کے بعد کمیونسٹ پارٹی کا ممبر بنے رہنا ضروری نہیں سمجھا تھا۔ کیفی کو مشاعروں میں بھی زبردست کامیابی ملی اور جب وہ فلمی گانے لکھنے کی طرف متوجہ ہوئے تو بھی ان کو مقبولیت نصیب ہوئی۔

انھوں نے ایک طویل عرصے تک جسمانی طور پر ایک مفلوج مگر ذہنی طور پر فعال زندگی گزاری اور آخر وقت تک خدمتِ خلق ان کا مشغلہ رہا۔ ملک نے ان کو اعزازات و انعامات سے بھی خوب نوازا جس کی تفصیل سب کو معلوم ہے۔

کیفی اعظمی کی شاعری پر طائرانہ نظر ڈالنے سے محسوس ہوتا ہے کہ ان کی ادبی زندگی کے تین پڑاؤ ہیں ـــ ابتدا میں جیسا کہ سجاد ظہیر نے ان کی پہلی کتاب ''جھنکار'' کے دیباچے میں لکھا ہے کہ اُردو شاعری میں ''ایک نیا پھول کھلا ہے ـــ بالکل سرخ پھول'' ـــ کیفی کمیونسٹ پارٹی کے اخبار ''قومی جنگ'' سے وابستہ تھے۔ یعنی اس اخبار میں لکھنا اُن کے فرائضِ منصبی میں داخل تھا ـــ یہ دَور تھا دوسری جنگِ عظیم کا اور سوویت یونین اتحادی ملکوں کا ایک رکن تھا۔ پہلے ہٹلر کی فوجوں نے قیامت برپا کردی تھی، پھر سوویت یونین کی سرخ فوجیں پیش قدمی کرنے لگیں۔ مگر یہ کہا جائے تو غلط نہ ہوگا کہ تب کیفی اعظمی کمیونسٹ پارٹی کے سرکاری شاعر تھے۔ پارٹی کی پالیسی کی روشنی میں انھیں نظمیں کہنی پڑتی تھیں۔ ان کی نظمیں سرخ فوج کے نقشِ قدم پر چل کر اپنا تخلیقی سفر طے کرتی تھیں۔

اس دَور کے ایک ایک اہم واقعہ پر کیفی کی نظم موجود ہے۔ ان کی ایک نظم کا ٹیپ کا مصرعہ یاد آیا:

سوئے برلن جارہی ہے سرخ فوج

کیفی کی شاعری کا یہ ''سرخ سفر'' پارٹی کے حساب سے بہت کامیاب رہا۔ لیکن آج وہ نظمیں اپنا جلال کھو چکیں جو اس وقت نظر آتا تھا۔ اس میں شک نہیں کہ کیفی میں اس وقت بلا کی تخلیقیت تھی، مگر اس کا زیادہ تر حصہ فرضِ منصبی ادا کرنے میں ضائع ہوا۔ کیفی مزدوروں اور کامگاروں کے جلسے

میں جب نظم پڑھنے کھڑے ہوتے تھے تو معلوم ہوتا تھا:

"نکلا ڈکارتا ہوا ضیغم کچھار سے" (میر انیس)

کیفی کا ڈرامائی انداز سے نظم پڑھنے کا فن ان کی سب سے بڑی قوت تھا۔ ان کی ایک نظم تھی جس کے ابتدائی اشعار میں نقل کرتا ہوں، ایک ایک مصرعے پر وہ داد کا شور وغل ہوتا تھا کہ خدا کی پناہ۔ اشعار ملاحظہ ہوں:

لال جھنڈا پھینک دو اے دیش بھگتو کیا کہا!
یہ تو ہے سرمایہ داروں اور لٹیروں کی صدا
یہ صدا ان کی ہے جو برطانیہ کے ہیں غلام
یہ صدا ان کی ہے جو سنگھانیہ کے ہیں غلام
یہ صدا ان کی ہے ٹاٹا نے ابھارا ہے جنھیں
یہ صدا ان کی ہے برلا نے سنوارا ہے جنھیں

یہ شاعری نہیں، منظوم بیان ہے، مگر اس وقت یہی کلام بلاغت نظام معلوم ہوتا تھا اور اس قبیل کی جتنی بھی نظمیں کیفی نے کہی ہیں ان کی ادبی حیثیت کیا ہے! یہ اہلِ نظر محسوس کر سکتے ہیں ــــ لیکن اس دَور میں انھوں نے جو نظمیں "سرخ رنگ" سے کسی قدر گریز کر کے کہی ہیں وہ آج بھی یاد کی جاتی ہیں۔ مثلاً ان کی نظم "عورت" جس میں عورت کے سماجی مرتبے کو بلند کرنے اور میدانِ عمل میں مردوں کے دوش بدوش کام کرنے کی ترغیب ہے۔

اُٹھو مری جان، مرے ساتھ ہی چلنا ہے تجھے

اس نظم کے کچھ اقتباسات:

زندگی جہد میں ہے، صبر کے قابو میں نہیں
نبضِ ہستی کا لہو کانپتے آنسو میں نہیں
اُڑتے کھلنے میں نکہت، خمِ گیسو میں نہیں
جنت اِک اور ہے جو مرد کے پہلو میں نہیں
اس کی آزاد روش پر بھی مچلنا ہے تجھے
اُٹھ مری جان مرے ساتھ ہی چلنا ہے تجھے

توڑ کے رسم کے بت بندِ قدامت سے نکل
ضعفِ شدت سے نکل، وہم نزاکت سے نکل
نفس کے کھینچے ہوئے حلقۂ عظمت سے نکل
قید بن جائے محبت، تو محبت سے نکل
راہ کا خار ہی کیا، گل بھی کچلنا ہے تجھے
اُٹھ مری جان مرے ساتھ ہی چلنا ہے تجھے

انقلاب کا یہ پیغام اور کیفی کی گرج دار اور ساحرانہ آواز میں ـــ یہ نظم کیفی کی نمائندہ نظموں میں سے ایک ہے۔ وہ نظم بھی اسی دَور کی ہے جس میں انھوں نے فٹ پاتھ پر سونے والے کو پیغامِ بیداری دیا ہے:

آج کی رات بہت گرم ہوا چلتی ہے
آج کی رات نہ فٹ پاتھ پہ نیند آئے گی
تم اُٹھو، میں بھی اُٹھوں، تم بھی اُٹھو، تم بھی اُٹھو
کوئی کھڑکی اسی دیوار میں کھل جائے گی

شدّتِ تاثر کے اعتبار سے یہ نظم مختصر مگر بہترین نظم ہے، لیکن طویل نظموں پر بھاری ہے۔ کسی فلم میں یہ نظم بلراج ساہنی نے سنائی ہے۔

براہِ راست شاعری کا یہ پہلا دَور بھی اگرچہ کیفی کی شہرت اور مقبولیت کا دَور ہے اور اس میں ان کی نظموں کی تخلیقی قوت کے ساتھ ان کے اندازِ نظم خوانی کو بھی بڑا دخل ہے۔ مگر ان کی ادبی حیثیت اس کے بعد اعتبار حاصل کر سکی۔

اپنی شاعری کے دوسرے دَور میں کیفی نے نسبتاً ملکی اور عالمی موضوعات پر جو نظمیں کہی ہیں ان میں ہیئت کے تجربے بھی ہیں اور فکری عناصر بھی۔ اس کی ایک وجہ یہ بھی ہے کہ عالمی منظر نامہ بدلتا چلا جا رہا تھا۔ شاعروں پر جو شکنجہ تھا اس کی گرفت ڈھیلی پڑتی جا رہی تھی اور شاعر غمِ ذات اور غمِ کائنات کے خمیر سے نئے تخلیقی تجربے کرنے لگے تھے۔ اس رجحان کی غماز سردار جعفری کی ''پتھر کی دیوار'' والی نظمیں ہیں۔ ترقی پسند مصنّفین پر ایک دَور وہ بھی گزرا جب ان کے ''میں'' کا گلا گھونٹ دیا گیا تھا۔ اور ''سماج ہی سماج'' تھا ـــ بہر حال یہ ایک الگ بحث ہے۔

کیفی نے ''بوسہ'' جیسی نظم کہی جو ایک صحت مند اور توانا ترقی پسندانہ نظریہ ہے (میرے نزدیک):

جب بھی چوم لیتا ہوں ان حسین آنکھوں کو
سو چراغ اندھیروں میں جھلملانے لگتے ہیں
پھول کیا، شگوفے کیا، چاند کیا، ستارے کیا
سب رقیب قدموں پر سر جھکانے لگتے ہیں
رقص کرنے لگتی ہیں مورتیں اجنتا کی
مدتوں کے لب بستہ غار گانے لگتے ہیں
پھول کھلنے لگتے ہیں اُجڑے اُجڑے گلشن میں
پیاسی پیاسی دھرتی پر ابر چھانے لگتے ہیں
لمحہ بھر کو یہ دنیا ظلم بھول جاتی ہے
لمحہ بھر کو سب پتھر مسکرانے لگتے ہیں

اب تک کیفی مثنوی اور دوسری پابند اصناف میں ہی شاعری کرتے تھے۔ اب ان کے یہاں ایک نمایاں تبدیلی آئی کہ وہ آزاد نظم کی فارم کو بھی اپنانے لگے۔ انھوں نے امنِ عالم پر ''ابنِ مریم'' جیسی نظم کہی۔ پھر ان کے یہاں دروں بینی کا رنگ بھی آنے لگا۔ ایک خوبصورت سا ابہام ان کی نظموں کو دلچسپ بنانے لگا۔ ''دائرہ'' اور ''عادت'' ان کی اسی قبیل کی نظمیں ہیں:

اپنے ہاتھوں کو پڑھا کرتا ہوں
کبھی قرآں، کبھی گیتا کی طرح
چندریکھاؤں میں، سیماؤں میں
زندگی قید ہے سیتا کی طرح
رام کب لوٹیں گے معلوم نہیں
کاش راون ہی کوئی آجاتا (دائرہ)

ان اندھیروں نے جب پیس ڈالا مجھے

پھر اچانک کنویں نے اُچھالا مجھے
اپنے سینے سے باہر نکالا مجھے
سینکڑوں مصر تھے سامنے
سینکڑوں اس کے بازار تھے
ایک بوڑھی زلیخا نہیں
جانے کتنے خریدار تھے
بڑھتا جاتا تھا یوسف کا مول
لوگ بِکنے کو تیار تھے (عادت)

ان نظموں کے ڈکشن، لفظیات اور ہیئت میں پرانی نظموں کی بہ نسبت جو فرق ہے وہ اہلِ نظر محسوس کر سکتے ہیں۔ کیفی نے غزلیں بھی کہیں، مگر ان کی غزلیں اس پائے کی نہیں جو ان کی نظموں کے برابر رکھی جاسکیں۔ ان کے مزاج میں احتجاج اور باغیانہ پن تھا، غزل اس کی متحمل نہیں ہوسکتی، یوں دو چار شعر اچھے نکل آئیں تو اور بات ہے۔

اپنی زندگی کے آخری دَور میں ان کا رشتہ زمین سے زیادہ جڑ گیا تھا اور عملی طور پر گاؤں کی زندگی جینے لگے تھے۔ اپنے آس پاس بدحالی، غریبی، تعصب اور مذہبی کٹرپن کو دیکھ کر ان کی روح مجروح ہوتی تھی۔ فرقہ پرستی کو انھوں نے ''بہروپنی'' کہا۔ ان کی یہ نظم ہندوستانی عوام کے درد کی تصویر ہے۔ اسی طرح ''سانپ'' ان کی چٹیلی نظم ہے۔ ان نظموں میں طنز کے نشتر زیادہ دھاردار ہیں، اگرچہ اس سے قبل بھی ان کے یہاں طنزیہ انداز ملتا ہے جو ہر دَور میں ان کی نظموں کو چمکاتا رہا ہے۔ آزادی سے پہلے انھوں نے بمبئی میں کانگریس کے اجلاس کا نقشہ اکبرالٰہ آبادی کے انداز میں کھینچتے ہوئے کیا خوب کہا تھا:

ولبھ بھائی پٹیل کو دیکھا
گھی کے اُوپر تیل کو دیکھا
مولانا آزاد کو دیکھا
بھارت میں بغداد کو دیکھا

آخری دَور کی ان کی نمائندہ نظموں میں ''رام کا دوسرا نام بن باس'' ہے جو اجودھیا میں

بابری مسجد شہید ہونے کے المیہ پر اپنی طرز کی واحد نظم ہے:

رام بن باس کے جب لوٹ کے گھر میں آئے
یاد جنگل بہت آیا جو نگر میں آئے
رقصِ دیوانگی آنگن میں جو دیکھا ہوگا
چھ دسمبر کو شری رام نے سوچا ہوگا
اتنے بلوائی کہاں سے مرے گھر میں آئے
شاکاہاری ہیں مرے دوست تمھارے خنجر
تم نے بابر کی طرف پھینکے تھے سارے پتھر
ہے مرے سر کی خطا، زخم جو سر میں آئے

پاؤں سرجو میں ابھی رام نے دھوئے بھی نہ تھے
کہ نظر آئے وہاں خون کے گہرے دھبے
رام یہ کہتے ہوئے اپنے دوارے سے اُٹھے
راجدھانی کی فضا آئی نہیں راس مجھے
چھ دسمبر کو ملا دوسرا بن باس مجھے

کیفی اعظمی کی یہ نظم ان کے گہرے سیاسی، سماجی اور معاشرتی شعور کی غماز ہے۔ ان کے پختگیٔ فکر وفن کا ایک ایسا اعجاز ہے جو انھیں ہمیشہ زندہ رکھے گا۔ یہ ''نئی رامائن'' کا پہلا ادھیائے (باب) ہے۔

کیفی اعظمی نے طویل عمر پائی اور ساری عمر شاعری کو اپنا اوڑھنا بچھونا بنائے رکھا۔ صحافت، انجمنوں کی تنظیم اور خدمتِ عوام ان کے اضافی اوصاف ہیں مگر وہ سراسر شاعر تھے اور بحیثیت شاعر ہی یاد کیے جائیں گے۔

آج کیفی کے شعری سرمایے پر نظر ڈالیے تو کہنا پڑتا ہے کہ ساٹھ ستر سال کے عرصہ میں انھوں نے جتنا لکھا اس سے کہیں زیادہ وہ ادب کو دے سکتے تھے، اگر وہ برین ہیمرج اور پھر باقی عمر فالج کے شکار نہ ہوتے — ''جھنکار'' کے علاوہ ان کا مجموعۂ کلام ''آخری شب'' ۱۹۴۷ء میں شائع ہوا۔ پھر کافی عرصہ کے بعد ''آوارہ سجدے'' ۱۹۷۳ء میں، فلمی گیتوں کا مجموعہ ''میری آواز سنو''

۱۹۷۴ء میں "ابلیس کی مجلسِ شوریٰ" (دوسرا اجلاس) کتابچہ ۱۹۷۷ء میں اور کلیات "سرمایہ" ۱۹۹۴ء میں ـــــ بس یہ کل کائنات ہے کیفی اعظمی کی۔ لیکن وہ ان خوش نصیب شعرا میں ہیں جن کی ملک و قوم نے جی بھر کر پذیرائی کی۔ انھیں سرکاری اور غیر سرکاری، ملکی اور غیر ملکی بہت سے اعزازات اور انعامات سے نوازا گیا فلموں میں اگرچہ انھیں ساحرلدھیانوی، شکیل بدایونی اور مجروح سلطان پوری جیسی مقبولیت تو نہیں ملی، مگر مجموعی طور پر ان کے بہت سے گانے آج بھی زبان زد خاص و عام ہیں۔

کیفی کی زندگی کا ایک بہت روشن پہلو ان کی عملی زندگی ہے۔ کل وقتی پارٹی ممبر ہونے کے باعث وہ بہت سے فلاحی کام کرتے تھے، لیکن قابلِ ذکر بات یہ ہے کہ کسانوں اور مزدوروں اور غریبوں کے مسائل پر دھواں دھار نظمیں کہنے والے شاعر نے ـــــ جبکہ وہ جسمانی طور پر معذور بھی ہوگیا تھا، اپنی عمر کے آخری پندرہ بیس سال بمبئی کی رنگین زندگی سے باہر مشرقی یوپی کے اپنے آبائی گاؤں مجواں کی ترقی میں گزارے۔ انھوں نے اپنے گاؤں میں اسکول قائم کیا، کمپیوٹر سینٹر قائم کیا، خواتین کی ترقی اور بہبودی کے لیے بہت سے کام کیے اور گاؤں کے آس پاس سڑکیں بنوا کر مجواں کا نقشہ ہی بدل دیا۔ میں نے یہ گاؤں دیکھا نہیں ہے، لیکن ان کی ہونہار بیٹی شبانہ اعظمی کی زبانی ٹی وی پر اس کی تعریف سنی ہے۔ اور خود ایک بار ریڈیو انٹرویو میں کیفی نے مجھ سے کہا تھا کہ اب میری صحت بمبئی کی تیز رو زندگی کا ساتھ نہیں دے سکتی۔ میں مجواں میں کام کر رہا ہوں۔

یہ کیفی کی عالی ہمتی کی دلیل ہے۔ وہ تقریباً آخر وقت تک مشاعروں میں نہایت امتیازی شان سے شرکت کرتے رہے۔ ہاں یہ ضرور تھا کہ پہلے فرش نشین ہوتے تھے اور اب کرسی نشین ہوتے تھے۔ مشاعرہ میں کیفی ہر شاعر کا کلام توجہ سے سنتے تھے اور مکمل کرداد دیتے تھے۔ یہ صفت آج کل کے شاعروں میں کم ہے۔

راقم الحروف سے ۱۹۵۸ء تک یعنی بمبئی میں قیام کے دوران تک تو کیفی سے بہت بہت ملاقاتیں رہیں، پھر میں بہ سلسلۂ ملازمت دہلی آ گیا مگر کیفی سی مشاعروں، جلسوں اور سیمناروں میں ملاقاتیں ہوتی رہیں۔ آخری تفصیلی ملاقات چند سال پیشتر ہم لوگوں کے ایک مشترک دوست کامریڈ پریم ساگر گپتا کے مکان پر ہوئی۔ وہاں انھوں نے ہم دونوں کو بہ طور خاص کھانے پر بلایا تھا۔ ہم نے ایک دوسرے کو کئی نظمیں سنائیں۔

یہ تعزیتی تحریر کیفی کے فن اور شخصیت کا احاطہ نہیں کرسکتی۔ آج وہ ہم سے دُور چلے گئے ہیں۔

نئی تحریکوں اور نئے رجحانات کو لیے ہوئے ادب کے بہت سے نئے قافلے آ گئے ہیں۔ آج کیفی کے از سرِ نو مطالعہ کی ضرورت ہے اور اس طلسم کو تلاش کرنا ہے جو کیفی کی بظاہر سیدھی سادی اور عام فہم شاعری میں تھا۔ میں نے مقصدی شاعری کے بڑے سے بڑے مخالف کو مشاعرے میں کیفی کی نظموں پر بے ساختہ داد دیتے ہوئے دیکھا ہے۔ کہیں ایسا تو نہیں کہ کیفی نے زبان کے برمحل استعمال کا فن وراثت میں پایا ہو اور مرثیہ سے اکتساب کر کے اسے رزمیہ بنانے پر قدرت حاصل کر لی ہو۔ ان کی نظموں میں طنزیہ لہجہ بھی کبھی کبھی اُبھرتا تھا اور زوردار کاٹ کرتا تھا، جس کی ایک مثال ان کے آخری دَور کی ایک مشہور نظم "دوسرا بن باس" ہے، جس میں شری رام چندر اجودھیا میں واپس آ کر سرجوندی میں خون کی بوندیں دیکھتے ہیں تو پھر بن باس کو چلے جاتے ہیں۔ فرقہ پرستی پر ان کی نظم "سانپ" بھی بے مثال ہے۔

آج ہمارا ملک اور معاشرہ جس ابتلا کے دَور سے گزر رہا ہے اور جس تشدد مذہبی عصبیت کا شکار ہے، اور جہاں نفرت ہزار روپ میں پروان چڑھ رہی ہے اس ماحول میں مبہم لب و لہجہ کے بجائے آج کے تخلیق کار کو سماجی مجرموں اور منافرت پیشہ سیاست دانوں اور قاتلانہ مزاج رکھنے والے صاحبانِ اقتدار پر بھرپور وار کرنے کی ضرورت ہے۔ اور یہی وہ روشنی ہے جو ہمیں کیفی اعظمی کی شاعری سے ملتی ہے۔ جب تک اس روئے زمین پر استحصال کیا جاتا رہے گا کیفی اعظمی کی شاعری کی مقبولیت باقی رہے گی۔

غالب نے کہا تھا:

سب کہاں کچھ لالہ و گل میں نمایاں ہوگئیں
خاک میں کیا صورتیں ہوں گی جو پنہاں ہوگئیں

کیفی اعظمی ہماری کلاسیکل شاعری اور اعلیٰ قدروں کی وہ بازیافت تھی جو "لالہ و گل" کی صورت اُردو شاعری کا سرخ پھول بن کر نمایاں ہوئی۔ یہ پھول خاک میں پنہاں نہیں رہ سکتا۔ اسے پھر سے لالہ و گل کے روپ میں نمایاں ہونا ہوگا۔ یہی زندگی کا اصولِ ارتقا ہے۔

کیفی! تمھیں آخری سلام!

OO

(۱۲ رمئی ۲۰۰۲ء)

خواب باقی ہیں

(بہ یادِ آل احمد سرور)

نوائے شوق میں شورش بھی ہے، قرار بھی ہے
خرد کا پاس بھی، خوابوں کا کاروبار بھی ہے

اگر تفسیر کو اجمال میں لانا ہو تو یہ شعر آل احمد سرور کی زندگی کا استعارہ ہے، جنھوں نے آخری دم تک علم و ادب کی خدمت کی، زندگی کو حسین تر بنانے کی جدو جہد کی، اور اس دارِ فانی میں نوے سال گزارنے کے بعد چند روز پیشتر ۸رفروری ۲۰۰۲ء کی صبح کو انتقال فرمایا اور بہت سکون کے ساتھ اپنے معبودِ حقیقی سے جا ملے۔ اپنے علم و فضل کی بنا پر عالمی شہرت، عزت اور عظمت کے مالک پروفیسر آل احمد سرور ایک بے حد شریف، اعلیٰ تہذیبی قدروں کے علمبردار اور کھرے آدمی تھے۔ نام و نمود سے بے نیاز، اپنے اس شعر کی تصویر:

شخصیت کا جو کھرا پن ہے اسے پہچانو
کھوکھلی ہوتی ہے دو دن کی یہ شہرت یارو

سرور صاحب مغربی یوپی کے مردم خیز شہر بدایوں میں ۹رستمبر ۱۹۱۲ء کو پیدا ہوئے۔ پیلی بھیت، غازی پور اور آگرہ ان کی زندگی کے ابتدائی پڑاؤ ہیں۔ ۱۹۳۲ء میں وہ علی گڑھ مسلم یونیورسٹی میں داخل ہوئے جہاں ان کے جوہرِ طبع کی خوب پذیرائی ہوئی۔ اسی سال وہ علی گڑھ میگزین کے ایڈیٹر

بنائے گئے اور اس کے ایک سال بعد یونین کے نائب صدر۔ ۱۹۳۶ء میں انھوں نے اُردو میں ایم۔اے پاس کیا اور اسی سال ان کی خدمات شعبۂ انگریزی سے شعبۂ اُردو میں منتقل کردی گئیں۔ اور ۱۹۳۸ء میں مولانا احسن مارہروی کی سبکدوشی کے بعد وہ سینئر لیکچرر بنادیے گئے۔ ۱۹۵۴ء میں رشید احمد صدیقی کے ریٹائر کے بعد وہ صدر شعبۂ اُردو مقرر کیے گئے اور ۱۹۷۹ء تک اس اہم منصب پر فائز رہے۔

۱۹۹۰ء میں وہ علی گڑھ یونیورسٹی میں پروفیسر ایمریٹس بنائے گئے اور تاحیات اس عہدۂ جلیلہ پر متمکن رہے — ریٹائرمنٹ کے بعد اگرچہ وہ کافی عرصہ تک سرینگر یونیورسٹی میں اقبال چیئر پر فائز رہے۔ مگر سرورؔ صاحب اور علی گڑھ یونیورسٹی کا تعلق جسم و جان کا ساتھا — اس کا اندازہ کرنا مشکل نہیں ہے کہ ساٹھ سال سے زیادہ عرصہ انھوں نے اُردو کی تدریس میں گزارا اور ان کے دریائے علم سے کتنے تشنہ کام سیراب ہوئے ہوں گے۔ آج وہ تاریخ کا حصہ بن چکے ہیں، مگر بیسویں صدی کے زعمائے ادب میں ان کا نام جلی حروف میں زینتِ تاریخ ہے اور رہے گا۔

ایک مختصر مضمون میں پروفیسر آل احمد سرورؔ جیسی ہمہ جہت شخصیت کی علمی و ادبی خدمات کا احاطہ کرنا ممکن نہیں ہے۔ اگرچہ ان کی عالمی شہرت کی ایک بالغ نظر اور متوازن ذہن کے حامل نقاد کی حیثیت سے ہے، مگر وہ بنیادی طور پر شاعر تھے اور ان کی شخصیت کی تفہیم کے لیے ان کی شاعری سے صرفِ نظر نہیں کیا جاسکتا — ماہرِ لسانیات تو وہ بعد میں ہوئے۔

اگرچہ عوام الناس انھیں بحیثیت ایک معلّم اُردو، بالغ نظر اور متوازن نظریۂ تنقید رکھنے والے نقاد کی حیثیت سے جانتے تھے اور فی الواقعی ان کی تنقید کو استناد کا درجہ حاصل ہے، لیکن وہ اپنی سات آٹھ تنقیدی کتابوں کے ساتھ تین شعری مجموعوں کے خالق بھی ہیں اور ان کی شاعری سے سرسری طور پر نہیں گزرا جاسکتا — ''سلسبیل''، ''ذوقِ جنوں'' اور ''خواب اور خلش'' میں ان کی غزلیں اور نظمیں موجود ہیں — خودنوشت انسان کی زندگی کی عکاس ہوتی ہے اور آدمی اپنے مافی الضمیر کو خودنوشت کے آئینے کے سپرد کردیتا ہے۔ بہت سے رازہائے سربستہ سے نقاب اُٹھاتا ہے اور بہت سے مسائل کی گرہ کھولتا ہے۔ ایمانداری اور سچائی سے جن لوگوں نے خودنوشتیں سپردِ قلم کی ہیں وہ ایسے اعترافات ہیں جن کو کوئی دلیل رد نہیں کرسکتی۔

پروفیسر آل احمد سرورؔ کی خودنوشت ''خواب باقی ہیں'' ۱۹۹۱ء میں شائع ہوئی۔ اس میں ان کا

ماحول، ان کی زندگی کی جدوجہد، ارتقائی منزلیں، ان کی تخلیقات کی محرکات اور ادب و شعر کی طرف ان کا رویہ بھی کچھ ہے۔ اور ان کی شاعری کے نہاں خانے میں اُترنے کے لیے اُس سے بہتر اور کوئی زینہ نہیں۔

سرورؔ صاحب اپنی خودنوشت ''خواب باقی ہیں'' (صفحات ۳۳۲-۳۳۱) میں رقم طراز ہیں:

''میں نے شاعری تو دس گیارہ سال کی عمر میں شروع کر دی تھی، مگر اس زمانے کی نظمیں اور غزلیں ضائع ہو گئیں۔ سینٹ جانس کالج (آگرہ) میں تعلیم کے دوران کالج کے مشاعروں میں شعر سنانے کا موقع ملا۔ سینٹ کالج میگزین میں کچھ نظمیں اور غزلیں شائع بھی ہوئیں۔ فانیؔ بدایونی اور ماثیؔ جائسی کے رسالے ''تسنیم'' میں ایک افسانہ اور ایک مضمون بھی چھپا۔ علی گڑھ میگزین کی ادارت کے زمانے میں نثر کی طرف توجہ ہوئی۔ کشمیر کے سفر سے شاعری کو پھر تحریک ملی۔ اور میرا پہلا مجموعۂ کلام 'سلسبیل' ۱۹۳۵ء میں شائع ہوا۔ اس کا ادبی حلقوں میں خاصا خیر مقدم بھی ہوا، مگر درس و تدریس کی ضروریات اور کچھ ذاتی میلان کی وجہ سے پھر نثر خصوصاً تنقید پر زیادہ توجہ دی۔ شعر میں برابر کہتا رہا ہوں۔ کوئی کیفیت، کوئی تجربہ، کوئی منظر، کوئی چہرہ، کوئی تضاد مجھے ایک اور عالم میں لے جاتا ہے۔ پھر کوئی مصرعہ ذہن کے نہاں خانے سے اُبھرتا ہے۔ کبھی پہلا مصرعہ، کبھی دوسرا۔ اگر یہ محسوس ہوتا ہے کہ بات بن گئی تو پھر سلسلہ آگے چلتا ہے، ورنہ نہیں۔ لیکن شعر کے بعد ہی کاغذ قلم کی پھر ضرورت ہوتی ہے، ورنہ شعر کچھ دیر کے بعد ذہن سے محو ہو جاتا ہے۔ کاغذ پر نقشِ اوّل تیار کرنے کے بعد اسے علیحدہ رکھ دیتا ہوں اور پھر کچھ وقفے کے بعد جو کچھ لکھا ہے اس پر تنقیدی نظر ڈالتا ہوں۔ کبھی خاصی ترمیم ہوتی ہے، کبھی زیادہ نہیں۔''

نزولِ شعر کے بارے میں سرورؔ صاحب کا یہ بیان کتنا سچا اور وجدانی کیفیت کا حامل ہے اور ان کے فطری شاعر ہونے کی دلیل ہے۔ جب وہ کہتے ہیں ــــ ''کوئی تضاد مجھے ایک اور عالم میں لے جاتا ہے'' ــــ تو اس 'عالم' کو کچھ وہی سمجھ سکتے ہیں جو خود شاعر ہیں اور کم و بیش اس عالم سے گزرتے ہیں جو خود فراموشی کی منزل کی طرف لے جاتا ہے۔

سرورؔ صاحب نے اپنے موضوعاتِ شاعری پر بھی روشنی ڈالی ہے:

''میں نے بہت سے اشخاص وواقعات پر بھی نظمیں لکھی ہیں۔ کسی خاص مصرع یا کسی مشاعرے کے لیے کم۔ شاعری میں مجموعی طور پر ایک فکری میلان کے ساتھ مروجہ فارم کو اپنا تا رہا ہوں۔ لیکن میرے یہاں بے قافیہ اور آزاد نظم بھی مل جائے گی۔''

فغانِ درد میں بھی درد کی خلش ہی نہیں
دلوں میں آگ لگی ہے مگر تپش ہی نہیں
کہاں سے لائیں وہ سوز و گداز دل والے
کہ دلبری کا وہ آہنگ وہ روش ہی نہیں
زمانہ قصۂ دار و رسن کو بھول نہ جائے
کسی کے حلقۂ گیسو میں وہ کشش ہی نہیں
یہ رنگ و بو کے طلسمات کس لیے ہیں سرورؔ
بہار کیا ہے جنوں کی جو پرورش ہی نہیں

تو پیمبر سہی، یہ معجزہ کافی تو نہیں
شاعری زیست کے زخموں کی تلافی تو نہیں
کسی چڑھتے ہوئے سورج کی پرستش نہ کرو
دیکھ لو اس میں کوئی شعبدہ بافی تو نہیں
خوب ٹکراؤ حقیقت سے کہ شعلے نکلیں
اس اندھیرے میں دیا ایک ہی کافی تو نہیں

سرورؔ صاحب کی غزلوں کے یہ اشعار سن کر کون کہہ سکتا ہے کہ یہ شعر کسی ایسے شاعر کے ہیں جو کبھی کبھی منہ کا مزہ بدلنے کے لیے شعر کہتا ہے۔ ان اشعار میں استادانہ رنگ ہے، خیالات اور افکار کی جو بُنت ہے وہ ہر شخص کو نصیب نہیں ہوسکتی۔ ان اشعار میں زندگی کے حقائق کے ساتھ زندگی اور سماج کی تنقید بھی ہے۔۔۔ واقعہ یہ ہے کہ شاعری اور تنقیدی شعور کا جو امتزاج سرورؔ صاحب کے یہاں ہے اس کی مثال شاید ہی ملے۔۔۔ کیونکہ تنقید کے راستے پر چلنے کے بعد شاعر گل و بلبل کی زبان بھول جاتا ہے۔ اپنی خود نوشت میں انھوں نے اس موضوع پر بھی روشنی ڈالی ہے:

''میرے خیال میں میری شاعری سے میری تنقید کو، اور میری تنقید سے میری شاعری کو مدد ملی ہے، تخلیقی شعور کو پروان چڑھنے اور برگ و بار لانے کے لیے تنقیدی شعور کی ضرورت ہے اور تنقید میں آب و تاب تخلیقی صلاحیت سے آتی ہے۔''

شعر فہمی کا یہ وہ نکتہ ہے جسے اگر ہماری تنقید اور ہماری شاعری سمجھ لے تو رطب و یابس قسم کی تحریروں سے اُردو کا دامن پاک ہو سکتا ہے۔

اب ایک سوال پیدا ہوتا ہے کہ اتنے اچھے شاعر کو عوام الناس نے بحیثیت شاعر کے کیوں نہ پہچانا ــــ اس سوال کا جواب بھی سرورؔ صاحب کی خود نوشت میں موجود ہے اور ساتھ ہی اس سے جڑے ہوئے دوسرے مسائل پر بھی روشنی پڑتی ہے:

''کچھ لوگوں نے یہ لکھا ہے کہ میں نے اپنی ادبی زندگی کا آغاز تخلیقی کاوشوں سے کیا اور اس میدان میں اپنی عدم استطاعت کا شعور ہونے کے بعد تنقید کا پیشہ اختیار کیا۔ میرے نزدیک یہ بات صحیح نہیں۔ ہوا یہ کہ چونکہ نقاد کی حیثیت سے میں نے بہت کچھ لکھا اور اس کی اہمیت بھی تسلیم کی گئی اور چونکہ رسالوں میں باقاعدہ اپنا کلام نہ بھیج سکا، اور مشاعروں میں بھی دوسری مصروفیات کی وجہ سے کم شرکت کر سکا، اس لیے میری شاعری پر وہ توجہ نہ ہوئی جو ہونی چاہیے تھی۔ ایسے کئی شاعروں کو میں جانتا ہوں جن کا کلام قابلِ قدر ہے مگر چونکہ وہ کسی اور حیثیت سے مشہور ہو گئے اس لیے ان کے شاعرانہ قدر پر توجہ کم ہوئی۔''

ہم سب جانتے ہیں کہ شہرت کسی شاعر کی قدر و قیمت کے ناپنے کا پیمانہ ہرگز نہیں ہے۔ بعض لوگ شہرت کے لیے عجیب عجیب ہتھکنڈے استعمال کرتے ہیں۔ ''من ترا حاجی بگویم تو مرا حاجی بگو'' کے فارمولے پر چل کر سخت گروہ بندی کرتے ہیں۔ اپنے بارے میں دوستوں سے مضمون لکھواتے ہیں، اور کوئی مہربان نہ ملے تو خود ہی مضمون لکھ کر کسی اور نام سے چھپوا دیتے ہیں۔ سرورؔ صاحب نے اس صورتِ حال کے بارے میں لکھا ہے اور خوب لکھا ہے:

''تخلیق کار میں اگر تنقیدی شعور کم ہو تو اس کی تخلیق ایک منزل پر آ کر رُک جاتی ہے۔ وہ یا تو سہل پسندی کا شکار ہو جاتا ہے یا اپنے کو دہرانے لگتا ہے، یا شہرت کا شہید ہو جاتا ہے۔ ادب کی تاریخ میں ایسا اکثر ہوا ہے کہ شاعر کو جو شہرت ملی ہے وہ صرف

اس کے فن کی خوبی کی وجہ سے نہیں بلکہ کسی نظریے یا میلان یا تحریک یا فارمولے کے سہارے یا شاعر کی سماجی حیثیت کی وجہ سے۔''

اُنیسویں صدی انقلابوں کی صدی تھی۔ انقلاب اور جذباتیت کا گہرا رشتہ ہے، مگر انقلابی شعور کے ساتھ دانشوری بھی ہو تو ایک توازن پیدا ہو جاتا ہے۔ سرورؔ صاحب کے شعور کے پختہ ہوتے ہوتے ترقی پسند تحریک شروع ہو چکی تھی جس کے خمیر میں انقلاب تھا۔ مثبت انقلابی قدروں کے حامی سرورؔ صاحب بھی تھے مگر ان کے یہاں بے زمام جذباتیت راہ نہیں پا سکی۔ اپنے ہم عصر نقادوں میں سب سے سنبھلا ہوا اور سلجھا ہوا علمی لہجہ سرورؔ صاحب کا ہی تھا۔ جب ادب نے ایک اور کروٹ لی اور جدیدیت کا رجحان شروع ہوا تو سرورؔ صاحب نے بڑا متوازن رویہ اپنایا اور نئے لکھنے والوں کو دانشورانہ مشوروں سے نوازا۔ اور وقت نے ثابت کر دیا کہ سرورؔ صاحب اپنے ہم عصروں سے زیادہ وقت کی نبض کو سمجھتے تھے۔ ایک دَور ایسا آیا کہ اقبالؔ کے فکر و فن پر سوالیہ نشان لگنے لگا۔ ٹھیک اسی زمانے میں سرورؔ صاحب نے اقبال فہمی کی طرف توجہ کی۔ چنانچہ ان کی کتابیں ''عرفانِ اقبال'' ''اقبال اور ان کا فلسفہ'' اور ''اقبال اور نظریہ سازی'' اقبالیات کے سلسلے میں اہم کتابیں ثابت ہوئیں۔ اور اسی حوالے سے وہ اقبال چیئر پر متمکن بھی رہے، اور حکومت پاکستان نے انھیں اپنا اعلیٰ ایوارڈ دے کر سرفراز کیا ـــ سرورؔ صاحب کی دیگر تنقیدی کتابیں ''نئے اور پرانے چراغ''، ''تنقید کیا ہے''، ''ادب اور نظریہ''، ''اُردو میں دانشوری کی روایت'' وغیرہ ایسی اہم کتابیں ہیں جو بیسویں صدی نے علمی تحفوں کے طور پر اکیسویں صدی کو عطا کیے گئے ہیں۔ تنقید کی یہ مشعلیں ہمارے ادب اور تخلیقی شعور کی راہیں روشن کرتی رہیں گی۔

''تنقید کیا ہے'' اس باب میں سرورؔ صاحب کی بہت سی تحریریں ہمیں نئی روشنی دکھاتی ہیں اور ادب کی تفہیم اور اقدار کے تعین کے لیے منصفانہ اور بے لاگ تنقید پر زور دیتی ہیں۔ ایک جگہ رقم طراز ہیں:

''تنقید برابر کسی نئے پہلو کی دریافت، کسی نئی عمدگی کی پہچان، حسن کاری کے کسی نئے روپ کی طرف توجہ دلاتی ہے۔ روایت فرسودگی کی طرف لے جائے تو بغاوت کی تازگی کی ضرورت ہوتی ہے۔ بغاوت جب بے لگام ہو جائے تو پھر کلاسیکل ضبط و نظم پر توجہ کرنی پڑتی ہے۔''

یہی وہ دانشوری ہے جو سرورؔ صاحب کو اپنے ہم عصر نقادوں میں الگ اور امتیازی مقام پر کھڑا کرتی ہے۔اوران کے خیالات کی روشنی میں ہم سوچنے پر مجبور ہو جاتے ہیں کہ ہم کس طرف جارہے ہیں اور ہمیں اپنی منزل کا تعین کس طرح کرنا چاہیے۔شاعری کے بارے میں ان کا نظریہ صاف ہے:

''اچھی شاعری وہ ہے جو ذہن میں چراغاں کردے، جو مانوس جلوؤں کو تازگی اور تازگی کو مانوسیت عطا کرے جو زبان کے مخصوص استعمال سے، اپنی تہہ داری سے، اپنے ابہام سے اس دریا کو کوزے میں سمو دینے کی صلاحیت سے ہمیں زندگی کے حسن، اس کے ترنگ، اس کے تضادات اور اس کی پہنائی سے آشنا کردے۔وہ ہمیں زیادہ حسّاس اور مہذب بنادے۔وہ ہمیں زندگی کے ہر منظر سے آنکھیں چار کرنے کی جرأت عطا کرے۔وہ ہمیں بہتر انسان بنادے۔شاعری انقلاب نہیں لاتی، ذہنی انقلاب کے لیے فضا ہموار کرتی ہے۔یہ تلوار نہیں نشتر ہے۔''

ادب کی تفہیم کے جو نکات اور دانشوری کی جو روایت سرورؔ صاحب جو ہمارے لیے چھوڑ کر گئے ہیں وہ تادیر ہمارے لیے مشعلِ راہ بنی رہے گی۔اپنے ان خیالات کو انھوں نے شعر کا خوبصورت روپ بھی دیا ہے:

ہر روایت سے بغاوت ہو ضروری تو نہیں
ہر بغاوت ہے نئی ایک روایت یارو

ان کی شخصیت شاعری اور دانشوری کا ایسا خوبصورت امتزاج تھی جس کی مثال ملنا مشکل ہے۔اُردو زبان کو ناز ہوگا کہ اس نے آل احمد سرورؔ جیسا نابغۂ روزگار پیدا کیا۔

علی گڑھ بھی سرورؔ صاحب کا ایک تابناک خواب تھا۔انھوں نے آنکھیں تو بدایوں میں کھولیں اور وہ بوڑھی آنکھیں اپنی بیٹی کے گھر اچانک دہلی میں بند ہوئیں مگر وہ پیوندِ خاک ہوئے علی گڑھ میں۔''نئے علی گڑھ کے نام'' ان کی نظم کے یہ شعر بھلائے نہیں جاسکتے:

اے کہ کرنوں سے تری اپنے سیہ خانے میں
چاند کا نور، ستاروں کی چمک باقی ہے

لالہ کاری سے تری بادِ خزاں کے باوصف
اپنے ویرانے میں پھولوں کی مہک باقی ہے
کون سمجھے ترے پرسوز تخیل کے سوا
اب بھی برفاب میں شعلوں کی لپک باقی ہے

سرورؔ صاحب کو اہلِ وطن نے مقدور بھر اپنی محبتوں سے نوازا۔ انھیں پدم بھوشن، ساہتیہ اکادمی اور اقبال سمان اور دیگر بہت سے انعام و اعزازات ملے۔ وہ بڑے نازک دور میں انجمن ترقی اُردو ہند کے سیکریٹری رہے۔ نئے نئے خواب ان کی آنکھوں میں زندہ رہے۔ اور میں سمجھتا ہوں کہ وہ اپنے باقی خواب نئی نسل کو منتقل کر گئے ہیں۔ ان خوابوں کی حفاظت کرنا ہمارا فرض ہے۔ وہ ایک آفتابِ تازہ تھے۔ ان کا یہ شعر ان پر صادق آتا ہے:

ستارے کتنے یہاں ڈوبتے اُبھرتے ہیں
کبھی کبھی ہی نکلتا ہے آفتاب کوئی

OO

(فروری ۲۰۰۲ء)

رفعت سروش: ایک نظر میں

نام : رفعت سروش

خاندانی نام : سید شوکت علی

پیدائش : ۲رجنوری ۱۹۲۶ء

نگینہ، ضلع بجنور (یوپی)

ملازمت:

- پہلی ملازمت: جنرل ہیڈکوارٹرز ۱۹۴۳ء، پھر کئی ملازمتیں چھوڑنے کا تجربہ کرنے کے بعد
- آل انڈیا ریڈیو (بمبئی اور دلی) ۱۹۴۵ء تا ۱۹۸۴ء
- غالب انسٹی ٹیوٹ (دہلی) ۱۹۸۴ء تا ۱۹۸۵ء

انعامات و اعزازات:

- قومی اقبال سمان
- سوویت لینڈ نہرو ایوارڈ
- ہم سب غالب ایوارڈ
- ساہتیہ اکیڈمی انعام
- آغا حشر کاشمیری عالمی ایوارڈ
- فراق گورکھپوری عالمی ایوارڈ
- حضرت امیر خسرو ایوارڈ
- میر اکیڈمی ایوارڈ
- نشانِ سجاد ظہیر
- مخدوم محی الدین ایوارڈ

اور بہت سے اداروں کے دیگر انعامات کے علاوہ اُتر پردیش، دلی، مغربی بنگال اور بہار اُردو اکیڈمیوں کے اٹھائیس ایوارڈ مختلف کتابوں پر۔

بیرونی ممالک کی سیاحت:

- سوویت یونین • عراق • انگلینڈ • سعودی عرب • پاکستان

مطبوعات

شعری مجموعے:

● وادیٔ گل ● ذکر اُس پری وش کا ● نقشِ صدا ● روشنی کا سفر ● وادیٔ غزل ● مری صدا کا غبار
● کربِ تنہائی ● شاخِ گل ● شہرِ غزل ● سرِ شام ● گم ہوتا ہوا آسمان

منظوم ڈرامے اور اوپیرا:

● عروجِ آدم ● جہاں آرا ● شاہجہاں کا خواب ● پھولوں کی وادی ● تاریخ کے آنچل میں
● اسی دیوار کے سائے میں ● شعورِ آگہی ● خواب اور تعبیرِ خواب ● پانی پت (رزمیہ)
● پروین رائے اور دوسرے ڈرامے ● خانوادۂ نور (طویل نظم)

نثر میں:

● ڈگر پنگھٹ کی ● زندگی اِک سفر (ڈرامے) ● ریت کی دیواریں (ناول) ● اندھیرے اُجالے کے بیچ (ناول)
● شہرِ نگاراں (ناول) ● دُھندلکے کی زنجیر (افسانے) ● پتہ پتہ بوٹا بوٹا ● بمبئی کی بزم آرائیاں ● اور بستی نہیں یہ دِلّی ہے (خود نوشت تین حصوں میں) ● براڈ کاسٹنگ (فن نشریات)

مضامین کے مجموعے:

● نقوشِ رفتہ ● قلم کے سفیر ● قافلہ ● زاویۂ نظر ● بہارِ نو بہار ● یادوں کے چاند ستارے (سفرنامہ)
● کلامِ اقبال کا طربیہ پہلو

ہندی میں:

● رنگ منچ کے پانچ رنگ (منظوم ڈرامے) ● غزل کے رنگ (غزلیں) ● پتہ پتہ بوٹا بوٹا (خودنوشت)
● ریت کی دیواریں (ناول) ● اندھیرے اُجالے کے بیچ (ناول)

تراجم:

● مولانا ابوالکلام آزاد ● دیمک ● رانی لکشمی بائی

رفعت سروش کی مطبوعات

۱. وادیٔ گل (۱۹۶۳ء) پبلشر: بیگم صبیحہ سروش، اے-۳/۷، آر کے پورم، نئی دہلی-۱۶
(قیمت: ۳ روپے، کتابی سائز، ۷۶ صفحات) یہ ۱۹۴۳ء سے ۱۹۶۲ء تک کی مختصر نظموں کا انتخاب ہے۔ کل نظمیں ۴۷۔

۲. عروجِ آدم (۱۹۶۷ء) پبلشر: مجلسِ اشاعتِ ادب، دہلی
(قیمت: ۵ روپے، کتابی سائز، ۷۶ صفحات) یہ کتاب پانچ منظوم ڈراموں اور دو نظموں پر مشتمل ہے۔

۳. ذکر اُس پری وش کا (۱۹۶۸ء) پبلشر: استارہ پبلی کیشنز، دریا گنج، نئی دہلی
(قیمت: روپے، پاکٹ سائز) اس میں ۳۶ قطعات، ۲۲ نغمے، ۳۲ وطنی نظمیں اور ۲۶ رومانی نظمیں شامل ہیں۔

۴. جہاں آرا (۱۹۷۳ء) پبلشر: نئی آواز، جامعہ نگر، نئی دہلی-۲۵
(قیمت: ۵ روپے، ڈیمائی سائز) یہ اوپیرا دہلی اور بیرونِ دہلی کئی شہروں میں بہت دنوں تک کھیلا گیا۔
مقدمہ: پروفیسر گوپی چند نارنگ

۵. روشنی کا سفر (۱۹۷۳ء) پبلشر: مجلسِ اشاعتِ ادب، امروہہ، یو پی
(قیمت: ۱۰ روپے، ڈیمائی سائز، ۱۹۲ صفحات) اس کتاب میں کل ۶۸ نظمیں اور ۶ منظوم ڈرامے ہیں۔ موضوعات ہیں حب الوطنی اور امنِ عالم۔ مقدمہ: علی جواد زیدی۔

۶. نقشِ صدا (۱۹۷۷ء) پبلشر: انجمن ترقی اردو ہند، دہلی
(قیمت: ۵ روپے، ڈیمائی سائز، ۸۷ صفحات) یہ انتخاب ہے جس میں ۴۰ نظمیں اور ۱۲ غزلیں شامل ہیں۔
پیش لفظ: ڈاکٹر خلیق انجم

۷. شاہجہاں کا خواب (دسمبر ۱۹۸۰ء) پبلشر: نورنگ کتاب گھر، اے-۳۳، چندر ار اروڈ، نئی دہلی-۳
(قیمت: ۱۰ روپے، کتابی سائز، ۷۶ صفحات) تاج محل کی عظمت پر مبنی یہ اوپیرا پہلے مسلسل پانچ ماہ تک آگرہ میں "تاج کی کہانی" کے نام سے اور پھر بہت سے شہروں میں کھیلا گیا۔
مقدمہ: پروفیسر قاضی عبدالستار

۸. وادیٔ غزل (اکتوبر ۱۹۸۱ء) پبلشر: نورنگ کتاب گھر، اے-۳۳، چندر ار اروڈ، نئی دہلی-۳
(قیمت: ۲۵ روپے، ڈیمائی سائز، ۱۳۰ صفحات) کل ۷۵ غزلیں۔ مقدمہ: پروفیسر شکیل الرحمن

۹. نقوشِ رفتہ (ستمبر ۱۹۸۲ء) پبلشر: رفعت سروش، اے-۳۳، چندر ار اروڈ، نئی دہلی-۳
(قیمت: ۴۰ روپے، ڈیمائی سائز، ۲۰۰ صفحات) اس کتاب میں ۱۴ مضامین ہیں۔

۱۰. تاریخ کے آنچل میں (دسمبر۱۹۸۴ء) پبلشر: مکتبہ جامعہ لمیٹڈ، نئی دہلی
(قیمت: ۱۵روپے، ڈیمائی سائز، ۱۰۰صفحات) اس کتاب میں ایک ڈانس ڈرامہ "اِک شہنشاہِ عشق و وفا: جہانگیر" اور ایک اوپیرا "حبہ خاتون" شامل ہیں۔ دونوں کئی کئی بار اسٹیج پر کھیلے جا چکے ہیں۔ "حبہ خاتون" کا پیش لفظ ڈاکٹر محمد حسن نے لکھا ہے اور مقدمہ قیصر قلندر (مرحوم) نے۔ ڈانس ڈرامہ "جہانگیر" کا مقدمہ ڈاکٹر خلیق انجم نے سپردِ قلم کیا ہے۔

۱۱. بری صدا کا غبار (دسمبر۱۹۸۵ء) پبلشر: رفعت سروش، نورنگ کتاب گھر، منیرکا، نئی دہلی
(قیمت: ۵۰روپے، ڈیمائی سائز، ۱۷۶صفحات) اس مجموعہ کلام میں ۳۹نظمیں، ۳طویل نظمیں، ۶۰غزلیں اور ۲منظوم ڈرامے شامل ہیں۔

۱۲. بمبئی کی بزم آرائیاں (۱۹۸۶ء) پبلشر: نورنگ کتاب گھر، منیرکا، نئی دہلی
(قیمت: ۵۰روپے، ڈیمائی سائز، ۱۶۰صفحات) خودنوشت (۱۹۴۵ء تا ۱۹۸۵ء)

۱۳. پھولوں کی وادی (۱۹۸۶ء) پبلشر: پبلی کیشنز ڈویژن (حکومت ہند) پٹیالہ ہاؤس، نئی دہلی
(قیمت: ۱۵روپے) یہ منظوم ڈرامہ آزادئ وطن کے بعد کے منظرنامے کو پیش کرتا ہے۔

۱۴. ریت کی دیواریں (۱۹۸۷ء) پبلشر: ناولستان، جامعہ نگر، نئی دہلی
(قیمت: ۵۷روپے، کتابی سائز، ۱۱۰صفحات) یہ ناول متوسط طبقہ کے ایک نوجوان کی زندگی کی جدوجہد اور مسائل کو پیش کرتا ہے۔

۱۵. اُسی دیوار کے سائے میں (۱۹۸۷ء) پبلشر: رفعت سروش، نورنگ کتاب گھر، منیرکا، نئی دہلی
(قیمت: ۲۵روپے، ۱۶۰صفحات) اس کتاب میں سات منظوم ڈرامے شامل ہیں۔

۱۶. کربِ تنہائی (دسمبر۱۹۸۹ء) پبلشر: نورنگ کتاب گھر، پی-۱۷، سیکٹر-۱۱، نوئیڈا
(قیمت: ۵۰روپے، ڈیمائی سائز، ۱۱۲صفحات) اس مجموعہ کلام میں ۳۳نظمیں اور ۱۳غزلیں شامل ہیں۔
مقدمہ پروفیسر شارب ردولوی

۱۷. یادوں کے چاند ستارے (۱۹۹۰ء) پبلشر: باب العلم پبلی کیشنز، نوئیڈا
(قیمت: ۲۰روپے، ڈیمائی سائز، ۲۰۰صفحات) یہ پاکستان کا سفرنامہ ہے۔ مصنف نے ۱۹۸۲ء میں چند روز کے لیے لاہور اور کراچی کا سفر کیا تھا۔

۱۸. قلم کے سفیر (نومبر۱۹۹۰ء) پبلشر: نورنگ کتاب گھر، ۲-بی، پاکٹ سی، سدھارتھ ایکسٹینشن، نئی دہلی-۱۴
(قیمت: ۵۷روپے، ڈیمائی سائز) اس کتاب میں مختلف شخصیات پر ۲۴ مضامین شامل ہیں۔

۱۹. ریت کی دیواریں (۱۹۹۱ء) پبلشر: نورنگ کتاب گھر، ۲-بی، پاکٹ سی، سدھارتھ ایکسٹینشن، نئی دہلی-۱۴
(قیمت: ۳۰روپے، کتابی سائز، ۱۱۰صفحات) اردو ناول کا ہندی ترجمہ

۲۰. ڈگر پنگھٹ کی (دسمبر ۱۹۹۱ء) پبلشر: نورنگ کتاب گھر، ۲-بی، پاکٹ سی، سدھارتھ ایکسٹینشن، نئی دہلی-۱۴

(قیمت: ۶۰ روپے، ڈیمائی سائز، ۱۶۰ صفحات) اس کتاب میں چھ نثری ڈرامے شامل ہیں۔ (۱) ڈگر پنگھٹ کی: یہ ڈرامہ دہلی، شاہجہانپور اور جے پور میں کئی بار کھیلا گیا اور ریڈیو کے نیشنل ڈرامہ پروگرام میں کئی بار نشر ہوا۔ (۲) مصور: ریڈیو پر پیشکش کے علاوہ اس ڈرامہ پر ٹیلی فلم بھی بنی اور بمبئی کے مہاراشٹر کالج میں کھیلا بھی گیا۔ (۳) بگولے (۴) غنچہ پھر کھلنے لگا (۵) ایک ڈوبتا جزیرہ (۶) یہ چاروں ریڈیائی ڈرامے ہیں۔

۲۱. شاخِ گل (۱۹۹۲ء) پبلشر: نورنگ کتاب گھر، ۲-بی، پاکٹ سی، سدھارتھ ایکسٹینشن، نئی دہلی-۱۴

(قیمت: ۷۵ روپے، ڈیمائی سائز، ۲۰۸ صفحات) اس مجموعۂ کلام میں ۶۷ نظمیں اور ۶۰ غزلیں شامل ہیں۔

۲۲. اور بستی نہیں یہ دلّی ہے (۱۹۹۲ء) پبلشر: نورنگ کتاب گھر، ۲-بی، پاکٹ سی، سدھارتھ ایکسٹینشن، نئی دہلی-۱۴

(قیمت: ۳۰۰ روپے، ڈیمائی سائز، ۳۴۴ صفحات) یہ خود نوشت حصہ دوم ہے، جس میں ۱۹۵۸ء سے ۱۹۹۱ء تک کے حالات زندگی ہیں۔

۲۳. شعورِ آگہی (۱۹۹۳ء) پبلشر: نورنگ کتاب گھر، ۲-بی، پاکٹ سی، سدھارتھ ایکسٹینشن، نئی دہلی-۱۴

(قیمت: ۱۰۰ روپے، ڈیمائی سائز، ۲۵۲ صفحات) اس کتاب میں بارہ منظوم ڈرامے اور اوپیرا شامل ہیں، جن میں سے روشنی کا کارواں، انارکلی اور فکرِ غالب (ہوتا ہے شب و روز تماشہ مرے آگے) ڈانس ڈراموں کی شکل میں اسٹیج پر کیے جا چکے ہیں۔

۲۴. قافلہ (۱۹۹۴ء) پبلشر: نورنگ کتاب گھر، ۲-بی، پاکٹ سی، سدھارتھ ایکسٹینشن، نئی دہلی-۱۴

(قیمت: ۱۰۰ روپے، ڈیمائی سائز، صفحات ۲۳۲) اس مجموعہ میں ہم عصر ادیبوں اور شاعروں پر ۳۲ مضامین شامل ہیں۔

۲۵. غزل کے رنگ (۱۹۹۴ء) پبلشر: نورنگ کتاب گھر، ۲-بی، پاکٹ سی، سدھارتھ ایکسٹینشن، نئی دہلی-۱۴

(قیمت: ۱۰۰ روپے، ڈیمائی سائز، ۱۶۰ صفحات) یہ دیوناگری رسم الخط میں رفعت سروش کی غزلوں کا انتخاب ہے۔ مشکل الفاظ کے معانی بھی درج ہیں۔ کل غزلیں ۱۴۴۔

۲۶. زندگی اِک سفر (۱۹۹۵ء) پبلشر: نورنگ کتاب گھر، ۲-بی، پاکٹ سی، سدھارتھ ایکسٹینشن، نئی دہلی-۱۴

(قیمت: ۸۰ روپے، ۱۴۴ صفحات) اس کتاب میں دو ریڈیائی ڈرامے "امراؤ جان ادا" (رسوا کے ڈرامے کا ریڈیائی رُوپ) اور "زندگی اِک سفر" اور ریڈیائی ڈرامے پر ایک تفصیلی مضمون شامل ہے۔ قول الذکر ڈرامہ ریڈیو کے نیشنل پروگرام میں نشر ہوا۔

۲۷. دھندلکے کی زنجیر (۱۹۹۶ء) پبلشر: رفعت سروش، نورنگ کتاب گھر، ۱ے-۸۰، سیکٹر-۲۷، نوئیڈا

(قیمت: ۶۰ روپے، ڈیمائی سائز، ۱۲۰ صفحات) یہ سترہ کہانیوں کا مجموعہ ہے۔

۲۸. پتہ پتہ بوٹا بوٹا (۱۹۹۷ء) پبلشر: رفعت سروش، نور رنگ کتاب گھر، اے-۸۰، سیکٹر-۲۷، نوئیڈا
(قیمت: ۸۰روپے، ڈیمائی سائز، ۱۲۶ صفحات) یہ خودنوشت کا تیسرا حصہ ہے۔ (اصولاً اسے پہلے لکھنا چاہیے تھا مگر.....) بچپن سے ۱۹۴۵ء تک کے حالات۔

۲۹. پتہ پتہ بوٹا بوٹا (۱۹۹۷ء) پبلشر: رفعت سروش، نور رنگ کتاب گھر، اے-۸۰، سیکٹر-۲۷، نوئیڈا
(قیمت: ۱۵۰روپے، ڈیمائی سائز، ۲۸۰ صفحات) دوسرا ایڈیشن مع اضافہ۔ اس ایڈیشن میں "پتہ پتہ بوٹا بوٹا" اور "بمبئی کی بزم آرائیاں" شامل ہیں۔ گویا یہ کتاب بچپن سے ۱۹۵۸ء تک کے حالات کا احاطہ کرتی ہے۔

۳۰. رنگ منچ کے پانچ رنگ (۱۹۹۷ء) پبلشر: رفعت سروش، نور رنگ کتاب گھر، اے-۸۰، سیکٹر-۲۷، نوئیڈا
(قیمت: ۱۰۰روپے، ڈیمائی سائز، ۱۱۲ صفحات) اس کتاب میں پانچ ہندی منظوم ڈرامے شامل ہیں جن میں سے "رادھے پروین" کو آل انڈیا ریڈیو کے نیشنل پروگرام (ڈرامہ) میں پیش کیا گیا۔ اور "رتوراج" کو دوردرشن پر پیش کیا گیا۔

۳۱. پانی پت (۱۹۹۷ء) پبلشر: رفعت سروش، نور رنگ کتاب گھر، اے-۸۰، سیکٹر-۲۷، نوئیڈا
(قیمت: ۱۳۰روپے، ڈیمائی سائز، ۱۳۲ صفحات) یہ رزمیہ ہے جس میں پانی پت کے حوالے سے ہندوستان کی پانچ ہزار سالہ تاریخ کی جھلکیاں ہیں۔ دیباچہ: ڈاکٹر خلیق انجم

۳۲. پتہ پتہ بوٹا بوٹا (۱۹۹۸ء) پبلشر: وچار کی سنکلن، میور وہار، دہلی
(قیمت: ۲۰۰روپے، ڈیمائی سائز، ۲۰۸ صفحات) ہندی میں بھی یہ خودنوشت بچپن سے ۱۹۵۸ء تک کے حالات کا احاطہ کرتی ہے۔

۳۳. زاویہ نظر (۱۹۹۸ء) پبلشر: رفعت سروش، نور رنگ کتاب گھر، اے-۸۰، سیکٹر-۲۷، نوئیڈا
(قیمت: ۱۰۰روپے، ڈیمائی سائز، ۱۰۶ صفحات) اس کتاب میں چودہ مضامین شامل ہیں۔

۳۴. شہر غزل (۱۹۹۹ء) پبلشر: رفعت سروش، نور رنگ کتاب گھر، اے-۸۰، سیکٹر-۲۷، نوئیڈا
(قیمت: ۱۵۰روپے، ڈیمائی سائز، ۱۹۲ صفحات) تقسیم کار: معیار پبلی کیشنز، نئی دہلی۔ اس کتاب میں کل ۱۲۱ غزلیں شامل ہیں جن میں ۲۸ غزلیں پرانے مجموعوں سے لی گئی ہیں۔

۳۵. سرِشام (۱۹۹۹ء) پبلشر: رفعت سروش، نور رنگ کتاب گھر، اے-۸۰، سیکٹر-۲۷، نوئیڈا
(قیمت: ۱۵۰روپے، ڈیمائی سائز، ۲۳۰ صفحات) اس کتاب میں کل ۱۳۶ نظمیں شامل ہیں جن میں سے ۲۸ پرانے مجموعوں سے لی گئی ہیں۔ دیباچہ: پروفیسر عتیق اللہ

۳۶. خواب اور تعبیرِ خواب (۱۹۹۹ء) پبلشر: رفعت سروش، نور رنگ کتاب گھر، اے-۸۰، سیکٹر-۲۷، نوئیڈا
(قیمت: ۲۵روپے، ڈیمائی سائز، ۴۸ صفحات) یہ منظوم ڈرامہ بیسویں صدی میں آزادیٔ وطن کی جدوجہد اور اس کے بعد تعمیری سرگرمیوں کا احاطہ کرتا ہے۔ اردو سروس سے پیش کیا جا چکا ہے۔

۳۷. براڈ کاسٹنگ (مارچ ۲۰۰۰ء)
پبلشر: رفعت سروش، نورنگ کتاب گھر، اے-۸۰، سیکٹر-۲۷، نوئیڈا
(قیمت: ۱۵۰روپے، ڈیمائی سائز، ۲۰۰صفحات) یہ کتاب براڈ کاسٹنگ کے فن سے متعلق ہے اور نشر ہونے والے ہر قسم کے پروگراموں پر بھرپور روشنی ڈالتی ہے۔

۳۸. پروین رائے اور دوسرے منظوم ڈرامے (۲۰۰۱ء) پبلشر: نورنگ کتاب گھر، اے-۸۰، سیکٹر-۲۷، نوئیڈا
(قیمت: ۱۰۰روپے، ڈیمائی سائز، ۱۲۸صفحات) اس کتاب میں پانچ منظوم ڈرامے شامل ہیں۔

۳۹. اندھیرے اُجالے کے درمیان (۲۰۰۲ء) پبلشر: نورنگ کتاب گھر، اے-۸۰، سیکٹر-۲۷، نوئیڈا
(قیمت: ۱۰۰روپے، ڈیمائی سائز، ۱۲۸صفحات) یہ ناول ہندی میں ہے اور اس کا موضوع تحلیل نفسی ہے۔

۴۰. خانوادۂ نور (۲۰۰۳ء)
پبلشر: نورنگ کتاب گھر، اے-۸۰، سیکٹر-۲۷، نوئیڈا
(قیمت: ۲۰۰روپے، ڈیمائی سائز، ۱۹۲صفحات) یہ طویل نظم اسلام کی منظوم تاریخ ہے۔

۴۱. گم ہوتا ہوا آسمان (۲۰۰۳ء)
پبلشر: نرالی دُنیا پبلی کیشنز، دریا گنج، نئی دہلی
(قیمت: ۱۵۰روپے، ڈیمائی سائز، ۱۷۶صفحات) اس مجموعہ میں ۶۱ نظمیں اور ۶۳ غزلیں ہیں۔

۴۲. شہر نگاراں (۲۰۰۳ء)
پبلشر: تخلیق کار پبلشرز، لکشمی نگر، نئی دہلی
(قیمت: ۲۰۰روپے، ڈیمائی سائز، ۱۲۸صفحات) یہ ناول بمبئی کی زندگی کی عکاسی کرتا ہے۔

۴۳. اندھیرے اُجالے کے درمیان (۲۰۰۴ء) پبلشر: فرید بک ڈپو، دہلی
(قیمت: ۳۰۰روپے، ڈیمائی سائز، ۱۱۲صفحات) یہ ناول اُردو میں ہے۔ ہندی میں یہ ناول پہلے شائع ہو چکا ہے۔

۴۴. کلامِ اقبال کا طنزیہ پہلو (۲۰۰۴ء) پبلشر: فرید بک ڈپو، دہلی
(قیمت: ۳۰۰روپے، ڈیمائی سائز، ۱۱۲صفحات) جیسا کہ نام سے ظاہر ہے، یہ تنقیدی کتاب ہے۔

۴۵. بہارِ نو بہار (مارچ ۲۰۰۴ء)
پبلشر: رفعت سروش، نورنگ کتاب گھر، اے-۸۰، سیکٹر-۲۷، نوئیڈا
(قیمت: ۱۵۰روپے، ڈیمائی سائز، ۱۴۴صفحات) اس کتاب میں بہار کے سات ادیبوں اور شاعروں پر مضامین ہیں۔

۴۶. تھکے نہ میرے پاؤں (۲۰۰۵ء)
پبلشر: نورنگ کتاب گھر 204، صبا اپارٹمنٹ، ڈی-3، سیکٹر-44، نوئیڈا (یوپی)
(قیمت: ۲۰۰روپے، ڈیمائی سائز، ۱۹۲صفحات) اس کتاب میں سوویت یونین، پاکستان، عراق، سعودی عرب، لندن، حیدرآباد، بمبئی اور بھوپال کے سفرنامے شامل ہیں۔

۴۷. Songs of Life (۲۰۰۶ء)
پبلشر: نورنگ کتاب گھر 204، صبا اپارٹمنٹ، ڈی-3، سیکٹر-44، نوئیڈا (یوپی)
(قیمت: ۲۰۰روپے، ڈیمائی سائز، ۱۶۰صفحات) اس کتاب میں اردو نظموں کے انگریزی تراجم ہیں جو مختلف اسکالروں نے کیے ہیں نیز اس میں کچھ کتابوں پر انگریزی میں کیے گئے تبصرے شامل ہیں۔

۴۸. علم وادب کے روشن چراغ
اس کتاب میں تاریخ ساز شخصیتوں کے علمی و ادبی خدمات کا اعتراف کیا گیا ہے۔

تراجم

۴۷. دیمک (۱۹۷۷ء) — پبلشر: نیشنل بک ٹرسٹ انڈیا، نئی دہلی

(قیمت: ۷/۵۰ روپے ڈیمائی سائز، ۱۳۲ صفحات) بنگالی ناول نگار شرشیندو مکھوپادھیائے کے ناول "گھن پوکا" کا ترجمہ ہندی کے حوالے سے اردو میں کیا گیا ہے۔ (حال ہی میں یہ ناول کراچی پاکستان سے رفعت سروش کے نام سے چھپا ہے)

۴۸. مولانا ابوالکلام آزاد (۱۹۸۲ء) — پبلشر: پبلی کیشنز ڈویژن، پٹیالہ ہاؤس، نئی دہلی

(قیمت: ۸/۵۰ روپے ڈیمائی سائز، ۱۶۵ صفحات) یہ کتاب عرش ملسیانی کی اردو کتاب کا ہندی ترجمہ ہے۔

۴۹. رانی لکشمی بائی (۱۹۹۱ء) — پبلشر: نیشنل بک ٹرسٹ انڈیا، نئی دہلی

(قیمت: ۱۳ روپے کتابی سائز، ۹۶ صفحات) مجاہدۂ آزادی مہارانی لکشمی بائی کی زندگی پر یہ ناول ہندی ناول نگار ورندا ون لال ورما کی تصنیف ہے جسے رفعت سروش نے اردو میں ترجمہ کیا ہے۔

زیر طبع

۱. حرف حرف بمبئی — بمبئی کی شخصیات اور زندگی کے مختلف پہلوؤں پر تاثراتی مضامین۔

رفعت سروش پر تنقیدی و تحقیقی کتابیں

۱. فکر و آگہی: رفعت سروش نمبر (۱۹۹۰ء) — ایڈیٹر: ڈاکٹر رضیہ حامد

(قیمت: ۱۰۰ روپے، ۴۱۸ صفحات) — ناشر: باب العلم پبلی کیشنز، بلوئیڈا

۲. رفعت سروش: شخصیت اور فن (۱۹۹۰ء) — مرتبہ: ڈاکٹر رضیہ حامد

(قیمت: ۱۰۰ روپے ڈیمائی سائز، ۴۱۸ صفحات) — ناشر: باب العلم پبلی کیشنز، بلوئیڈا

۳. رفعت سروش بحیثیت صاحبِ طرز نثر نگار — مرتبہ: ڈاکٹر رضیہ حامد

(قیمت: ۵۰ روپے ڈیمائی سائز، ۱۶۲ صفحات) — ناشر: باب العلم پبلی کیشنز، بلوئیڈا

۴. نذرِ رفعت سروش (۲۰۰۲ء) — مرتبہ: ڈاکٹر شبانہ نذیر

(قیمت: ۵۰ روپے ڈیمائی سائز، ۱۶۲ صفحات) — ناشر: نورنگ کتاب گھر، بلوئیڈا

۵. رفعت سروش (۲۰۰۳ء) — ڈاکٹر علیہ سلطانہ کا تحقیقی مقالہ

(قیمت: ۱۵۰ روپے ڈیمائی سائز، ۲۰۷ صفحات) — ناشر: باب العلم پبلی کیشنز، بھوپال

○○